12.3 계엄 이후
한국교회, 어디로 가나?

한국교회, 어디로 가나?

초판 1쇄 발행 2025년 11월 20일

저자 권수경 박성철 배덕만 백소영 옥성득 장동민

발행인 이성만

발행처 (주)칼라커뮤니케이션

등록번호 제2007-000306호

주소 서울특별시 강남구 강남대로 320, 1108호(역삼동)

이메일 colorcomuni@gmail.com

편집 이의현 최성욱

마케팅 이재혁 김명진

편집디자인 최건호

ISBN 979-11-995361-0-4 (03230)

값 17,000원

야다북스는 (주)칼라커뮤니케이션의 임프린트 브랜드입니다.

12.3 계엄 이후

한국교회,
어디로 가나?

권수경

박성철

배덕만

백소영

옥성득

장동민

야다북스

12.3 계엄 이후
**한국교회,
어디로 가나?**

목차

인격과 일상의 변화에서
세계와 존재의 변화로

지형은

기독교윤리실천운동 이사장
말씀삶공동체 성락성결교회 담임목사

말글은 사람의 정신을 규정한다. 거기에서 생각의 틀이 만들어지고 세계관과 가치관의 방향이 잡힌다. 이것이 행동으로 이어지면서 사람 삶이 펼쳐진다. 사회적 상황과 문화의 형성이 이와 연관된다. 그래서 단어의 개념이 중요하다.

'종교개혁(宗敎改革)'이란 단어는 원래의 단어를 우리말로 옮길 때 적절하지 않게 번역된 경우다. 16세기 유럽의 상황에서 쓰인 라틴어(당시 식자층의 일상 언어) '*Reformatio*'란 단어에는 '종교'란 뜻이 없다. 그냥 '개혁, 갱신, 쇄신'이란 뜻이다. 이를 독일어와 영어로 번역하면, 철자는 같고 발음만 다른 'Reformation'이 된다. 이 단어에도 역시 종교란 뜻은 없다. 그냥 개혁이다.

그런데 이 단어가 일본어를 거쳐 우리말로 번역되면서 '종교개혁'이 되었다. '종교'란 뜻이 첨가된 것이다. 오늘날의 상황에서 종교개혁이라고 하면 교육, 법조, 경제, 정치, 종교, 문화 등 사회의 여러 분야 가운데서 보통 종교 분야의 개혁을 가리킨다고 생각한다. 현대 사회에서는 종교 영역이 다른 영역들과 다른 하나의 분야로 존재하기 때문이다. 따라서 종교개혁이란 표현을 쓰면서 교육, 정치, 경제 등을 비롯한 사회 여러 분야의 개혁을 염두에 두지는 않는다. 이렇게 본다면 '종교개혁'이란 단어는 오역이다.

그러나 16세기의 상황은 달랐다. 종교는, 그 당시로는 기독교인데, 사회 전체의 중심이며 심장이었다. 유럽 사회 전체가 교회를 중심으로 구조화되어 있었다. 종교 영역에서 어떤 변화가 일어나면 사회 구조적으로 다른 모든 영역에 영향을 끼칠 수밖에 없었다. 유럽 사회에서 종교와 일반 사회가 본격적으로 구분되기 시작한 것은 1600년대에 시작된 계몽주의 시대 때였다. 그 이전까지 유럽의 세계는 기독교라는 종교와 사회 정체가 하나의 덩어리로 움직였다. 독일 비텐베르크에서 루터가 교회의 신앙 개혁을 외쳤을 때, 그것이 독일(신성로마제국)을 비롯한 유럽 전체를 뒤흔들어 놓은 까닭이 이것이다.

오늘날 우리가 '교회 개혁이나 갱신'을 이야기할 때 이 점을 명심해야 한다. 예수 그리스도께서 가르치신 하나님 나라와 교회의 관계, 에베소서에서 말하는 말세의 비밀인 교회를 생각하면, 교회는 세계 및 존재하는 모든 것과 연관된다. 기독교 신앙의 현상적인 중심이 사회적 집단으로 드러난 것이 바로 교회다. 교회는 언제나

'땅 끝', '하늘과 땅의 모든 것', '모든 민족'과 연관된다. 오늘날의 상황으로 말하면, 정치, 경제, 법조, 교육, 문화 등 인간의 삶은 물론, 지구 환경의 모든 것과 연관된다. 신학과 신앙이 연관되지 않는 존재의 상황이란 없다.

그래서다, 한국교회에서 사회적 연관성이 약화된 것이 큰 문제라는 것 말이다. 한국교회는 언제부터 '신앙적 정체성'을 분명히 한다고 하면서 '사회적 연관성'을 무시했다. 교회의 교세가 성장하면서부터였다. 교회가 자기 집단의 만족을 위한 닫힌 모임이 되었다. 사람 수가 많아지고 재정도 늘어나면서 세력이 넉넉하니 자기 집단만으로도 부족하지 않다고 생각하게 되었다. 그러면서 세상을 돌보며 섬기는 본질적인 사명을 점점 잃어갔다. 예수 그리스도께서 요한복음 17장에서 교회 공동체를 위해 기도하신 내용을 망각했다. 세상 속에서 진리의 말씀으로 세상을 변화시키는 교회 말이다.

현재 한국교회의 사회적 신뢰도는 바닥이다. 혹자는 세상이 어떻게 보느냐는 중요하지 않다, 사회적 신뢰도 같은 것에 신경을 쓰지 말라고 한다. 하나님이 보시기에 어떠냐가 중요하다는 것이다. 그러면 현재 한국교회의 상황이 하나님께서 보시기에는 참으로 기특하고 건강한데, 사회가 교회를 오해하고 곡해하며 비난한다는 것인가? 이런 견해를 가졌다면 극우 근본주의의 사회적 확증편향에 빠진 사람이다. 신앙적 정체성과 사회적 연관성, 이 둘은 기독교의 본질에 속한다. 둘은 서로 뗄 수 없는 하나다. 동전의 양면이다.

예수 그리스도께서 산상설교에서 그리스도인과 교회에게 "너희는 세상의 소금과 빛"이라고 하셨다. 소금과 빛은 존재 자체가 즉시로 주변에 영향을 끼친다. 정체성과 연관성 사이에 조금의 시차도 없다. 종교개혁자 마르틴 루터가 믿음에 관해서 말한 것도 같다. "믿음은 전부터 행동해 왔고, 지금도 행동하고 있고, 앞으로도 행동한다." 흔히 루터가 이신칭의를 지나치게 강조해서 프로테스탄트에서 행위와 윤리가 약해졌다고 한다. 틀린 말이다. 루터는 행동과 윤리를 결코 분리한 적이 없다. 루터에게서 둘은 하나였다.

그리스도인의 변화는 인격과 일상의 변화라고 할 수 있다. 인격은 속사람이고 일상은 실제 삶의 영역이다. 인격이 변해야 참된 변화이고, 그렇게 진정으로 변하면 일상이 바뀔 수밖에 없다. 그런 변화가 교회 공동체에서 일어난다. 성육하신 말씀, 곧 예수 그리스도에 관하여 증언하는 기록된 말씀이 성령의 역사로 작동하면서 삶이 된다. 그리스도인과 교회가 변화된다. 예수 그리스도께서 선포하신 하나님 나라가 지금 여기에서 살아 움직이면서 사회가 변화된다.

2024년 12.3내란부터 2025년 6.3대선에 이르기까지 우리 사회는 엄청난 변화의 소용돌이를 겪었다. 이런 와중에 한국교회의 민낯이 드러났다. 코로나19 훨씬 이전부터, 아니 한국교회 백수십 년 역사에서 해결되지 못하고 그냥저냥 내려온 불편한 문제들이 한꺼번에 겉으로 드러났다. 가장 대표적인 것이 '전광훈-손현보 현상'이다. 기독교 신앙이 어떻게 이처럼 심하게 본질에서 벗어날 수 있단 말인가? 어린아이가 봐도 반기독교적인데 어떻게 이런 현상을 기독교 신앙이라고 확신하며 따라갈 수 있단 말인가? 교회의 지도자라는 사람들이 이런 현상들에 관해서 어쩌면 그렇게 침묵하거나 방조할 수 있단 말인가?

기윤실이 연속 토론회에서 다룬 주제는 참으로 시의적절했다. 이 내용이 책으로 출간되니 많은 사람이 이 주제에 관해서 더 생각하며 의견을 나눌 수 있겠다. 토론회와 출간까지 쉽지 않은 일을 짐 지고 수고해 준 출판사 야다북스에 깊이 감사를 드린다. 또한 기윤실의 공동대표들과 실무자 분들에게 마음의 깊은 고마움을 전한다. 한국교회의 희망을 열어가는 이런 작은 물줄기들이 모여 누구도 거스를 수 없는 큰 강물이 될 것이다.

한국교회의 우상숭배

: 권력, 재물, 이념

권수경

12.3 계엄 이후

한국교회,
어디로 가나?

이 글과 관련한
"기윤실연속토론회" 발제 영상은
이곳에서 시청할 수 있습니다.

이 글에서는 한국교회 140년 역사를 돌아보며, 그 역사를 "우상숭배"라는 큰 줄기를 따라 살펴보려고 한다.

이번 '기윤실연속토론회'의 전체 주제가 요한계시록 2장 5절이다. 어디서 떨어졌는지 생각해 보고 회개하라 했다. 회개는 처음의 그 일을 다시 하는 것이다. 처음의 그 일이란 주님을 처음 만났을 때의 일이겠다. 구원의 은혜에 감격하며 내 삶을 다 드리고자 했던 그런 삶일 것이다. 에베소 교회는 주님이 알아주실 정도의 믿음, 사랑, 소망을 갖추는 등 꽤 칭찬을 들었지만 처음 사랑을 버렸다는 이유로 꾸중을 들었고, 그 사랑을 회복하지 못하면 촛대를 옮기겠다는 무서운 경고까지 들었다. 처음 사랑을 잃은 그 한 가지로 촛대를 옮기신다면, 모자라는 그 하나 때문에 나머지 전체가 무효가 된다는 뜻 같기도 하다만(약2:10; 갈3:10), 처음 사랑이 그만큼 중요한 요소, 곧 필요불가결한 요소라는 뜻이 아닐까 싶다.

가장 중요한 것이든 빠진 요소 하나든, 어디서 떨어졌는지 되돌아보는 일은 온전함을 추구하는 작업이다. 우리도 처음에는 순수하게, 정말 열심히 했는데, 도중에 온갖 더러운 것들이 묻어 이렇게 뒤틀어지지 않았나 싶다. 그 불순물을 '우상숭배'라는 줄기를 따라 함께 추적해 보겠다. 하나님 자리를 대신 차지하는 모든 게 우상이고 우상에는 종류도 무수하지만, 한국교회를 살필 때는 권력, 재물, 이념, 세 가지가 핵심이 아닌가 싶다. 우상숭배는 특정한 대상보다 그 대상을 추구하는 인간의 탐욕이 핵심이다. 그런 마음을 잘 파악하고 회개하여 온전한 복음을 구하는 시간이 되었으면 좋겠다.

다른 관점

온전한 복음에 대한 논의를 위해 먼저 관점에 관한 이야기를 나눌 필요가 있다. 같은 일을 두고도 생각이 다른 경우가 많으므로, 140년을 올바르게 돌아보려면 균형 잡힌 시각이 필요하다. 그 작업을 위해 세스페데스 신부 이야기와 황사영 백서 사건이 도움이 될 것이다.

임진왜란 중에 세스페데스(Gregorio de Céspedes, 1551-1611)라는 스페인 가톨릭 신부가 1593년에 부산에 들어와 고니시 유키나가(小西行長)의 부대에 1년간 머물렀다. 그는 일본군 가톨릭 신자를 위해 일했을 뿐, 한국인에게 전도했을 가능성은 거의 없다. 잘 된 일일까, 아니면 아쉬운 일일까?[1]

전도 안 하기 천만다행이라는 사람이 많다. 전했다면 기독교가 침략자의 종교가 되어 민족사와 공존하기 어려웠을 거라 한다. 반대로 너무나 아쉽다 하는 사람도 많다. 수많은 영혼이 복음을 듣고 구원받지 않았겠느냐는 말이다. 전자에게는 종교의 의미와 역사성이 영혼 구원보다 중요하냐 물을 수 있겠고, 후자에게는 삶과 역사적 맥락 없이 구원이 가능하냐 물을 수 있겠다.[2]

우리 140년의 역사에서도, 심지어 우상숭배를 하는 가운데서도 영혼 구원은 일어났다고 본다. 우상을 숭배한 게 계기가 되어 오히려 전도가 잘 된 경우도 있을 수 있다. 물론 그런 경우 온전한 복음으로 자라지 못한 근본적 한계가 있다고 볼 수 있지만 말이다. 여기서 어느 것이 더 중요한가 하는 문제를 거듭 생각해 볼 수 있다.

구원을 받았는데 개인의 주관적 경험으로 그친다면 그것이 참 구원일까? 반대로 사회적 변화가 중요하다 할지라도 그 자체가 구원이라 할 수 있을까? 하나만 옳다 할 수 없기에 균형 잡힌 논의와 성숙한 결론이 필요한 영역이다.

제국주의도 같은 맥락에서 논의할 수 있다. 힘으로 침공한 건 분명 잘못된 시작이다. 절대 잘했다 할 수 없다. 그런데 문이 열려 있는데, 죄를 지어 열린 문이니까 들어가지 말자, 그럴 수도 없다. 그 점에는 이의가 없다고 본다. 문제는 왜 사후에도 사과나 회개나 바로잡는 일이 일어나지 않는가 하는 거다. 지나갔으면 그걸로 끝인가? 신앙인은 그러면 안 되는 것 아닌가? 그런 생각이 든다.

황사영 백서 사건은 1801년에 있었는데, 신앙의 자유가 없을 때 어떻게 해야 하나, 그냥 고난을 받느냐 혹은 권력에 맞서 싸우느냐, 아니면 황사영처럼 국제 정치를 이용하느냐 하는 문제를 생각해볼 수 있다. 작은 나라가 큰 나라를 의존하는 사대주의는 하나님의 공의라는 관점에서 옳은가도 따질 수 있겠고, 국내든 국외든 권력을 이용해 신앙의 자유를 얻으려는 시도가 옳은지도 논의해 볼 수 있다. 성경의 라합과 비슷하기도 하고, 다르기도 하다.

무엇이 시작인가

복음이 처음 전해지던 시절이 우리가 돌아갈 곳인가 생각해 보자. 개신교는 141년(또는 193년), 천주교는 241년 역사다.[3] 시작 부분에서 가장 경이로운 점은, 기독교가 민족의 고난에 동참하는 종교가 되었다는 점이다. 이는 우리나라를 강제로 합병한 일본이 태양신을 비롯한 여러 우상을 섬긴 덕이다. 만약 일본이 기독교 국가였다면, 민족사는 반기독교 투쟁이 되었을 게다. 감사하게도 복음은 나라를 잃고 주저앉은 겨레의 눈물을 닦아주었고, 교회 지도자들과 선교사들까지 광복 운동에 동참함으로써, 우리 겨레는 억눌린 자를 해방하는 복음의 의미를 영적으로, 또 정치·사회적으로 경험하게 되었다.

한국교회 초기에는 우리가 멋진 출발을 했다고 본다. 암울한 사회 분위기 덕분에 전천년설 종말론이 주도하고, 현실 도피적 요소도 제법 있었지만, 적어도 그때는 순수했다. 주 예수를 바르게 믿었고, 사랑의 하나님을 제대로 알았다. 사랑이었다. 빼앗긴 국권과 함께 돈도, 권력도, 명예도, 쾌락도 다 잃은 상태에서 하나님의 나라와 의를 추구했고, 이 땅의 것들로 복음을 더럽히거나 왜곡하거나 타락시키지 않았다.

구한말에는 민족을 사랑하기 위해 교회를 세웠고, 또 교회에 학교를 세웠다. 빈민과 여성들에게 관심을 쏟아 해방의 복음을 문자 그대로 구현했다. 구제 사업, 병원 설립을 통해 몸의 질병을 영혼의 병과 함께 고쳤다. 국권 상실 후에는 식민지화의 부당함에 맞서 독립운동을 벌였다. 학교 교육, 사회 계몽, 경제 운동, 무장 훈련과 투쟁 등 다양한 방법을 사용하였는데, 하나님의 공의를 구현하는 일로서 역사의 주인이신 하나님을 굳게 의지했다. 그렇게 하나님께 기도하며 애써 온 결과 80년 전 광복을 맞았다. 수십 년 동안의 끈질긴 노력이 있었고, 하나님의 놀라운 섭리 가운데 연합군의 승리가 마지막 점을 찍어 주었다.

한국 기독교는 민족의 고난과 광복에 동참하여 민족사와 갈등은 크게 겪지 않았다. 대신 동반관계를 유지하면서 민족사에 유익과 해악을 함께 끼쳤다. 복음을 통해 수많은 영혼을 구원하고 바른 길로 인도하면서, 동시에 민족사를 정의, 평화, 공평, 자비 등의 보편 가치에서 이탈시키는 일도 많았다. 그런데 그 해악의 핵심에 있는 것이 바로 우상숭배였다고 생각한다.

회복을 위해 어디서 떨어졌는지 먼저 돌아보라 하는데, 내가 볼 때 떨어진 첫 순간은 광복의 날이었던 것 같다. 빼앗겼다 싶은 것을 되찾은 그 순간부터 우리는 소중한 것들을 잃기 시작했다. 로마제국에서 기독교가 공식 종교로 인정받는 순간 타락하기 시작한 것과 닮았다. 초기에는 권력이 우상이 되었다. 이승만, 박정희 정권을 거치면서 교회는 권력을 하나님 이상으로 의지했다. 그런 우상숭배 가운데 재물을 향한 탐욕도 숨어 있었는데, 나라가 경제발전을 경험하면서 재물을 하나님처럼 섬기는 우상숭배로 발전했다. 이념도 우상숭배의 가능성을 가지고 처음부터 교회에 내재하고 있었다. 정치권의 반공주의가 교회의 반공신앙과 결합한 형태로 나타났다. 이러한 반공의 모순은 경제적, 문화적 유물론은 거리낌 없이 수용한 채 정치적 공산주의 하나만을 거부했다는 점이다. 그리고 그것을 위해 복음의 원리마저 무시하는 극단성을 보였으니 처음부터 우상숭배였다.

떨어진 곳으로 돌아간다 했는데, 사실 그런 곳은 없을지도 모른다. 아브라함이 나그네가 되었지만 돌아갈 고향은 갈대아 우르가 아닌 하늘이었던 것처럼(히11:15-16), 우리 교회사 역시 떨어진 건 분명한 사실이지만, 초창기 역사를 뒤져 거기서 우리가 회복할 이상을 찾을 수 있는 것이 아니다. 지상 교회에 그런 곳이 어디 있겠는가? 참으로 아름다웠던 첫사랑에도, 인간의 탐욕과 여러 우상이 뒤섞여 있었다. 우리가 회복해야 할 첫사랑은 우리의 일그러진 역사의 출발점이 아니라, 그 역사를 바로 보게 해주는 성경에 있을 것이다. 그렇게 본다면 여호와께 돌아가는 것이 유일한 참된 회복이겠다.

1. 권력 우상

첫 우상인 권력부터 살펴보자. 일제강점기였던 1938년 교회는 공적으로 우상 앞에 무릎을 꿇었다. 사실 그전에도 많이 꿇었지만, 공적인 시작만 언급한다. 조선총독부는 군국주의 이데올로기와 천왕숭배 종교를 엮어 조선을 통치했는데, 1938년 조선예수교장로회 총회는 조선총독부의 압력에 굴하여 신사참배를 국가 의식이라며 수용했다. 사슴을 사슴이라 못 하고 말이라 한 거다. 따라서 교회는 사람을 신으로 섬기는 우상숭배, 이념을 신으로 섬기는 우상숭배, 권력 앞에 무릎 꿇는 우상숭배 등 세 가지 우상숭배를 동시에 행한 셈이다.

하나님의 주권만 믿고 끝까지 저항한 교회와 교인도 물론 있다. 하지만 해방 후의 교회사도 세 겹 우상숭배를 주도한 이들이 계속 이끌어 갔고, 회복의 기회를 얻지 못한 채 떨어진 그 자리에서 우상숭배의 역사를 이어갔다. 광복 직후 정부를 수립하는 과정에서 권력은 많은 이의 관심 대상이 되었고, 교회도 이 과정에서 자유롭지 않았다. 그렇지만 워낙 혼란한 상황이어서 권력이 우상이 될 틈은 아직 없었던 것 같다.

권력 우상의 첫 번째 사례 - 이승만

교회, 특히 개신교의 권력 숭배는 이승만 초대 대통령 시절 본격적으로 시작된다. 이승만 시절 교회는 권력에 대해 다양한 모습을 보였지만, 전반적으로는 정부와 거의 동일체 의식을 가졌다고 볼 수 있다. 기독교인 대통령이 기독교에 호의적인 분위기 가운데 정부 수립을 추진했기 때문이겠다. 교회는 교회가 정치를 주도해야 한다는 자신감 속에 이승만 정권을 강하게 지지했고, 심지어 장기 집권을 꾀하여 국민에게서 멀어진 뒤에도 여전히 이승만을 강력하게 밀었다.

교회가 이승만을 지지한 이유는 크게 두 가지였다. 첫째는 이승만 정부가 기독교에 호의적이었기 때문이다. 국가 행사를 기독교적으로 치렀고, 국기 경례를 기독교의 요청에 따라 주목으로 바꿨고, 육군에 종군목사 제도를 도입했다. 공의, 인권, 자유, 약자 보호 등 성경적 가치를 잘 지켜 지지한 것이 아니라 자기 종교에 호의적인 권력을 지지했으니, 좀 심하게 말해 교회가 일종의 압력단체로 전락한 셈이다. 그리고 국가의 일반적 책무는 무시하고 종교적 형식만을 중시하는 불균형을 보였다. 복음을 종교와 삶으로 분리하는 단초가 이미 여기서 시작되었다고 볼 수 있다.

둘째 이유는 반공주의였다. 이승만은 정치적인 이유로 반공을 통치 이념으로 삼았는데, 한국교회의 대표적 인물인 한경직 목사도 개인의 경험을 근거로 반공을 주장했다. 이승만 시절 교회가 권력을 숭배한 증거가 바로 한경직의 언행이다. 공산주의에 대한 반대는 북한을 적으로만 보게 하여, 오랜 기간 반목이 이어지게 만들었다. 게다가 반공주의가 점차 이념화되어 제주 4.3사건처럼 폭력을 용인할 정도에까지 이르렀다.

이런 관점은 성경과 현실을 혼동한 점에서 원인을 찾을 수 있다. 한경직은 한민족을 이스라엘과 동일시하여, 성경적 상징으로 민족적 비전을 제시했다. 민족 복음화의 열정은 당연히 귀한 것이다. 또 주님이 주시는 구원은 당연히 정치, 경제 등 삶의 모든 분야를 포함한다. 하지만 세속 국가를 기독교화하려는 기독교적 민족주의는 국가와 민족을 혼동하는 일로서 성경의 가르침이 아니다. 특히 기독교인 비중이 낮은 세속 민족을 구원 역사의 주역으로 파악하는 것은 하나님의 구원 역사에 대한 근본적인 오해다. 이는 후유증이 워낙 크기에, 민족 복음화의 열정을 드러내는 단순한 수사적 표현으로 보아 넘기기 어렵다.

기독교적 민족주의는 기독교인이 아닌 다수 국민에게 폭력적으로 다가갈 수 있고, 반민족적 흐름을 형성하여 전도와 봉사에 걸림돌이 될 수 있다. 이런 관점은 리처드 마우가 말한 "무례한 기독교"

의 전형적인 사례다.[4] 20년 전 이명박 시장이 서울시를 봉헌한다고 했을 때도 다른 종교의 강한 반발을 샀다. 이런 기류는 우리 시대 기독교 윤리를 지키고자 하는 운동에서도 감지된다. 민족을 교회와 동일시하면 나도 모르게 근본주의적 정복주의에 빠질 수 있으며, 그런 우상은 이내 극단으로 달릴 수 있다. 특정인을 죽여도 좋다고 한 극우파의 발언[5]이 이런 흐름의 연장일 것이다.

한경직의 반공 사상도 이론적인 모순을 안고 있다. 한경직은 유물론이 가난한 나라에서 힘을 쓴다는 점에 유념하면서, 공산주의를 막으려면 경제발전이 속히 이루어져야 한다고 자주 설교했다. 공산주의는 반성경적인 유물론이기 때문에 거부해야 한다 했는데, 유물론은 사실 물질의 힘, 물질의 우위를 믿는 사상이다. 그런데 공산주의를 반대한다 하면서 자본주의적 발전이 답이라 보는 관점은 똑같은 유물론 전제에서나 가능하다. 가난한 이들은 공산주의 사회가 낙원인 듯 속을 수 있지만, 풍요한 재물은 가난보다 더 강력하게 우리를 물질의 노예로 만들기 때문이다. 그래서 주님이 재물에 대해 거듭 경고하신 거다(마13:22; 눅12:15-21; 16:19-31).

유물론의 위험을 그 누구보다 잘 알았다는 사람이 유물론을 주창한 마르크스와 비슷한 논리를 폈으니 참으로 역설이 아닐 수 없다. 유물론을 정치, 경제, 철학적으로만 보았을 뿐, 성경적, 신학적으로 분석하지 못했기 때문이겠다. 결국 한경직과 한국교회가 반대한 것은 유물론이라기보다는 가난이었던 것 같다. 경제가 많이 발전한 지금도 한국교회는 자본주의를 무척이나 사랑하는데, 유물론의 망령에서 여전히 벗어나지 못하고 있다는 생각이 든다.

권력 우상의 두 번째 사례 - 박정희

한국교회의 권력 숭배는 박정희 군사정권과 더불어 무르익게 된다. 박정희는 18년 동안 대통령으로 있으면서 '종교현상'에도 크게 영향을 미쳤다. 교회가 이 기간 권력과 결탁한 결과 왜곡된 복음이 복음의 본디 모습인 양 중심을 차지하게 되었다.

한국교회는 1961년 박정희가 일으킨 5.16군사정변을 대대적으로 지지했다. 이승만 시대 사고의 연장이었는지 군사정변을 너무 쉽게 용인하고 말았다. 대부분 교회가 쿠데타를 환영했고, 교회 지도자가 해외 홍보까지 맡아 주었다. 교회가 박정희를 쉽게 수용한 일차 이유는 반공 사상이었다. 박정희 군사정권과 한국교회가 시작부터 반공주의로 대동단결을 한 셈이다. 그렇지만 반공은 이미 이데올로기로 자리한 채 우상이 되어 있었다. 공산주의 유물론은 분명 위험한 사상이지만, 그걸 반대하기 위해 복음의 기본 가치인 생명 존중까지 포기한다면, 이 또한 이미 이데올로기요 우상이다. 한국교회가 1964년 베트남 파병을 열렬히 찬성한 것은 권력과 이념을 숭배한 죄였다. 그런데 또 한편으로 경제 발전을 기대하며 파병을 찬성했다는 점에서는 재물 숭배까지 한 셈이다. 이에 반해 생명을 중시한 이들은 파병에 극렬하게 반대했다.

1969년 10월 박정희의 삼선개헌을 계기로 교회는 보수와 진보가 뚜렷하게 구분되었다. 진보 교회는 국가 권력에 대한 선지자적 비판을 강조하며 투쟁을 벌인 반면, 보수 교회는 지도자를 위해 기도해야 한다며 적극 협력했다. 1969년에는 한경직, 김준곤, 조용기, 김장환 등 현장 사역자 외에 박윤선, 박형룡, 김의환 등 신학자들도 삼선개헌을 지지해 권력에 머리를 조아렸다. 신학교 인가를 위해 필요했다는 이야기가 있는데 참 부끄러운 일이다.

한경직은 박정희 정권을 호의적으로 보았다. 그는 인권운동 같은 일은 멀리하고 전도와 교육에 매진했다고 스스로 밝히고 있다. 한편으로는 복음 전파에 애썼다고 볼 수도 있지만 인권 문제를 의도적으로 외면했다면, 그것은 온전한 복음을 포기하고 반쪽짜리 복음을 퍼뜨렸다는 고백이기도 하다. 불의한 권력의 엄호 아래 전하는 복음은 권력을 하나님보다 높이 섬길 수밖에 없다. 인권, 정의, 공평, 투명, 배려 등 성경적 보편적 가치가 무시될 수밖에 없다. 신사참배를 국가의식이라며 수용한 일이나 불의한 독재에 협조하여 보편 가치를 외면한 일은 권력을 우상으로 섬긴 점에서 상통한다. 한경직은 삼선개헌 후 1970년 5월 국가조찬기도회에서 박정희를 축복하는 기도를 했고, 1972년에는 교회 대표자들과 함께 시월유신을 공개 지지했으며, 1980년 8월 국가조찬기도회에서는 전두환 국보위원장을 기독교 용어로 축복했다. 한 걸음 물러나기가 어려웠지, 열 걸음은 순식간이었다.

박정희 시대 권력 숭배의 핵심 인물은 한국대학생선교회(CCC)를 창립한 김준곤 목사다. 김준곤과 박정희의 관계는 밀월이라 불릴 정도로 가까웠는데, 이 기간 세스페데스 일화처럼 서로 다른 관점이 서로 다르게 해석할 수 있는 일이 많이 일어난다. 영혼 구원일까? 종교의 사회적 실천일까? 둘을 함께 추구하는 것이 성경적인데, 그렇게 되지 못한 이유는 무엇일까?

김준곤 목사는 영혼 구원의 열정으로 충만한 사람이었다. 이 점은 누구도 부인하지 않는다. 그래서 그 점을 인정하면서 동시에 양면을 함께 보아야 한다. 신앙 선배들의 잘잘못은 후대의 우리를 위한 지침이 되어야 한다. 김준곤과 박정희는 일종의 오월동주였다. 박정희는 독재 정치와 장기 집권의 방해 세력을 누르고 싶어 김준곤을 만났고, 김준곤은 손쉬운 전도 방법을 얻기 위해 박정희 권력의 도움을 받았다.

문제는 권력 가까이에서 도움을 받으며 종교인 역할을 바르게 했느냐 하는 것이다. 김준곤은 삼선개헌을 공개 지지한 데 이어, 1973년에는 시월유신을 하나님의 이름으로 찬양하며 성공을 빌었다. 그 결과 얻어낸 것은 전군의 신자화 계획을 추진하고, 빌리 그레이엄 초청 집회를 개최하고, CCC 엑스플로 집회를 개최하고, 또 서울 중심부에 회관을 짓는 일이었다. 당연히 영혼 구원의 열정이 없었을 수가 없다. 수십만 군인에게 전도할 기회를 줄 뿐 아니라 기독교인이 되도록 적극 도와주겠다고 절대 권력이 약속하는데 어느 목사가 감히 싫다 하겠는가? 하지만 그 대신 그렇게 믿게 된 영혼들에게 가르치며 안팎으로 선포해야 할 복음의 공의와 자비에 대해서는 침묵할 수밖에 없었다.

김준곤도 한경직처럼 민족과 교회를 동일시하는 관점을 가졌다. 시월유신으로 우리 민족이 신명기 28장에 약속된 복을 받을 것이라 주장했다. 민족과 교회를 동일시하는 같은 전제에서 성시화운동도 시작했다. 1974년에는 CCC가 주관하는 엑스플로74가 열렸다. 엑스플로 핸드북에는 공산주의의 위험성을 알리고 긴급조치의 정당성을 옹호하는 내용도 담겨 있었다. 1975년에는 정동 CCC 대강당에서 반공 특별기도회가 열렸다. "공산주의자들의 무력도발에는, 육탄으로 맞서는 의지를 가지고 반공의 면역체가 되고 전도의 새 종족이 될 것"을 결의했다. 구호를 보니까 반공이 전도와 동급의 절대적 목표가 된 것 같기도 하고, 반공이 핵심 목표인데 교회 행사니까 전도가 감초처럼 슬쩍 끼어든 느낌도 든다. 김준곤이 국내에서 박정희를 두둔하는 동안, CCC 세계 총재였던 빌 브라이트는 미국에서 박정희를 열심히 옹호했다. 얼마나 열심히 했는지 동역자였던 빌리 그레이엄마저 지나치다고 나무랄 정도였다.[6]

문제는 복음이었다. 독재자의 제안을 수용하자면 그 사람의 반성경적 정책, 이를테면 전제 정치, 인권 탄압, 불공평, 약자 소외 등에 대해 침묵해야 한다. 박정희가 시도한 일은 하나님의 공의에 어긋나는 것이었고, 사회적 불의와 불평등을 심화시키고, 약자에게 더 큰 피해가 가게 하는 일이었다. 반공주의 역시 남북한을 대화와 평화로 이끌기보다 대립과 반목을 키웠다. 그것을 알면서도 복음의 구체적인 적용으로 중시해야 할 부분에 침묵하며 복음을 전했으니, 소위 반쪽짜리 복음이 될 수밖에 없었다.

그런데 시간이 지나면서 그런 반쪽 복음은 성의, 평등, 인권, 평화를 추구하던 사회적 활동 자체를 부정적으로 보는 관점과 결합했다. 당시 적지 않은 교회가 성도의 사회적 책임은 외면한 채 민주화 운동이나 산업선교를 불순 세력 또는 용공 운동으로 매도했다. 복음의 사회적 적용에 대해 처음부터 입을 다문 당연한 결과다. 처음 반쪽으로 시작한 반(半)복음, 해프-복음이, 나중에는 복음의 적용 자체를 마귀의 일로 규정하는 반(反)복음, 안티-복음이 되어 자기모순에 빠진 셈이다.

거듭 강조하지만, 김준곤의 활동은 분명 하나님이 사람을 구원하시는 도구였다. 그렇지만 그가 사용한 방법은 전도라는 고상한 목적을 이루기 위해 독재자의 도움을 받는 방법, 곧 복음과 우상을 뒤섞는 방법이었다. 한편으로는 하나님을 더 잘 섬기기 위해 권력을 수단으로 이용한 것 같은데, 달리 보면 그게 하나님 대신 권력 앞에 무릎 꿇은 일이기도 했다. 독재의 불의를 침묵으로, 나아가 공공연히 용인하고 지지까지 한 복음이었다. 이는 두 마음을 품은 것이었고, 몸의 등불인 눈이 어두워진 것이라고 할 수 있다(마6:22-23; 약 4:8).

그런 제한된 복음이 이후 한국교회의 주류가 되었다. 권력에 이어, 재물 앞에 쓰러지는 교회, 이념에 빠져 허우적거리는 교회로 이어졌다. 물론 박정희 시대에 권력자의 부당한 행태를 고발하고 저항한 이들도 있었다. 이들은 독재와 폭정을 용인하는 것 자체가 비복음적이라 믿었기에 고난을 감수하였고, 그 결과 많은 불이익을 받았다. 미국 선교사들 가운데도 이들의 활동을 지원한 이가 많았다. 하지만 교회에서는 이들의 활동을 불순, 용공 등의 이름으로 비판한 이들이 많았고, 그런 사회적 활동이 구원은 아니라며 선을 그은 이들도 많았다.

이들이 사회 활동을 구원과 혼동했던 것일까? 알 수 없다. 어떻게 보든 자유겠지만, 한국교회의 주류가 그들을 일방적으로 비판하는 대신 복음이 이런 영역에서도 구현되어야 한다는 걸 알았더라면, 오늘 우리의 복음은 지금보다 훨씬 온전한 복음이 되었을 것이다. 고난을 택한 사람의 수는 많지 않았지만, 칼뱅의 말이 의미 있게 다가온다. "교회의 탁월함은, 수의 많음이 아닌 순결함에 있다."[7] 성경에는 세속 권력과 얽힌 신앙의 모습을 보여주는 이야기가 둘 나온다. 하나는 페르시아 왕의 최측근이었던 느헤미야 이야기고, 다른 하나는 바빌로니아에 잡혀간 다니엘의 세 친구 이야기다. 우리의 과거사는 어느 이야기에 대입이 가능할지 잘 생각해 볼 일이다.

권력 우상의 세 번째 사례 - 국가조찬기도회

박정희 시대에 복음은 권력과 함께 돈도 섬기기 시작했다. 돈을 숭배하는 일은 조용기가 본격적으로 주도하게 되지만, 의미심장한 출발점은 김준곤이 1966년 3월에 시작한 국가조찬기도회였다. 설립 이념을 보면 국가조찬기도회는 모임이 아니라 조직을 갖춘 단체였다. 기도만 하는 것이 아니라 협력과 연대를 하고 섬김과 나눔을 실천하며 사업도 벌였다. 기도에는 당연히 행동이 따라야 하지만, 이 경우는 이야기가 완전히 다르다.

조찬기도회의 시작은 순수했다고 많이들 생각한다. 시간이 지나면서 타락했다는 거다. 착각이다. 조찬기도회는 애초부터 타락하려고 생긴 모임이었다. 정치권력과 기업가를 왜 붙여주며, 그 일에 왜 종교를 이용할까? 대통령이 기도회 때 설교 듣고 감동 받아서, 멋진 통치를 할 거라 기대했을까? 조찬기도회는 미국에서 시작되었다. 거긴 국민의 반 이상이 기독교인이고, 국회에 원목이 있을 정도로 기독교가 우세한 나라다. 하지만 우리는 아니다.

박정희 본인은 첫 국가조찬기도회에 참석하지 않았다. 불참 이유가 무엇인지 경향신문이 박정희 본인의 말을 보도했다. "믿음이 있으면 은밀한 가운데 기도해야 하며, 남을 도와주되 오른손이 하는 일을 왼손이 알지 못하도록 하는 것이 원칙인데, 현관(顯官, 높은 벼슬)에 있는 사람들이 떠들썩하게 호화롭게 기도회를 갖는 것은 아무래도 기독교 정신에 어긋난다."[8] 목사들에게 던지는 훈수가 아닌가? 권력자의 눈에 기독교가 어떻게 비쳤을지 생각만 해도 얼굴이 화끈거린다.

하지만 박정희도 2회부터는 참석해 조찬기도회를 자기 "정견 발표장"으로 만들었고, 언론은 그 기도회가 "종교인들의 충성 서약의 장"이 되었다고 조롱하였다. 박정희의 첫 조찬기도회 불참을 보도한 경향신문 기사는 박정희의 다른 말도 전했다. "기독교를 믿는 정치인들이 이처럼 종교를 남에게 보이기 위해 이용하기 시작하면, 교(敎)가 타락하고 정치도 망하는 것이다."

에리하지 않은가? 그런데 종교가 타락하고 정치도 망하는 그 일이 정말로 일어났다. 박정희 본인이 앞장을 섰다. 1974년 조찬기도회 때 미국 사절로 온 사람에게 몰래 뇌물을 줬다가 발각되어, 미국 정부가 대대적인 조사를 벌였고,[9] 결국 미 의원 수십 명에게 뇌물을 준 게 최종적으로 확인되었다. 이 사건은 박동선의 의회 증언으로 유명해져 코리아게이트라는 이름을 얻었고, 이후 어글리코리언이라는 이미지를 오래 남기게 되었다.[10]

국가조찬기도회는 내로라하는 교회 지도자가 성경적 가치를 위반하는 정치 지도자를 하나님 이름으로 축복하는 현장이 되었다. 언론이 비아냥댄 그대로 충성 서약의 장이 된 거다. 1980년 8월에는 전두환 국보위원장을 위한 기도회가 열렸는데, 정진경 목사는 이날 설교에서 전두환을 여호수아에 비유하며 축복했다. 박정희는 뜻밖에 모세로 격상되었다. 전두환 눈에 자신을 떠받드는 기독교 복음이 얼마나 가소롭게 보였을까?

국가조찬기도회는 오랜 기간 한국기독실업인회(CBMC)가 준비와 실행을 도왔다. 기도회 자체보다는 덜 부각되었지만 김인득 장로 등 임원들이 정치권력과 유착된 일들을 했고, 가진 자들 중심의 정책을 펴기도 했다. 기독 실업인은 교회에서도 대부분 큰손이었기 때문에 한국교회 목사와 신학자들의 생각을 가진 자 중심으로 인도하는 역할도 했는데, 이 섬은 조금 뒤 나오는 재물 숭배에서 다시 살펴보겠다.

국가조찬기도회는 최근 세 가지 추문에 걸려 있다. 첫째는 기도회 중심인물로 작년에 설교를 맡은 김장환 목사가 재 상병 사건에 연루되어 지금 조사를 받고 있는 것이다. 본인은 사단장을 위해 기도해 준 죄밖에 없다고 설교에서 밝혔던데, 목사가 약자를 보호하지 않고 힘 있는 권력자부터 돕느냐는 비난도 있을 수 있지만, 만에 하나 약자의 억울한 죽음을 은폐하려 한 일일 경우 엄청난 파장을 일으킬 것이다.

둘째는 이보다 더 큰 추문으로 이봉관 장로 사건이다. 그는 전직 대통령 부인에게 맏사위 인사 청탁을 위해 1억 이상의 귀금속을 바쳤다고 한다. 본인이 자술서를 써 밝힌 내용이다. 맏사위는 즉시 한덕수 국무총리 비서실장에 임명되었다. 이봉관은 건설회사 사장으로 조찬기도회 회장이 된 이후 회사가 고속 성장을 했다. 뇌물과 다른 일들이 많이 있었으리라 짐작할 수 있다.

마지막 셋째는 국가조찬기도회 회장에 이어 부회장인 이배용 권사도 수사를 받고 있다는 것이다. 회장을 수사하던 중 단서가 잡혀 회장에 뒤이어 수사 대상에 올랐는데, 전직 대통령 부인에게 금거북이 뇌물을 제공해 공직을 얻었다는 혐의다. 본인은 사과문을 내고 뇌물로 얻었을 그 공직을 사퇴했다.

참담하지 않은가? 이게 기도회인가? 우리가 과연 교회가 맞는가? 이건 정치 이념이나 권력 사이의 투쟁을 염두에 둔다고 해도 부끄럽기 짝이 없는 일들이다. 내가 볼 때 국가조찬기도회의 실세와 회장, 부회장이, 교회에서는 목사, 장로, 권사 직분을 가진 사람이, 한꺼번에 수사를 받는 이런 일은 촛대를 옮기시기 전 마지막으로 주시는 사랑의 경고가 아닐까 생각한다.

2. 재물 우상

재물 우상은 그 자체로도 역사가 깊지만, 우리가 돌아보는 140년의 역사에서도 중심 또는 몸통을 이루고 있다.[11] 권력 숭배와 얽히고, 이념 숭배하고도 통한다. 한국교회의 재물 숭배는 조용기 목사를 빼고 논하기 어렵다. 조용기는 세계 최대의 교회를 이룬 사람이지만 그건 크게 중요하지 않다. 다만, 조용기의 설교를 듣고 예수님을 만나 구원받은 사람이 많다는 점은 부인할 수 없다. 그렇지만 훌륭한 업적 외에 너무나 큰 잘못을 저질렀으니 그걸 지적하지 않을 수 없다.

조용기는 하나님과 대립하며 경쟁하던 돈을 하나님과 짝지어준 주역이다. 성경이 조심하라고 그토록 경고하는 돈을 하나님의 축복으로 둔갑시켜, 부담 없이 탐하고, 축적하고, 즐기게 만든 장본인이다. 그리고 그 일에 본인이 실정법을 어겨가면서까지 모범을 보인 사람이다. 조용기가 일으킨 돈 추문과 그 돈을 자녀에게 골고루 물려준 일은 세인의 오랜 관심을 끌었다. 재물 숭배의 핵심은 누구의 이름을 부르느냐가 아니다. 누구의 가르침과 원리를 따르느냐는 것이다.

이스라엘 백성이 바알을 섬겼다는 것은 바알이 명령하는 원리를 따랐다는 뜻이다. 여호와께서 주신 재물이라면 얻을 때도 쓸 때도 이웃을 생각해야 하지만, 바알이 준 재물은 얼마든지 축적하고 독점하고 내 마음대로 쓸 수 있다. 그렇기에 하나님과 돈을 함께 섬길 수 없다고 주님이 경고하신 거다. 이스라엘 백성은 실제로 바알을 추종하면서도 형식적으로는, 즉 종교적 의식으로는 여호와를 섬겼다. 그야말로 종교와 삶이 나누어지는 반쪽 복음이 이스라엘에 성행했다. 그래서 하나님은 이사야 시대의 이스라엘을 소돔과 고모라라 부르시면서, 악을 행하면서 드리는 제사를 견디기 어렵다고 거듭 호소하셨다(사1:10-17). 하나님의 명령은 명백했다. "선행을 배우며 정의를 구하며 학대 받는 자를 도와 주며 고아를 위하여 신원하며 과부를 위하여 변호하라"(사1:17).

재물 숭배는 권력 숭배 가운데 어느 정도 모습을 드러내고 있었다. 1970년 4월 와우아파트가 무너졌다. 권력과 돈이 손을 잡고 불법, 편법, 뇌물, 거짓, 억압 등을 사용한 결과, 34명이 깔려 죽었다. 그해 11월에는 전태일 분신 사건이 있었다. 업주들의 이익을 위해 노동자들의 인권이 짓밟힌 데 대한 항거였다. 그렇지만 교회는 이들의 외침에 눈과 귀를 막았다. 그런 활동을 오히려 마귀와 연결한 이들도 많았다. 권력과 재물의 결탁, 그리고 권력과 재물을 숭배하는 일에 많은 교인이 앞장을 섰고, 많은 목사가 강단에서 안정, 발전, 반공 등등을 이유로 강압적인 정치, 부당한 억압, 부당한 불균형을 하나님의 이름으로 용인했다. 그리고 그런 잘못을 시정하려는 노력은 마귀의 일로 정죄했다.

이사야를 비롯한 여러 선지자의 외침에서 우리는 반쪽 복음에 대한 경고를 듣는다. 하나님의 이름을 부르고 하나님을 믿는 종교 행위는 하지만, 삶에서는 하나님의 뜻을 순종하지 않는 죄를 지적하는 말씀이다. 종교 행위에 몰두하면서도 정작 하나님의 공의와 자비를 외면하는 오늘 우리는 성경에 따르면 소돔이고 고모라다.

재물 우상의 사례들

한국교회가 재물을 우상으로 섬긴다는 사실은 목사, 장로 등 교계 지도자들의 도덕적 부패를 보면 금방 알 수 있지만, 그런 사례는 너무 많아 아예 언급하지 않겠다. 『데카메론』 같은 책을 수백 권 쓰고도 남을 정도일 거다. 여기서는 우리의 재물 숭배를 몇 가지 큰 사례를 들어 살펴보겠다.

첫 사례는 2003년에 있었던 주 5일 근무제에 대한 반대다. 정부가 근로자 노동 시간을 44시간에서 40시간으로 줄이고 토요일을 쉬는 날로 지정하려 하자 전국 5개 경제단체, 즉 기업주들의 모임이 대대적으로 반대했고, 보수 언론들도 열심히 나팔을 불었다. 논리는 간단했다. 한마디로 경제가 망한다는 것이었다. 이들에게는 노동자들의 삶의 질보다는 자신들의 경제적 이익이 더 중요했다.

그런데 한기총을 중심으로 한 한국교회도 이런 반대 운동에 앞장섰다. 십계명 위반이다, 주일성수가 위태롭다 등의 신학적 무지를 담은 주장도 있었지만, 그런 무지는 그래도 애교로 봐줄 수 있었다. 정말 부끄러운 것은 경제가 망한다는 주장이었다. 당시 경제에 대한 전망은 다양했고, 교인들은 대부분 주 5일 근무제가 시행될 날만 학수고대하고 있었는데, 교회 지도자라는 사람들이 기업주의 주장을 그대로 가져와 대변인 노릇을 했다. 성경은 2천 년 전부터 부자 편을 들지 말라고 경고하고 있는데(약1:1-9), 교계 지도자들은 자신들이 주로 상대하는 사람들이 소위 교회의 큰손이라는 부자이기도 하고, 또 자신들이 이미 권력과 돈을 가졌기 때문인지, 주 5일 근무제를 반대하는 "인권 유린적 주장"을 했다.[12]

둘째 사례는 개역개정의 사용이다. 내가 볼 때 가장 심각한 사안이다. 개역개정이 미완성인 건 다 알고 있으리라? 채택 이후에도 계속 개정 중이다. 그런 미완성 번역을 교회의 공식 성경으로 서둘러 들이민 이유가 무엇일까? 이전 번역의 판권이 종료되었기 때문이라는 게 중론이다. 판권이 뭔가? 돈이지 않은가? 돈 때문에 교회의 공식 성경을 졸속으로 바꾼 것이다. 교회의 공적 성경은 그 시절에 가능한 최상의 번역이어야 하고, 적어도 수십 년은 가야 한다. 그런데 누더기 같은 성경을 정치 목사들을 앞세워 채택하게 만들었다. 내가 속한 고신이 신대원 교수들의 반대를 무시하고 앞장을 섰으니 참 부끄럽고 죄송할 따름이다.

대한성서공회가 돈이 왜 필요할까? 단체를 유지하는 일 외에 성경을 각국 언어로 찍어 보급한다고 한다. 그래서 돈이 필요했고, 그 돈 때문에 미완성 성경을 교회에 공급했다. 물론 그런 사역의 가치를 폄훼할 생각은 전혀 없다. 금속활자를 만들어 불경을 찍던 우리가 세계에서 가장 많은 성경을 만들고 있으니 얼마나 감사한 일인가? 하지만 하나님 말씀을 맡은 기관이 하나님 말씀을 널리 편다는 명분으로 말씀을 허술하게 번역해 교회에 들이민 일은 도저히 수용이 안 된다. 말씀이 자꾸 바뀌니 마음을 붙이기 어렵고, 말씀의 권위도 떨어진다. 하나님의 말씀까지 돈의 논리에 휘둘리는 것이 우리 한국교회의 현주소다. 목적과 수단이 뒤바뀐 이런 게 우상숭배가 아니면 뭐가 우상숭배일까? 대한성서공회가 조성한 말씀의 혼란상은 하나님 대신 권력과 돈을 섬겨 온 우리 한국교회의 영적 혼란상을 그대로 반영하고 있다고 생각한다.

세 번째 사례는 목회자 납세 반대다. 대한민국은 2018년부터 목회자 납세 제도를 시행하고 있다. 교회는 정부가 목회자 납세 제도를 준비하던 십여 년 기간에 계속해서 강한 반대를 표명했다. 그때 내세운 논리는 지금 생각해도 참 민망하다. 목사는 성직이므로 세금을 안 내도 된다? 그럼 루터와 칼뱅 다 무시하고 성직이 있는 천주교로 돌아가야 하지 않을까? 그런데 정작 천주교는 이십 수년 전부터 세금을 내고 있다. 헌금은 이미 세금을 낸 돈으로 드리니까, 그걸로 받는 사례에 세금을 내면 이중과세다? 이건 그냥 웃을 수밖에. 심지어 정부가 종교탄압을 하려고 납세제도를 시작한다는 음모론도 제법 있었다.

내 눈에 들어온 가장 특이한 이유는 납세 대상자가 20%에 불과하므로 시기상조라 한 부분이다. 무슨 말인가? 한기총이 돈 많은 부자 목사 20%의 대변인이 되었다는 소리지 않은가? 게다가 자발적 납부가 바람직하다는 말도 했다. 부끄럽지도 않은가? 교회의 도덕성이 바닥에 떨어져 있는데 어디서 그런 말이 입 밖으로 나올 수 있을까? 일반 국민에게도 자진 납부제를 적용하라는 소리는 왜 못했을까? 한국교회의 리더라는 사람들은 장기간 이어진 목회자 납세 반대 운동을 통해 교회는 돈을 사랑하는 집난이라는 인상을 세간에 깊이 심어주었다. 돈을 소중하게 여기다가 하나님 이름을 욕먹인 이 일은 누가 책임을 져야 할까? 아무도 불평하지 않고 세금을 잘 내고 있는 지금, 과거 해괴한 논리를 만들어 저항하던 분들, 특히 정부의 종교탄압 운운하던 분들은 왜 조용할까? 입만 쓱 닦으면 그만인가?

네 번째 사례는 자본주의를 지나치게 옹호한다는 점이다. 한국교회는 자본주의를 좋아한다. 때로는 민주주의보다 더 좋아한다. 자본주의는 개인의 능력에 따라 재산을 가지는 제도다. 자유다. 한국교회가 자본주의를 좋아하는 이유는 공산주의를 싫어하기 때문이다. 공산주의는 인간을 좋게 보았다가 실패한 제도가 맞다. 그에 비한다면 자본주의는 인간의 탐욕을 잘 알고 그것을 활용해 성공한 제도다. 사유재산을 인정한다. 충분한 보상을 통해 개인의 능력을 최대한 발휘하게 하고 모두 열심히 살게 만드는 장점도 있다. 하지만 돈이 절대 권력을 휘두르는 제도여서 '빈익빈부익부'라는 치명적 약점도 함께 갖고 있다.

한국교회가 공산주의를 반대할 때, 유물론이니까 틀렸고 위험하다 하는데, 사실 자본주의를 좋아하는 이유도 똑같이 유물론이다. 유물론은 물질이 정신보다 우위에 있다, 물질이 최고다 하는 그런 사상 아닌가? 그렇게 볼 때 탐욕에 기반을 둔 자본주의는 유물론적 요소가 더 강하게 작용한다. 주님도 가난한 사람보다 부자가 돈에 더 휘둘린다 경고하셨다. 그러니 공산주의는 싫고 자본주의가 좋다는 말은 정치적 유물론은 싫고 경제적 유물론은 좋아한다는 말이다. 그렇게 본다면 한국교회가 싫어하는 것은 유물론이 아니라 정치적 공산주의고, 결국 싫어하는 건 제도도 사상도 아닌, 그냥 가난이다. 다른 말로 하면 돈이 좋은 거다. 세상 풍요에 대한 사랑이다.

자본주의는 문제가 많다. 그래서 모든 나라 정부가 경제에 개입해야 한다. 그런데도 '빈익빈부익부' 문제가 사라지지 않는다. 이미 가진 자들의 탐욕이 아직 가지지 못한 자들의 탐욕보다 더 강하기 때문이다. 그럴 때 교회는 성경의 원리를 마음에 품고 세상에 선한 영향을 끼쳐야 한다. 교회가 먼저 서로 나누고 더불어 사는 삶의 본을 보이면서, 세상에서도 독점하지 말고 서로 나누는 제도를 만들도록 힘을 써야 한다. 그런데 한국교회는 그런 일을 할 자격이 애초에 없다. 교회가 세상보다 더 자본주의적이고, 교회가 세상보다 더한 빈부격차를 보이기 때문이다. 교회 크기, 사업 규모, 목사들 월급 차이, 전별금…, 정말 말로 다할 수 없다. 자본주의 교회에서는 돈 많은 사람들이 힘을 쓴다. 그래서 세상 정부가 균등하게 하는 정책을 만들면, 교회가 그걸 빨갱이 정책이라고 욕한다. 교회와 세상이 뒤집힌 것 같다. 우리가 믿는 게 정말 예수 그리스도의 복음인지 잘 모르겠다.

다섯 번째 사례는 교회의 계급의식이다. 마르크스는 재산 유무로 유산계급, 무산계급을 나누지 않았는가? 이런 계급주의는 공산주의의 기본 틀이다. 그런데 한국교회에는 이보다 심한 계급의식, 곧 돈으로 신분을 나누는 의식이 있다. 돈 많은 사람은 의롭고, 가난한 사람은 악하다는 영적 계급의식이다. 우리의 출발점은 인간은 모두 악하다는 성경의 가르침이다. 성경은 의인은 단 하나도 없다고 선언하지 않는가? 그런데 어떤 회사에서 노사분규가 나면 교회는 대개 노동자들을 비난한다. 기업주가 잘못하는 경우가 많은데도 일단 가진 자 편을 들고 본다.

이유가 뭘까? 오랜 세월 권력을 섬겨 오면서 그 권력과 결탁한 돈도 함께 섬겨 왔기 때문이다. 그래서 인권, 자유, 권리 등을 쟁취하려는 노력을 빨갱이 활동으로 보아 왔기 때문이다. 세상에서는 권력자와 부자들, 그리고 창녀 같은 언론이 그런 주장을 오래 해 왔고, 교회에서는 반쪽 복음에 물든 사람들이 그들의 주장을 그대로 반영해 왔다. 그래서 오늘도 기업주 장로님은 선하고 노동자 집사님은 악하다는 생각에 푹 젖어 있다.

SPC에서 노동자가 거듭 죽어간다. 포스코이앤씨에서도 막 죽는다. 노동자들의 안전에 쓸 돈을 아껴 기업주와 주주들이 막대한 돈을 번다. 노동자들의 피를 팔아 자기 배를 불리는 악덕 기업주들이 아닌가? 그런데도 교회는 그렇게 죽어가는 노동자들의 눈물은 닦아주지 못할지언정, 오히려 기업주 편에 서서, 회사 망하게 생겼다며 노동자들을 비난한다. 정부가 개입하려 하면 무슨 사회주의라며 또 정부를 비난한다.

마르크스는 기독교를 인민의 아편이라 부르며 강하게 비난했는데, 요즘은 인민의 아편보다 훨씬 강한 성도의 펜타닐이 되어 버린 것 같다. 이미 상당히 중독되어 느끼지 못하는 이도 많다. 권력과 돈의 이런 콜라보가 26년 전에 있었던 옷로비 사건이지 않은가?

이 사건으로 한국에서 처음으로 특검 제도가 도입되었는데, 그야말로 교회에서 만난 성도들이 권력과 돈을 뒤섞어 온 나라를 뒤흔들어 놓는 사건이었다. 한 기자가 그 사건으로 가장 손해 본 분이 하나님이라 하더니, 지금도 진행형인 것 같다.

3. 이념 우상

권력과 돈을 섬겨 온 그 역사의 연장선에서 한국교회는 지금 극우사상이라는 기묘한 이데올로기를 또 우상처럼 섬기고 있다. 이는 오랜 세월 끌어온 반공주의의 한 형태로, 권력 숭배, 재물 숭배와 연속성을 갖는다. 교회의 이념 숭배에 대해서는 『정치에 빠진 교회』(야다북스, 2025)에 수록된 나의 글, "교회의 정치 개입과 설교자의 책무"에서 이미 다루었다. (이 책은 극우 사상에 빠져 허우적거리는 교회를 고신 목사 몇이 진단해 본 책이다.)

지금 극우 사상이 세계 곳곳에서 기승을 부리는데, 우리 시대의 극우 사상은 진보 이념에 대한 반발이 특징이다. 이 진보 이념은 포스트모더니즘 상대주의에 나타난 그대로 주류의 횡포를 제어하고, 다양성을 존중하며, 약자를 배려하자는 정신이다. 반성경적 요소와 성경적 요소를 뒤섞은 특이한 사상이다. 지난 2, 30년간 그런 흐름이 이어지더니, 최근 몇 년 동안 그에 대한 반발이 강해졌다. 극우 사상은 이때를 틈타 주도권을 노린다. 다수에게 자기 힘을 깨달으라 촉구하고 자기 이익을 극대화하라고 유혹한다. 그런 속삭

임에 넘어간 이들은 자기가 속한 특정 정부나 종교를 절대 선으로 규정하고, 다른 인종, 정권, 종교를 정복해 지배하려 한다. 자국 중심주의를 강조하게 되고, 인종차별, 소수자 배척 등을 행하게 된다. 오직 나만 소중하므로 자기와 다른 집단은 배제와 혐오의 대상이 되고, 자신의 이익을 관철하기 위해서는 폭력 같은 극단적인 방법도 마다하지 않는다. 물론 정치, 경제, 사회, 외교, 사상 등 여러 요소가 뒤섞여 분류와 평가가 쉽지 않지만, 혐오와 폭력 같은 극단성은 언제나 극우 사상의 핵심 특징이 된다.

한국에도 극우 사상이 기승을 부리고 있는데 두 가지 특징이 있다. 첫째는 외세를 무조건 배척하기보다 선별적으로 의존 또는 배척한다. 이유는 일제강점기에 권력과 돈을 획득한 사람들이 독재 때에도 그걸 유지하고, 그게 오늘까지 이어지고 있기 때문이다. 과거의 권력 숭배가 재물 숭배로 발전했고, 그것이 지금은 이념 숭배로 나타난다. 기존의 권력과 재물을 이제 이데올로기를 위해 지키겠다는 거다. 둘째는 교회가 극우 사상의 요람지가 되고 있다는 점이다. 오랜 세월 반쪽 복음에 물들어 있으면서 권력과 돈을 숭배해 왔기 때문에, 그 기득권을 힘으로 구현하고 유지하려는 시도를 여전히 지지하고 있는 거다.

이러한 이념 숭배 문제도 두어 가지 사례로 간단히 살펴보겠다. 참고로 디지털 시대에 유튜브 영지주의도 극우 사상에 영향을 많이 미치고 있다.[13] 남들은 모르는 비밀을 나만 알고 있다는 알고리즘이 주는 착각이다. 책이 주도하던 시대와 달리 요즘은 모두가 유튜브 덕에 국제정세와 국내 상황을 훤히 꿰는 현자가 되었다.

이념 우상의 사례들

첫 사례는 우리 시대의 위기론이다. 지금 특정 정당이 입법부, 사법부, 행정부를 장악하고 언론까지 주도하여, 나라를 전체주의 체제로 만들려 한다는 주장이다. 그래서 그 정당과 맞선 보수 정당을 지지해야 나라가 안 망한다고 외친다. 과거의 반공주의와 연결된 태도다. 기독교적 민족주의도 한 축을 이룬다. 이들은 한국의 현실을 보는 눈이 다수 국민과 크게 다르다. 그러면서 전체주의를 막는다면서 법원에 난입해 직원과 경찰을 폭행하는 등 비민주적이고 폭력적인 방법을 쓰기도 한다. 동조하는 이들은 그걸 또 잘했다 칭찬하니, 이들에게는 극우 이념이 이미 종교가 되었다.

그런데 그런 터무니없는 주장을 목사가 강단에서 설교로 쏟아낸다. 거짓 정보를 심어주는 것 자체로도 큰 잘못이지만, 그걸 강단에서 외쳐 주님의 십자가 복음을 더럽히는 게 더 심각한 문제다. 극우 이념 때문에 복음이, 십자가 복음이 짓밟히고 있다. 근거도 없는 음모론이 복음과 같은 수준으로 대우받는다. 특정 정당이나 인물을 지지하는 일은 복음보다 중요한 사안이 되어 버렸다. 우리 시대의 극우 이념은 정말 과거와 격을 달리하는 우상숭배다.

이 위기론과 함께 제기되는 것이 부정선거 음모론이다. 자세한 내용은 이미 알고 있으리라 생각해 더 설명하지는 않겠다. 중국 간첩 수십 명이 오보로 밝혀진 뒤에도[14] 이들은 신념을 굽히지 않는다. 정치인들도 자기 이익을 지키기 위해 이 음모론을 퍼뜨린다. 부정선거가 없었다고 말하는 선관위, 정치인, 법원이 이들의 눈에는 다 한통속이다. 특정 정당을 향한 도를 넘는 혐오가 특정 민족을 향한 이유 없는 혐오와 뒤엉켰다. 여기서도 문제는 교회다! 교회가 이런 근거 없는 음모론에 함몰되어 있다. 국내의 어떤 세력이 중국과 손잡고 한국을 공산주의 국가로 만들려 한다는 것인데, 상당수의 목사가 이 음모론을 강단에서 확산하고 있다.

지난 7월에는 모스 탄이라는 재미교포가 한국에 들어와, 이재명 대통령이 부정선거로 당선됐다며 여러 곳에서 강연하고 다녔는데, 그 사람을 초대해 강의 듣고 보호해 준 것이 교회요 기독교인들이었다. 모스 탄은 하나님의 이름으로 온갖 거짓말과 유언비어를 퍼뜨리고, 성도들은 할렐루야로 화답하는데, 정말 놀라운 광경이었다. 극우에 빠진 이들을 보면 마치 무슨 마법에 걸린 것 같다.

그 외에 반공주의를 계승한 점도 있다. 박정희 때 정권에 아부하며 반공주의를 열심히 부르짖던 교회가 남북이 합의한 7.4공동성명을 보고 충격을 받았던 일이 있었다. 믿었던 정권이 원수 북한과 합의를 맺었으니, 그야말로 발등을 찍힌 셈이었다. 오늘날 반공주의를 신봉하는 이들 역시 그것 하나로 모든 걸 판단하려고 한다. 그런 식이면 미국, 일본과만 한편이 되고, 중국, 러시아, 베트남과는 무역도 하지 못한다. 북한하고도 대화하지 못하고, 둘 중 하나가 죽어야 끝이 날 거다. 미국이 얼른 와서 도와주기 바라는 모습은 2백 년 전의 황사영 사건을 떠올린다.

그리고 적지 않은 교인들이 한국이 무슨 기독교 국가나 된 것으로 착각한다. 한경직, 김준곤 시절의 기독교적 민족주의가 아직도 이어지고 있는 거다. 불신자들도 기독교 가치관을 채택할 수 있다면 당연히 좋은 일이겠지만, 그걸 성경적 온유와 겸손이 아닌 비성경적 방법으로 구현하려 하는 게 극우 사상이다. 나는 작년 10.27 집회를 비판하는 글에서 정치를 종교로 만들면 안 된다고 강조했다. 정치는 상대적인 영역이고, 다수가 지지하는 방향으로 전개된다. 그런데 종교를 정치 수준으로 떨어뜨린 이들 가운데는 정치적인 방법론에서는 또 반대로 정치를 종교처럼 절대화해 폭력마저도 서슴지 않는 사람들이 많다. 이념을 우상화한 전형적인 모습이다.

4. 회복을 위하여

이제 한국교회의 세 가지 우상숭배에 관한 이야기는 이 정도로 정리하고, 한국교회의 회복을 위한 길을 몇 가지 제시하겠다.

우상숭배와 회개

우상은 하나님 자리를 차지해 인간의 섬김을 받는 모든 것을 말한다. 성경은 우상은 아무것도 아님을 누누이 강조한다(고전8:4; 사41:24; 행14:15). 그렇지만 동시에 우상을 섬기는 우상 종교는 위험하다고 거듭 경고한다(시115:4-8; 135:15-18; 사44:9-17; 렘10:1-5). 우상처럼 모든 감각을 잃어버리기 때문이다. 피조물을 우상으로 절대화하는 행동이 어리석음의 출발점이고, 이후 모든 생각과 행동이 그런 그릇된 관점의 영향을 받게 된다.

성경은 탐욕이 곧 우상숭배라고 말한다(엡5:6; 골3:5). 그러면서 우상을 섬기는 자는 하나님 나라를 상속받지 못한다고 명확하게 가르친다(고전6:9-10; 갈5:20-21; 계21:8; 22:15 등). 특히 이에 관한 명확한 말씀이 에베소서 5장 5절이다. "너희도 정녕 이것을 알거니와 음행하는 자나 더러운 자나 탐하는 자 곧 우상숭배자는 다 그리스도와 하나님의 나라에서 기업을 얻지 못하리니"(엡5:5).

우리 한국교회는 놀랍게도 이런 종류의 경고를 가벼이 여기는 경향이 강하다. 칭의론을 오해해 그렇고, 튤립의 '피(P)'를 잘못 배워 그렇다. 그걸 미리 알았는지, 성경은 "누구든지 헛된 말로 너희를 속이지 못하게 하라"고 경고한다(엡5:6). 신약성경에는 속지 말라는 경고가 정말 많이 나오는데, 가장 자주 언급되는 거짓말이 믿음만 좋으면 순종 안 해도 천국 간다는 거짓말이다(고전15:33; 갈6:7; 골2:4; 약1:16; 요일3:7). 주님도 거짓 선지자들의 거짓말에 속지 말라고 거듭 경고하시는데, 그때 거짓말의 핵심은 고백과 행동의 불일치다(마7:15-21).

우리도 우상을 섬기는 죄에 빠진다. 그런 우리에게 하나님은 회개의 길을 주셨다. 그런데 우리는 회개도 성경대로 하지 않는다. 감정만 약간 동할 뿐, 회개의 열매라 부르는 실천은 하려고 하지 않는다. 우리의 회개가 이렇게 제한된 이유가 무엇일까? 나는 우리가 온전한 복음을 배우지 못했기 때문이라고 생각한다. 예수님을 믿는 것은 예수 그리스도의 십자가 구원을 마음으로 받아들이고,

예수 그리스도께 내 삶을 온전히 드리는 것이다(갈2:20). 그런데 그것은 그리스도께 내 감정만 드리는 것이 아니다. 지성과 의지도 함께 드려야 한다. 그 결과 내 삶 전체가 이 믿음의 통제를 받는 소위 온전한 복음을 따르는 것이어야 한다. 우리는 예수 그리스도께서 우리 삶의 전 영역에서 주인이 되시기를 바라고 기도하고 노력한다. 그리스도의 주권이 내 삶에 보편적으로 구현되는 그것이 바로 우리가 배우고 익혀야 할 온전한 복음이다. 그런데 우리는 온전한 복음이 무엇인지 제대로 알고 있는가?

온전한 복음

세례 요한은 회개하러 나오는 사람들에게 자신의 생활 영역에서 하나님 나라 원리를 순종하라 했다. 세리에게는 부당 과세를 하지 말라 했고, 군인들에게는 폭력과 거짓을 쓰지 말고 재물을 탐하지 말라 했다(눅3:12-14). 그리고 모든 이에게 가난한 이들과 삶을 나누라고 명령하면서, 그것이 회개에 걸맞은 열매라 했다(눅3:8-11).

그런데 요한이, 그리고 이후에 주님이 언급하신 회개의 열매에는 회당 출석이나 율법 공부 같은 것은 들어 있지 않았다. 이것이 성경의 복음과 한국교회가 가르쳐 온 복음의 중요한 차이점이다. 한국교회는 누군가를 전도해서 믿게 한 다음, 그 이후의 순종에는 큰 관심을 두지 않았다. 예수님을 믿은 다음에는 어떻게 할까 하는 질문에는 으레 성경 읽고 기도하라, 교회에 출석하라, 훈련 프로그램을 이수하라, 전도하여 대를 이으라 등의 소위 종교적 영역의 실천만 권했다.

물론 정직하고, 의롭게, 또 자비롭게 사는 일들도 원칙적으로는 가르쳤다. 그렇지만 현장에서 어떻게 하는 것이 정직인지, 뭐가 올바른 것인지, 무슨 행동이 자비로운 것인지는 연구하지 않았다. 사회 구조 문제는 아예 외면하도록 만들었다. 아편 노릇을 한 거다. 한국교회가 전한 복음, 특히 대량으로 선포된 복음은 권력, 재물, 이념이라는 우상을 섬기는 가운데 진행되었기 때문에 자기가 섬기는 대상에게 굴복하는 한계를 품고 있었다.

권력의 불의를 용인하고 지지하는 가운데 실천된 전도는 그 불의를 지적할 수 없고, 그런 한계 속에서 결국은 실천 자체를 제한하는 방식으로 전개된다. 이것이 정치, 경제의 여러 문제에 침묵하거나 권력과 돈을 가진 자들의 논리에 순응하게 하는 방법이다. 복음을 믿은 사람이 어떻게 살아야 할 것인가 하는 문제는 시작부터 벽에 부딪히게 되는 셈이다. 권력에 고개를 숙이고 전한 복음이니 그 권력을 비판하거나 대항하는 대신, 성경 보고 기도하며 교회 출석하고 봉사하는 등 종교 생활에 집중할 수밖에 없다. 권력의 그늘에서 자란 기독교는 애초부터 사회에 등을 돌리는 게토의 성향을 내재적으로 품고 있었다.

이론의 한계

칭의론을 언급했지만, 논쟁이 있었던 게 벌써 8년 전의 일이다. 우리가 다 알듯이 그 논쟁의 핵심은 믿음과 순종의 관계였다. 믿음으로 구원받는 원리에서는 믿음과 행위가 정반대 개념이지만, 구원을 경험한 이들에게는 믿음과 행위가 같은 것이 된다. 그런데 우리의 논쟁에서는 믿는 이들의 삶이 순종과 거룩함으로 나아가지 못하고 처음 믿던 그 지점으로 자꾸만 되돌아가는 현실을 드러냈다. 믿음과 순종을 거듭 나누고 심지어 대립시키는 이런 태도는 삶을 배제하는 것이 복음인 양 배워 온 한국교회사의 최종 결론이다.

한경직도 인권 유린을 알면서 외면했고, 김준곤도 박정희의 독재가 가져온 온갖 폐해를 보면서도 오히려 칭송했다. 그래서 김세윤 교수는 CCC의 사영리 전도가 한국교회에 왜곡된 칭의론을 심었다고 비판한다. 예수님과의 인격적 만남이나 스스로 믿겠다는 의지 없이, 믿겠다고 말만 하면 그 순간 구원받는다는 왜곡된 이론이라는 것이다.

우리 주님은 산상수훈에서 거듭 이론에 머물지 말고 실천으로 나아가라 명령하셨다. "나더러 주여 주여 하는 자마다 다 천국에 들어갈 것이 아니요 다만 하늘에 계신 내 아버지의 뜻대로 행하는 자라야 들어가리라"(마7:21). 그런데 우리는 성경을 읽을 때도 돌고 도는 순환논리에 갇히고, 찬송가를 부를 때도 앞으로 나아가지 못하고 자꾸만 이론의 도돌이표를 반복한다. 주님 비유의 핵심은 간단하다. 쳇바퀴를 얼른 벗어나, 순종으로 나아가야 한다는 것이다.

실천으로 나아가지 못하는 무기력한 신앙, 종교의 형식에만 갇혀 현장으로 나아가지 못하는 무능력한 경건은 한국교회에 가득한 제자 훈련에도 나타난다. 한국교회는 제자 훈련을 많이 한다. 그런데 내용이 무엇인가? 훈련의 핵심은 당연히 말씀 공부다. 말씀을 듣고, 읽고, 암송하고, 익히고, 적용하는 훈련을 많이 한다. 기도 훈련도 하고, 전도 훈련도 하고, 교회 출석, 교회 봉사, 그리고 내 삶에서 주님을 순종하는 훈련도 한다.

그런데 실천은 없다. 아니, 실천이 있긴 있다. 그런데 거의 소위 종교적 영역에, 예배당 건물 안에 국한되어 있다. 직장 관련 훈련도 없지는 않다. 그러나 세상 정치 이야기는 일절 꺼내지 않는다. 침묵하는 것 같지만 사실은 권력과 돈을 가진 자들에게 복종하는 모양을 갖는다. 반대로, 나와 이념이 다르다 싶으면 거침없이 공격을 퍼붓는다. 세상 경제 이야기는 더더욱 하지 않는다.

정말로 신기하지 않은가? 성경은 구약도 신약도 돈 이야기로 가득하다. 그런데 설교도 성경공부도 돈 이야기만 나오면 대개 영적으로 풀고 슬쩍 넘어간다. 돈이 좋은데, 어떻게 성경의 가르침대로 할 수 있겠는가? 돈을 섬겨 온 역사 그대로 부자들의 관점을 전달하고, 혹 그것을 비판하거나 바꾸려 하는 시도가 있다면 이념의 칼을 가져 와 찌른다. 그래서 언제나 젖만 먹어야 하고, 단단한 음식, 곧 의의 말씀으로 선악을 구분하는 단계로는 자라지 못한다.

이것이 애초부터 우상을 섬겨 온 교회의 한계라고 생각한다. 처음에는 권력을 섬겼고, 그와 함께 이데올로기도 섬겼다. 그 이후에는 권력과 돈과 이데올로기를 종합적으로 섬겼다. 그런 우상숭배를 깨닫고, 시인하고, 회개하고, 돌이키려는 노력은 하지 않은 채, 종교적 색채만 선명한 훈련 프로그램을 다양하고도 심오하게 개발,

활용해 왔으니, 그런 제한된 자리에서 무슨 영적 성숙이 이루어지겠으며, 삶의 현장에서 그리스도를 닮은 신앙인을 어떻게 길러낼 수 있겠는가?

한국에 소위 기독교 기업이 제법 있다. 그런데 대부분 교회와 닮았다. 기업은 교회가 아니다. 기독교 기업은 회사에서 성경공부하고 기도하는 곳이 아니다. 기독교인만 뽑거나 기독교인들에게 혜택을 준다든지 불신자에게 기독교인이 되라고 압력을 넣는 곳도 아니다. 돈을 선교에 쓴다고 기독교 기업이 되는 것도 아니다. 사회봉사와 구제를 하는 것도 기독교 기업의 특징이 아니다. 불신 기업들도 그런 일을 많이 한다. 기독교 기업은 성경적 인간관, 성경적 재물관, 성경적 사회관, 성경적 조직 운영과 성경적 경영 원리가 주도하는 곳이다. 성경공부나 기도회는 안 해도 된다. 기업의 설립 목적, 존재 이유, 운영 원리가 성경의 가르침과 일치해야 기독교 기업이다. 투명한 운영, 성실한 납세도 한 모습이겠다. 하지만 그와 동시에 인간에 대한 존중, 노동에 대한 정당한 보상, 자유와 평등과 안전이 보장되는 그런 곳이어야 한다. 한 마디로 기독교 기업은 기독교라는 종교색을 드러내는 곳이 아니라 그런 종교색이 전혀 보이지 않아도 기독교적 원리로 운영되고 그 원리를 구현하는 곳이어야 한다.

새 이스라엘?

우리 민족이 이스라엘은 될 수 없지만, 한국교회는 이스라엘의

연속이 맞다. 그래서인지 오늘 우리는 이스라엘 말기의 부패상을 그대로 경험하고 있다. 우리도 이스라엘처럼 사회적 불의를 행하면서도 하나님께 부지런히 예물을 드린다. 예배가 생명처럼 소중하다 하면서 종교적 행위에는 온갖 정성을 쏟지만, 정작 그렇게 예배한 하나님의 말씀은 삶에서 순종하지 않는다.

하나님은 그런 것이 싫다고 거듭 말씀하신다. 삶을 외면한 채 종교에만 집중하는 이것이, 관념의 쳇바퀴에 갇힌 채 실천으로 나아가지 못하는 이것이 바로 우상숭배라고, 이제 그만 집어치우라고, 하나님은 거듭 명령하신다.

방법은 오직 하나다. 우상을 버리고 여호와께 돌아가는 것이다. 여호와께 돌아가자는 것은 인애를 행하고 자비를 베푸는 등 여호와께서 이스라엘에게 명령하시는 그 말씀을 순종하겠다는 각오와 실천이다(호6:1-11). 여호와께서 사람에게 명하신 것은 내용이 그렇게 복잡하지 않다. "사람아 주께서 선한 것이 무엇임을 네게 보이셨나니 여호와께서 네게 구하시는 것은 오직 정의를 행하며 인자를 사랑하며 겸손하게 네 하나님과 함께 행하는 것이 아니냐"(미6:8).

행동하는 신앙

끝으로 한국교회의 140년 우상숭배의 역사를 돌아보며 제안하고 싶은 것은 온 교회가 함께 나서서 우상을 타파하자는 것이다. 행동하자는 말이다. 우상은 박살을 내야 한다.

다소 과격한 행동이 필요할 수도 있다. 다양한 방법이 가능할 수 있다. 그런데 반드시 교회 안에서 해야 한다. 우리의 목표는 우리 안의 우상숭배를 끝내는 일이지, 세상을 향해 이래라 저래라 하는 게 아니다. 혹 우리 교회에 국가조찬기도회 회원인 장로, 집사가 있다면, 왜 권력을 섬기느냐 따지고 당장 해체하라고 아니면 탈퇴하라고 대들 수도 있다. 교회 목사가 불의한 권력을 하나님이 쓰신다며 미화하거나 돈을 하나님의 복으로 왜곡하는 설교를 한다면, 찾아가 항의할 수도 있다.

교회는 유기체다. 유기체는 자기 보존 능력이 있다. 상처가 나도 스스로 치유할 수 있다. 자연 치유가 안 될 정도라면 엄청난 손상을 입은 거다. 그럴 때는 약도 쓰고 수술도 받아야 한다. 처음 사랑을 갖는 일을 교회에 적용한다면 자정 활동이라 할 수 있지 않을까? 교회가 자정 능력을 잃은 것 같은 지금, 최후의 발악이라도 해야 하지 않나 싶다.

이런 부패와 우상숭배를 바로잡지 못하는 교회라면 교회의 구조나 체제도 새롭게 생각해 보아야 하지 않나 하는 생각도 해본다. 500년 전 인쇄 문화를 사용해 교회를 새롭게 하신 하나님이 어쩌면 우리 시대의 디지털 혁명과 인공지능의 발전을 사용하실 수도 있겠다 싶다. 목사 아닌 사람들, 곧 평신도 운동이 생길 수도 있겠고, 썩어 들어간 대형 교회를 대신하는 소그룹 운동도 좋은 대안일 수 있겠고, 기존의 교회 조직 자체를 대신할 새로운 구조를 탐구할 수도 있겠다. 우리가 돌아갈 곳은 140년 전도 아니고, 500년 전도 아니고, 우리의 첫사랑이 싹튼 자리인 하나님의 말씀이다!

<함께 생각해볼 문제>

1. 세스페데스 신부가 한국인에게 전도하지 않은 점을 나는 좋게 보는가, 아니면 안타깝게 생각하는가? 그렇게 생각하는 근거는 무엇인지, 또 서로 다른 생각을 종합하거나 조화시킬 방법은 무엇일지, 함께 의논해 보자.

2. 한경직 목사의 반공주의가 가진 긍정적 측면과 부정적 측면을 이야기해 보자. 그 사상을 남북관계 향상이나 국내 대립 완화 등 성경적 평화를 위한 도구로 사용하기 위해서는 어떤 방향으로 고칠 필요가 있었을까?

3. 김준곤 목사의 기독교적 민족(국가)주의가 온 민족을 품으려는 포괄성을 가지면서도 정작 인권, 평등 등 성경적 주제에 대해 침묵해야 했던 이유가 무엇인지 이야기해 보자. 내가 그 사람의 자리에 있었다면 어떻게 더 낫게 할 수 있었을지도 이야기해 보자.

4. 국가조찬기도회 핵심 인물들이 추문에 얽혀 수사를 받고 있는 현실을 하나님의 섭리라는 관점에서 생각해 보자. 권력과 재물과 이념에 대해 하나님이 들려주시는 경고로 볼 근거는 무엇일까? 아니면 개인의 단편적인 일탈에 불과한 것일까?

5. 한국교회가 극우 사상의 영향을 받으면서 일반 국민의 정서에서 자꾸만 멀어지는 이유가 무엇인지 함께 이야기해 보자. 교회가 세상을 더 잘 섬기고 복음을 더 잘 전하기 위해 목사, 장로, 교인들이 각각 해야 할 일은 무엇인지 논의해 보자.

6. 나는 어떤 제자훈련을 받았는가? 강조점이 어디에 있었는가? 혹 온전하지 못한 복음을 담은 것은 아니었는가? 온전한 복음을 회복하기 위해 어떤 내용이 교회의 설교, 성경공부, 제자훈련 등에 포함되어야 할 것 같은가?

트럼프, 근본주의, 그리고 한국교회

배덕만

12.3 계엄 이후

한국교회,
어디로 가나?

 이 글과 관련한
"기윤실연속토론회" 발제 영상은
이곳에서 시청할 수 있습니다.

지난 7월 18일 순직해병특검팀이 여의도순복음교회와 이영훈 목사 자택, 극동방송 이사장 김장환 목사 자택 등 10여 곳을 압수 수색 했다. 7월 30일에는 내란특검팀이 경기도 평택시 오산 기지를 압수수색 했다.[1] 그리고 8월 25일 도널드 트럼프 미 대통령이 한미정상회담 3시간 전 자신의 SNS <트루스소셜>에 "한국에서 숙청 혹은 혁명이 일어나는 것처럼 보인다. … 우리는 그것을 수용할 수 없고 거기서 사업할 수 없다"라는 글을 올렸다.[2] 다행히 이재명 대통령의 설명을 들은 트럼프 대통령이 자신의 오해를 인정함으로써 사건은 빠르게 진화되었다. 같은 날 새벽예배 설교에서 이영훈 목사는 "이번 정부가 앞으로는 교회에 함부로 손을 대면 안 되는구나, 반성하고 교회를 존중히 여기고 교회의 신앙활동이 잘될 수 있도록 잘 협력할 것을 믿는다"라고 밝혔다.[3] 의미심장한 발언이었다.

이런 일련의 상황을 통해 한국교회와 트럼프 간의 관계에 세간의 이목이 집중되었다. 비상계엄과 대통령 탄핵 과정에서 태극기와 성조기가 극우 개신교 집회에서 휘날리고, 트럼프가 윤석열을 구조하러 올 거란 믿음이 팽배했다. 또한 트럼프는 지난 대선에서 복음주의자들의 절대적인 지지(80%) 속에 재선에 성공했고, 최근에는 그의 측근들이 여러 차례 한국을 방문해서 기독교계 인사들과 접촉하며 친분을 과시했다. 이런 현상들은 한국교회와 트럼프의 관계가 세간의 추측보다 더 긴밀함을 짐작하게 하며, 동시에 이런 관계가 향후 한국교회에 어떤 영향을 미칠지 고민하도록 만든다.

이런 상황과 고민을 배경으로 이 글은 트럼프와 트럼프주의, 이것들과 미국 복음주의 간의 관계, 그리고 트럼프와 한국교회의 관계를 차례로 살펴볼 것이다. 이어서 이런 현상이 한국교회에 미칠 영향을 전망하고, 한국교회를 향한 제안도 덧붙일 것이다.

1. 트럼프와 트럼프주의

도널드 트럼프

트럼프(Donald Trump, 1946-)는 미국 뉴욕주 뉴욕시에서 부동산 재벌 프레드 트럼프(Frederick Christ Trump Sr.)와 메리 앤 매클라우드 트럼프(Mary Anne MacLeod Trump) 사이에서 차남으로 태어났다. 트럼프는 뉴욕 군사학교와 펜실베이니아 대학교 와튼스쿨 경제학과를 졸업하고 가업을 이어받았다. 이후 자신의 가치를 높이기 위해 텔레비전 프로그램에 자주 등장했으며, 「뉴욕 타임스」 베스트셀러 순위에 오른 책들을 저술하기도 했다. 부동산 사업 외에도 미스 USA와 미스 유니버스, 모델 에이전시를 소유했다. 현재 트럼프의 재산은 64.9억 달러에 달하며, 2024년 포브스 미국 400대 부자 목록에서 319위를 기록했다.

트럼프는 1980년대부터 정계 진출을 생각했으며, 2001년부터 2009년까지 민주당 소속이었다. 그 시절에는 의료보험 개혁에 찬성했고, 유색인과 LGBTQ+ 권리, 낙태권 등을 옹호했다. 하지만 2008년 대선에서는 공화당의 매케인을 지지했고, 그 뒤 2016년 미국 대통령 선거에서 공화당 경선을 1위로 통과한 후 본선에서 민주당 후보 힐러리를 누르고 제45대 미국 대통령으로 당선되었다. 그리고 2018년 중간선거에서 민주당이 하원 과반을 장악했고, 2019년 12월 트럼프에 대한 탄핵소추안을 가결했다. 이로써 미국 역사상 세 번째로 탄핵소추안이 가결된 대통령이 되었다.

비록 상원에서 탄핵안이 부결되어 탄핵은 피할 수 있었지만, 그는 악화된 여론을 극복하지 못하고 2020년 미국 대통령 선거에서 민주당 조 바이든(Joseph Robinette Biden, Jr.) 후보에게 패하고 말았다. 하지만 선거 결과에 불복하고 부정선거 음모론을 지속적으로 주장하자, 그의 지지자들이 2021년 1월 6일 미국 국회의사당을 점거하는 폭동까지 일으키게 되었다. 퇴임 후에도 그는 지지자들의 열성적인 지지와 공화당 내의 강력한 입지에 힘입어, 2024년 미국 대통령 선거에서 민주당의 카멀라 해리스(Kamala Harris)를 상대로 완승을 거두고, 4년 만에 백악관으로 복귀했다.

트럼프주의

트럼프주의(Trumpism)는 "미국의 제45대 대통령 도널드 트럼프와 그의 측근 또는 지지 세력의 사상, 성향, 정책 스타일 등을 가리키는 말"이다.[4] 이것은 우익 포퓰리즘, 우익 반세계화, 신민족주의 등을 포함하며, '마가(MAGA: Make America Great Again)'라는 슬로건으로 상징된다. 마가(MAGA)는 1980년 대통령 선거에서 로널드 레이건(Rondl Reagan)이 사용했던 것을 트럼프가 2011년부터 자신의 선거에서 재사용한 슬로건이다. 결국 트럼프주의는 트럼프 지지자들을 결집시켜 그의 대통령 선거를 승리로 이끈 핵심적·결정적 요인이 되었다. 정태식에 따르면, 사회학자들은 트럼프의 승리 요인을 5가지로 정리했는데, 이것이 곧 트럼프 추종자들과 트럼프주의의 핵심임을 알 수 있다.

먼저, 트럼프는 러스트벨트 지역(펜실베이니아, 오하이오, 미시간, 위스콘신, 일리노이, 인디애나, 웨스트버지니아, 업스테이트 뉴욕) 백인 노동자 계급의 경제적 불만을 적절히 만족시켰다. 즉 트럼프는 이 계급이 신자유주의 체제하에서 발생한 임금 정체, 일자리 상실, 노동조합 해체 등으로 절망과 분노에 휩싸인 것을 간파하고, 그들을 위해 보호무역주의와 해외에 있는 미국 기업들의 국내 복귀 등을 주장했다.

둘째, 트럼프는 여성 대통령 후보에 반감을 지닌 이들을 대신해서 남성우월주의적 사고방식을 자극했다. 그가 대선 후보 토론회에서 공개적으로 힐러리를 "고약한 여자(nasty woman)"라고 언급했던 것이 대표적인 예다.

셋째, 트럼프는 1960년대 시민권 운동 이후 달라진 흑인들의 위상에 위기감을 느낀 백인들을 위해 인종차별적 언어를 거침없이 사용했다. 과거에는 이런 발언이 대중적 반감을 불러왔지만, 트럼프는 주저하지 않았다.

넷째, 트럼프는 9.11 테러 이후 고조된 반이슬람 정서를 적극적으로 활용했다. 그는 "이슬람은 우리를 혐오한다", "엄청난 증오가 존재한다"라고 말하면서 해외 무슬림들의 입국을 금지하고 국내 무슬림들에 대한 특별관리를 제안했다.

끝으로, 트럼프는 노동 계층과 보수적 미국인들의 외국인 혐오 정서에도 맞장구를 쳤다. 멕시코 국경에 장벽을 세우고 불법 이민자들에 대해 단호한 입장을 고수한 것이다.[5]

그 외에도 권위주의와 메시아니즘을 주된 특징으로 추가할 수 있다. 그는 공화당 전당대회에서 "나는 여러분의 목소리입니다. 저만 이 나라의 문제들을 해결할 수 있습니다. 여러분, 저만 믿으십시오. 제가 그렇게 할 것입니다"라고 말했다. 뿐만 아니라 그는 기독교 민족주의/국가주의(Christian nationalism)도 앞장서서 강조했다.

> 트럼프 또한 명시적으로 기독교 국가주의 정서를 활용했다. 그는 반복해서 미국이 기독교 유산을 포기하고 있다고 말하는 한편, 기독교에 대한 공격이 만연하고 있기에 그것을 멈추어야 한다고 주장했다. 결정적으로 그는 교회를 포함한 비영리조직에서 정치적 발언을 금하는 존슨 수정안이 기독교인들의 표현의 자유를 억누르고 있다며 비판했다.[6]

이처럼 트럼프주의는 공화당과 기독교 민족주의/국가주의의 여러 특징을 공유·계승하지만, 예일대 교수 필립 고노스키(Philip Gorski)의 판단에 따르면, 그것은 "보다 세속적이고", "보다 반동적"이다.[7]

2. 트럼프와 복음주의

배경: 근본주의와 정치

'원숭이 재판(스코프스 재판)'(1925) 이후 한동안 자취를 감추었던 근본주의자들(극단적 복음주의자들)이 1960년대부터 다시 모습을 드러내기 시작했다. 한국 전쟁과 함께 미국 사회를 집어삼킨 '메카시 광풍' 속에서 일부 근본주의자들이 반공주의의 우산 아래 대중적 관심을 끌었다. 이후 흑인 민권 운동, 히피 문화와 성 혁명, 베트남 전쟁, 낙태 허용 등으로 1970년대까지 미국 사회가 급진적인 변화를 겪자, 그동안 성속 이원론과 비관적 역사관에 사로잡혀 사회와 일정한 거리를 유지해 온 근본주의자들이 '기독교 미국(Christian America)'을 수호한다는 명분 아래 현실 정치에 뛰어들기 시작했다. 그들은 당대의 변화를 치명적인 위협으로 간주하면서 그 원인을 '세속적 인본주의(secular humanism)'에서 찾았다. 그들이 비판하는 세속적 인본주의의 특징을 카렌 암스트롱(Karen Armstrong)은 다음과 같이 정리했다.

> 그것은 하나님의 신성, 성경의 영감, 그리고 그리스도의 신성을 부인하고, 영혼, 내세, 구원과 천국, 정죄와 지옥을 부인하며, 창조에 대한 성경적 가르침을 부인한다. 대신, 도덕적 가치는 스스로 결정되고 상황적이므로 절대적인 옳고 그름은 존재하지 않는다고 믿는다. 또한 남성과 여성의 독특한 역할의 제거를 믿으며, 나이와 상관없이 동의하는 개인들 간의 성적 자

유(혼전 성관계, 동성애, 레즈비언주의, 근친상간 포함)를 믿으며, 낙태, 안락사, 자살의 권리를 믿고, 빈곤을 줄이고 평등을 이루기 위해 미국의 부에 대한 평등한 분배를 믿으며, 환경에 대한 통제, 에너지에 대한 통제, 그리고 그것의 한계를 믿는다. 미국의 애국주의와 자유기업체제의 제거, 군비축소, 그리고 단일한 세계 사회주의 정부의 건설을 믿는다.[8]

근본주의 내의 이런 움직임은 1970년대에 '기독교 우파(Christian Right)'의 탄생으로 이어졌다. 근본주의 설교자 제리 폴웰(Jerry Falwell)은 1979년 '도덕적 다수(Moral Majority)'를 조직하여 공화당 대선 후보 로널드 레이건을 지지했고, 1972년부터 본격적으로 시작된 '남녀평등헌법수정안(Equal Rights Amendment)' 비준 운동을 저지하는 일에 적극적으로 참여했다. 이 운동에는 개신교 근본주의자들과 보수적인 가톨릭 신자들, 유대인들도 상당수 참여했다.

1980년대 후반에 유명한 오순절파 TV 설교자들인 짐 베이커(Jim Bakker)와 지미 스와가르트(Jimmy Swarggart)의 섹스 스캔들이 연속으로 터지면서 근본주의 진영은 치명상을 입게 되었다. 하지만 근본주의 목사이자 방송인인 팻 로버트슨(Pat Robertson)이 1986년 대선에 출마하고 '기독교 연합(Christian Coalition)'을 조직하면서 근본주의자들이 기력을 회복하기 시작했다. 이들은 가족의 가치(pro-family)를 중심으로 동성애와 낙태, 포르노에 강력히 반대했으며, 학교와 공공장소에서 기독교 신앙의 실천을 보장받기 위해 분투했다. 또한 이들은 아들부시(George W. Bush)의 대통령 당선을 위해 헌신했고, 그가 당선된 후에는 '네오콘(Neo Conservatism)'과 함께 부시 정권의 막강한 지지 세력으로 기능했다. 비록 오바마 정부의 탄생과 함께 위세가 한풀 꺾이긴 했지만, 트럼프의 등장과 그의 집권 이후 '트럼프주의'로 진화하면서 현재 전성기를 맞이하고 있다.[9]

주요 인물과 매체

트럼프의 대통령 당선을 돕고, 현재에는 그의 측근으로 트럼프주의 확산에 기여하고 있는 인물들에 대해 간략히 살펴보겠다. 적지 않은 인물들이 포진해 있지만, 대표적인 인물 몇 사람을 소개하면 다음과 같다.

① 폴라 화이트

화이트(Paula Michelle White-Cain, 1966-)는 정규 신학 과정을 밟지 않은 것으로 알려졌지만, 1991년 플로리다 템파에서 남편과 함께 첫 목회를 시작했다. 2001년부터 독자적으로 <폴라 화이트 투데이(Paula White Today)>란 방송을 진행했고, 2011년 뉴데스티니크리스천센터(New Destiny Christian Center)의 담임 목사로 청빙을 받은 후 2019년까지 목회했다. 현재는 담임목사직을 아들과 며느리에게 물려주고 은퇴한 상태다. 2002년부터 트럼프 집안과 연결되어 지금까지 그의 영적 멘토이자 최측근으로 활동하고 있다. 은사주의와 번영신학을 추구하는 그녀는 한결같이 트럼프를 지지하며 그의 정치적 행보에 동참해 왔다.

특별히 화이트는 복음주의 내에서 트럼프의 부정적 이미지를 세탁하기 위해 보수적인 종교 지도자들과의 만남을 지속적으로 주선했다. 2015년 9월 텍사스주 댈러스에서 모인 기도회 도중 트럼프가 "종교의 자유 방어, 이스라엘 지지, 이슬람 국가 제거" 등을 약속하자, 여러 목사들이 그에게 안수기도를 해주었다. 2016년 6월에는 뉴욕에서 프랭클린 그레이엄 3세(William Franklin Graham 3rd)와 제리 폴웰 2세(Jerry Falwell Jr.) 등 500여 명의 종교 지도자들과 트럼프 간의 비공개 모임을 주선하여 트럼프와 복음주의와의 연결고리를 이어주었으며, 타종교 지도자들과의 만남까지 주선했다.[10] 그 결과 "도널드 트럼프의 손에 오벌 오피스(Oval Office, 대통령 공식 집무실)가 넘어가는데 폴라 화이트가 도움을 주었다고 해도 과언이 아니다"라는 평가를 받았다.[11]

그런 공로를 인정받아 화이트는 2016년 트럼프 대선 캠페인에서 '복음주의 자문 위원회' 위원장을 맡았고, 2017년 1월 20일 트럼프 취임식에서 기도문을 낭독했다. 2019년에는 '공공연락사무소(Office of Public Liaison)'의 '신앙과 기회 이니셔티브(Faith and Opportunity Initiative)' 특별 고문으로 임명되었고, 2025년에는 '백악관 신앙 사무소(White House Faith Office)' 대표가 되었다. 하지만 그녀는 통일교 집회에 참석해서 구설수에 오르기도 했다.[12] 예일대 교수 미라슬로프 볼프는 그녀를 "영향력이 매우 크지만, 신앙의 복잡성을 이해하는 깊이가 가장 얕은 대표적인 인물"이라고 비판했다.[13]

② 제리 폴웰 2세

폴웰(Jerry Lamon Falwell Jr., 1962-)은 미국 기독교 우파를 이끌었던 '도덕적 다수', 토마스로드침례교회, 리버티 대학교 등을 설립한 제리 폴웰(Jerry Lamon Falwell Sr., 1933-2007) 목사의 장남이다. 변호사로 활동하던 그는 아버지가 세상을 떠나자 리버티 대학교 총장이 되었고, 2016년 공화당 대선 후보 지명 과정에서 트럼프를 지지한 이후, 줄곧 트럼프의 강력한 지지자로 활약했다. 같은 해에 열린 공화당 전당대회에서 그는 트럼프를 "미국의 블루칼라 억만장자", "우리 시대 최고의 선견자 중 한 명"이라고 찬양했다. 무기 소지권 옹호, 이란의 핵강국화 저지, 대법원에 보수적인 생명존중 판사 임명 가능성이 가장 높은 후보라는 것이 트럼프 지지의 이유였다. 그는 트럼프를 여러 차례 자신의 리버티 채플에 초대했을 뿐 아니라, 2016년에는 뉴욕에서 그가 주선한 복음주의자들과의 비공개 모임에서 트럼프를 소개했다. 이렇듯 그는 "단순한 지지자를 넘어 트럼프를 홍보하는 역할을 맡았다."[14] 하지만 2020년에 성추문에 휩싸여 리버티 대학교 총장직에서 물러났다.

③ 윌리엄 프랭클린 그레이엄 3세

저명한 복음전도자 빌리 그레이엄의 장남인 프랭클린(William Franklin Graham 3rd, 1952-)은 '빌리 그레이엄 복음주의 협회(BGEA)'와 국제 복음주의 기독교 인도주의 지원 단체인 '사마리아인의 지갑(Samaritan's Purse)'의 사장 겸 CEO다. 그레이엄 3세도 2011년부터 트럼프를 공개적으로 지지하기 시작했고, 2016년 6월 모임에서 제리 폴웰 2세, 마이크 허커비(침례교 목사이자 전 아칸소 주지사. 현 기독교 방송 TBN 진행자)와 함께 저명한 기독교 보수주의자들 앞에서 트럼프를 소개했다. 이로써 그는 트럼프의 "인품과 정직성을 보증함은 물론, 언젠가 하워드 스턴(Howard Stern)의 라디오 쇼에서 자기 딸을 두고 잠자리 농담이나 하던 남자가 미국을 대표하는 기독교 보수주의자들과 동맹을 맺도록 도운 것이다."[15] 그 결과 대통령에 당선된 트럼프의 취임식(2017년 1월 20일)에 초대되어 다른 종교 지도자들과 함께 축도를 맡았다. 한편 트럼프가 여러 형사 소송으로 기소 위기에 처하자, 트럼프의 행동에 책임을 묻는 여러 시도들을 정치적 동기에서 비롯된 "미국의 수치"라고 비난하면서 트럼프를 옹호했다.[16]

④ 로버트 제프리스

제프리스(Robert James Jeffress Jr., 1955-)는 텍사스주 댈러스에 소재한 교인 14,000명이 출석하는 제일침례교회(First Baptist Church)의 담임목사다. 그는 설교와 뉴스 출현을 통해 오랫동안 정치에 깊이 관여해 왔다. 기본적으로 동성 결혼과 LGBT 권리, 타종교(이슬람, 가톨릭, 모르몬 등)와 민주당에 대해 매우 비판적인 견해를 공적으로 표명해 왔다. 2012년 선거 전날, 그는 오바마가 "적그리스도의 미래 통치를 위한 길을 닦고 있다"라고 말했고, 2016년 대선 때는 트럼프를 지지하지 않는 그리스도인을 "바보"라고 비난했다. 이후 트럼프와 전직 성인 배우 간의 불륜설이 터졌을 때, 방송에서 "상관없다"라고 옹호했으며, 2019년 트럼프에 대한 탄핵 조사가 발표되자 강력히 반발하기도 했다. 트럼프는 이런 제프리스를 2016년 6월 '복음주의 자문 위원회'와 '백악관 신앙 이니셔티브'의 위원으로 임명했다. 또한 제프리스는 트럼프 대통령 취임 전날(2017년 1월 20일) 세인트 존스 성공회 성당에서 열린 (트럼프도 참석한) 비공개 예배에서 설교했을 뿐만 아니라, 2021년 자신의 교회에서 드린 성탄 예배 때는 트럼프를 직접 초청해서 연설하게 하기까지 했다.[17]

⑤ 찰리 커크

커크(Charlie Kirk, 1993-2025)는 현재 미국 대학 850곳에 지부를 둔 미국 최고의 보수 청년 조직 '터닝포인트USA(Turning Point USA)'의 공동창립자다. 2012년 커크는 18세 때 빌 몽고메리(Bill Montgomery)와 아버지의 도움으로 '터닝포인트USA'를 설립했고, 23세였던 2016년 미국 공화당 전당대회에서 최연소(23세)로 연설했다. 그는 트럼프 주니어의 캠페인 보좌역을 맡으면서 트럼프가와 연을 맺기 시작한 이후, 두 차례나 트럼프 대선 캠페인에 헌신적으로 참여했다. 특히 젊은 상원의원 제이디 밴스(JD Vance, 1984-)를 트럼프의 러닝메이트로 만드는 데 트럼프 주니어와 함께 결정적인 기여를 했다. 대선 승리 후에는 대학 캠퍼스에 마가(MAGA) 전도사로 복귀하여, 급진적 학자들을 폭로하는 '교수 감시 목록'(일종의 블랙리스트) 프로젝트로 캠퍼스를 공략했다. 또한 대학 캠퍼스를 돌며 성소수자, 이민자, 대학의 소수인종 우대 정책 등을 주제로 진보주의자들과 정면대결을 펼쳤는데,

그 과정에서 뛰어난 토론가로 명성도 얻었다.

트럼프는 커크에 대해 "그가 청년들과 이뤄낸 것은… 히스패닉을 제외하면 우리에게 가장 큰 변화였을 것이다. 찰리, 당신이 해준 것에 감사한다"라고 속마음을 표현했는데, 이는 트럼프와 커크의 관계를 단적으로 보여주는 장면이라 할 수 있다. 뿐만 아니라 팟캐스트 <찰리 커크 쇼>를 중심으로 온라인에서도 영향력이 상당했던 그는 틱톡(700만 명), 인스타그램(850만 명), 유튜브(400만 명) 등을 통해 '트럼프주의'를 널리 전파해 왔다.[18] 그래서 트럼프주의에 비판적인 팀 앨버타도 "커크는 분명히 다른 우파 선동가들이 성공하지 못한 분야에서 성공을 거머쥘 자원과 조직, 그리고 배짱을 갖추고 있다"라고 평가했다.[19]

한편 커크는 2025년 9월 5-6일 한국을 방문하여 <빌드업코리아2025>에서 연설했다. 이때 그는 이재명 정부의 교회 압수수색은 잘못이며, 미국 정부가 이를 지켜보고 있다면서 한미정상회담 전 트럼프 대통령에게 이런 내용을 전달한 인물로도 알려졌다.[20] 그는 한국에서 돌아온 지 4일이 지난 9월 10일(현지시각) 미국 유타주 유타 밸리대학 캠퍼스 토론 행사 중 피살되었다.

⑥ 젠센 프랭클린

프랭클린(Jentezen Franklin, 1962-)은 오순절하나님의교회 소속 프리채플(Free Chapel)의 담임목사다. 색소폰 연주자로 경력을 쌓던 중 1989년에 300명 정도가 출석하던 이 교회의 담임목사로 청빙을 받았다.

하지만 조지아주 게인스빌(Gainesville)에 위치한 3천석 규모의 새 예배당으로 이전한 2004년 이후 성장을 거듭하여 현재는 미국 남부 도처에 지교회를 거느린 초대형교회가 되었다. 그는 베스트셀러 『금식(Fasting)』을 포함하여 십여 권의 책을 저술했다. 오랫동안 트럼프와 친밀한 관계를 유지해 온 프랭클린은 그의 영적 멘토 중 한 사람으로 알려져 있다. '터닝포인트USA'와 함께 한 트럼프 집회에서 "하나님이 미국에, 조지아에, 그리고 이번 선거에 임하시도록 우리 함께 초대합시다. 여러분은 저를 기독교 민족주의자라고 부르실 수 있습니다"라고 선언했다.[21] 또한 2022년 로버트 제프리스와 함께 참석한 보수정치단체 '신앙과 자유 연합(Faith and Freedom Coalition)'이 주관하는 '다수로 가는 길(Road to Majority)'에서 "우리의 적", 특히 "어린이 탈의실에 침입한다는 드래그 퀸들에게 대항해야 한다"라고 목소리를 높였다.[22] 현재 프랭클린은 트럼프가 임명한 '미국신앙자문원회(the National Faith Advisory Board)'의 위원이다.

⑦ 폭스 뉴스

사람은 아니지만, 폭스 뉴스(Fox News)도 트럼프와 복음주의자들을 연계하는 또 하나의 중요한 고리다. 폭스 뉴스는 글로벌 미디어 거물 루퍼스 머독(Keith Rupert Murdoch)이 소유한 미국의 대표적인 보수적 상업방송이다. 친공화당적 성향을 보이고, 트럼프에게 가장 우호적인 채널 중 하나다. 이 채널은 세속적 채널이지만 복음주의자들에게 담임목사 설교보다 훨씬 많은 영향을 미치고 있다. 그런데

2016년 공화당 대선 후보 경선 기간 중 트럼프가 다른 후보들보다 이 채널에 더 자주 출현하면서 트럼프와 복음주의자들 간의 접촉이 빈번해졌다. 또한 폭스 뉴스는 2011년 트럼프가 오바마의 출생지에 대해 의문을 제기하자, 오바마가 "미국인이 아니라 케냐에서 태어난 무슬림"이라고 집요하게 보도했고, 힐러리 클린턴에 대해서도 '악의적인 가짜뉴스'를 계속 송출했다. 그 결과 적지 않은 수의 복음주의자들이 주류 언론을 불신하게 되었으며, 폭스 뉴스를 통해 "공적으로 드러나지 않는 상식과 진실의 비밀스러운 목소리에 접근하고 있다"라는 인식을 갖게 되었다. "한마디로 트럼프와 폭스 뉴스의 미디어 활용 전략은 복음주의자들의 공포와 증오 정서를 자극해 충실하고 신속한 반응을 유도했고, 그들의 정치적 선택에 결정적인 영향을 미쳤다."[23]

트럼프와 복음주의자들의 접점

어떤 종교보다 신학적·도덕적 보수주의를 견고하게 고수해 온 복음주의는 상식적으로 트럼프와 공존할 수 없는 관계였다. 그가 출현하기 전까지 복음주의자들이 지지해 온 전통적·전형적 후보들과 트럼프는 여러 면에서 극단적으로 달랐기 때문이다. 양자의 차이에 대해 정태식은 다음과 같이 정리했다.

트럼프는 정치적으로나 신앙적으로 복음주의와는 조화될 수 없는 인물이었다. 그는 공직 경험이 없었으며, 그가 지닌 부와

명성도 부동산 거래와 카지노 운영 등을 통해 형성된 것이었다. 또한 그는 규범 파괴적이며 무례한 언사를 남발하는 일탈적인 인물이었다. 무엇보다도 그는 죄에 대한 고백이 필요하지 않다고 말할 정도로 신앙과는 거리가 먼 삶을 살아왔다. 당내 경선에서부터 대선 캠페인 내내 트럼프를 따라다닌 것은 도덕성 문제였다. 그는 두 번 이혼했고, 혼외 관계를 자랑삼아 떠벌리기도 했으며, 성인용 방송 쇼에 나가 전통적인 부부 관계로부터의 일탈에 정당성을 부여하기도 했다. 또한 성추행 경험을 자랑스럽게 이야기하고 장애인을 조롱하며 소수 인종을 모욕했다. 이러한 트럼프의 비도덕적인 행태는 대선 후보의 도덕성을 매우 중시하는 복음주의의 가치와 상당히 어긋나는 것이었다.[24]

그렇다면 수십 년 동안 공직자들에게 엄격한 도덕적 기준을 적용하여 빌 클린턴(Bill Clinton)의 스캔들을 맹렬히 비난했던 복음주의자들, 특히 종교적 우파들이 어떻게 트럼프를 지지하여 그에게 몰표를 던질 수 있었을까? 이 문제에 대해 팀 앨버타는 다음과 같은 해답을 제시했다.

2015년 여름, 트럼프가 대선 출마를 선언하며 아론의 황금 송아지도 부럽지 않을 만큼 화려한 에스컬레이터를 타고 내려올 때쯤에는 "미국은 나락에 빠졌고", "기독교가 공격받고 있다"라는 두 가지 인식이 복음주의 내에 널리 퍼져 있었다. 트럼프는 이를 본능적으로 이해했다. 그는 교회 강단과 폭스 뉴스 대

기실을 오가며 시간을 보내는 신앙 지도자들을 곁에 두고, 겁에 질린 미국 기독교인들의 요구에 부응하려고 노력했다. 낙태에 반대하는 '생명 보호' 성향의 대법관을 임명하겠다고 약속했다. 정부가 보수적인 목사들의 목소리를 억누르고 보수적인 교회들을 폐쇄할 수 있게 하는 조항이라고 의심받던 '존슨 수정 헌법'을 뒤집겠다고도 약속했다. 또 이스라엘 주재 미국 대사관을 예루살렘으로 옮기겠다고 맹세했다. 사실 이는 영적·지정학적 의미가 많은 중대한 결정이었지만, 트럼프가 그 의미를 제대로 이해했을 리 만무하다. 무엇보다 가장 결정적으로 인디애나 주지사 마이크 펜스(Mike Pence)를 러닝메이트로 선택함으로써 복음주의자들의 지지를 확보했다.[25]

즉 복음주의자들이 전통적으로 고수해 온 정치적·종교적 쟁점들을 트럼프가 해결하겠다고 강력히 약속하면서 양자 간의 동맹이 체결된 것이다. 동시에 그들의 입장을 거부했던 민주당을 향해 거침없는 언어로 맹렬한 비판과 공격을 퍼부은 것도 트럼프가 복음주의자들의 마음을 얻은 결정적인 이유가 되었다. "그의 거친 언어가 많은 사람들에게 이 시대의 테러들과 싸우기에 충분한 전사(strongman)처럼 보이게 만들었다."[26] 그리고 실제로 그는 적지 않은 공약을 거침없이 실행했다.

그런데 트럼프 지지자들과 그들의 지지 이유를 보다 정밀하게 분석한 학자들은 현재 트럼프를 가장 열정적으로 지지하는 사람들이 '백인 복음주의자들'이라고 동일하게 지적한다. 복음주의자들 중 라티노, 아시안, 흑인 복음주의자들은 기후 변화, 빈민 지원, 부자 징세 등에 대해 백인 복음주의자들보다 진보적인 입장을 보였다. 또한 백인 복음주의자들에게 가장 중요한 쟁점은 경제가 아니라 인종 문제였다. "백인 복음주의자들은 자신들의 인종적 지위 상실을 두려워한다. 자신들이 (다른 어떤 그룹들보다) 더 심한 차별의 대상이란 인식이 그들이 트럼프에 표를 던지는 데 영향을 끼치고 있다."[27] 백인 복음주의자들 중 81%가 2016년 11월 8일 트럼프에게 투표했다.[28] 이런 맥락에서 트럼프와 백인 복음주의자들이 '백인 기독교 민족주의'를 중심으로 강력한 연대를 형성한 것은 분명해 보인다.

트럼프 지지에 대한 복음주의자들의 정당화

트럼프가 복음주의자들과 동맹관계를 형성했지만, 전폭적 지지를 확보하기 위해서는 극복해야 할 장애물이 여전히 존재했다. 바로 그의 도덕적·종교적 한계였다. 아무리 트럼프가 보수적 복음주의자들의 정치적·종교적 의제에 동의와 지지, 실현을 약속해도 이미 노출되고 입증된 과오와 한계를 무조건 덮고 갈 수는 없었기 때문이다. 이렇게 곤란한 상황을 해결하기 위해 제시된 해법 중 하나가 바로 트럼프를 구약의 다윗 왕이나 페르시아의 고레스 황제에 비유하는 것이었다. 『하나님과 트럼프(God and Donald Trump)』의 저자 스티븐 스트랭(Stephen E. Strang, 1951-)은 자신이 테드 크루즈(Ted Cruz, 1970-)를 지지하다 트럼프를 지지하게 된 이유를 설명하면서 이렇게 덧붙였다. 즉 하나님이 자신의 목적을 위해 이방인 고레스 황제를 사용하셨다면, 트럼프를 사용하시지 못할 이유가 없다는 것이다.

그때 나는 이미 도널드 트럼프와 페르시아 고레스 대왕 사이의 비슷한 점들을 인식하고 있었다. 고레스 대왕은 이스라엘이 포로생활에서 벗어나 예루살렘으로 돌아가도록 하나님이 사용하신 이방인이었다. 나의 경우, 만약 하나님이 자신의 목적을 이루시기 위해 고레스를 사용하실 수 있다면, 도널드 트럼프 또한 사용하실 수 있다고 생각했다.[29]

로저 윌슨(Roger Wolson)은 복음주의자들이 트럼프를 고레스에 비유하는 이유를 보다 상세하고 분명하게 설명했다.

트럼프를 지지하는 많은 복음주의자들이 그를 "우리의 고레스"라고 부르는 이유는 비록 그가 그리스도인이 아니고 그의 성품도 의혹투성이지만, 참되고 진짜이며 진정한 기독교를 불법화하기로 작정한 세속적이고 심지어 반기독교적인 정치적 좌파로부터 미국 기독교인들과 "기독교적 미국"을 구하고 방어하기 위해 하나님이 사용하시는 이방인이라고 생각하기 때문이다. 그들은 "로 대 웨이드"(Roe v Wade) 판결과 동성 결혼을 "뒤엎고", 그리스도인들(과 다른 이들)이 게이들과의 사업을 자유롭게 거부할 수 있도록 허용할 연방 판사들과 대법원 판사들을 트럼프가 임명하리라 믿고 희망한다.[30]

이처럼 트럼프를 지지하는 복음주의자들은 그의 한계를 일정 부분 인정하지만, 고레스 같은 이방인도 이스라엘을 위해 사용하신 하나님이 트럼프 같은 사람도 미국의 유익을 위해 기꺼이 사용하실 거라고 믿는다. 무엇보다 트럼프처럼 신학적·윤리적 흠이 많은 사람도 그들과 같은 목표를 추구한다면 얼마든지 동지로 받아들일 수 있었다.

비판과 반작용

백인 복음주의자들이 중심이 된 트럼프주의자들은 그의 도덕적·종교적 결점에도 불구하고 열렬히 그의 당선을 환영하고 그의 주장을 지지했다. 하지만 이들에게 동조하지 않는 사람들의 걱정과 근심은 매우 크다.

먼저, 필립 고르스키는 트럼프의 권위주의적이고 독선적인 태도, 자신의 목적을 성취하기 위한 정부, 언론, 법원 등의 자의적·일방적 통제, 그리고 대중들에 대한 선동과 포퓰리즘적 대응이 미국 민주주의에 치명적인 해를 끼칠 수 있다고 우려했다.

이 모든 이유들 때문에 도널드 트럼프의 당선은 일본의 진주만 공격 이후 미국 민주주주에 대한 최대 위협이다. 국민을 대표하는 정부가 천천히 그리고 효과적으로 포퓰리즘 형태의 권위주의적 통치로 대체될 거란 진정하고도 가중된 위험이 존재한다. 언론 위협, 대중 선동, 유권자 억압, 대법원 재구성, 심지어 무장한 민병대 등 권위주의적 퇴보를 위한 필수적이고 충분한 여러 가지 여건들이 서서히 조성되고 있다. 미국의 정치적 문화와 제도들이 이런 발전을 이겨낼지는 두고 봐야 할 것이다.[31]

케네스 비버와 제이코 베이어스(Kenneth Bieber and Jaco Beyers)는 미국 백인 복음주의자들과 트럼프 간의 유착관계를 경계했다. 백인 복음주의자들이 자신들의 경제적·인종적 이익을 위해 트럼프를 맹목적으로 지지할 경우, 복음주의의 본질을 훼손하고 기대했던 현실적 이익마저 놓칠 수 있다고 경고한 것이다.

백인 미국 복음주의자들에게 호소력을 지닌 것은 민족성과 종교의 측면에서 이상적인 지배 시대로 회귀하는 것이다. 하지만 이렇게 경제적·지리적 안전에 우선순위를 두는 것이 개인적 회심과 선교적 헌신이라는 복음주의적 가치들을 대체하고 있다. 새로운 우선적 과제들의 보존을 열망하면서 백인 복음주의자들은 트럼프 안에서 자신들을 위해 싸워줄 왕 같은 인물을 발견한다. 그래서 자신들을 안전하게 보호하고 자신들의 주머니를 채워주고 자신들의 종교적 자유를 보존해 줄 사람으로 그를 추앙한다. 하지만 자신들이 진정으로 충성한 결과는 트럼프가 보호하고 지켜줄 거라 기대하는 종교적 자유 및 경제적 번영과는 정반대의 것이 될 수도 있다.[32]

조단 빌체즈(Jordan Vilchez)는 2021년 1월 6일 도널드 트럼프가 의사당 습격을 선동하는 광경을 목격하면서 자신이 직접 체험했던 인민사원(Peoples Temple)의 짐 존스(Jim Jones)를 떠올렸다. 자신의 추종자 900여 명을 집단 자살로 이끌었던 최악의 이단 교주 짐 존스를 트럼프 안에서 발견한 것이다. 권력에 대한 과도한 집착, 반대에 대한 극단적 불관용 등 존스와 트럼프에게서 나타나는 유사점을 비교한 뒤, 빌체즈는 다음과 같은 결론을 내렸다.

우리 지도자들의 정신 건강에 주목하는 것은 매우 중요하다. 정신적 안정성, 외교적 능력, 공감 능력, 시민들에 대한 진심 어린 관심, 그리고 직업적·인격적 투명성을 유지하려는 의지는 우리가 지도자들에게 기대하는 것이다. 우리는 짐 존스와 도널드 트럼프를 겪어본 후, 이런 것들이 바로 우리가 요구해야 하는 것임을 알게 되었다. 이런 자질들이 부족할 경우, 우리 나라는 치명적인 대가를 치르게 될 것이다.[33]

데이비드 거쉬(David P. Gushee)는 미국 백인 복음주의자들이 2016년 대선에서 트럼프에게 몰표를 던진 순간, 복음주의 정치가 바닥으로 추락했다고 비판했다.[34] 동시에 이 모습에 실망한 수많은 젊은 복음주의자들이 자신의 신앙을 버리면서 탈-복음주의(Post-evangelicalism) 시대가 본격적으로 시작되었다고 지적했다.[35] 그의 관찰에 의하면, 복음주의자들은 자신들의 이해관계를 위해 공화당 행정부에 눈길을 보내는 경향이 있고, 공화당은 거대한 백인 복음주의자 그룹에게 연대를 위한 도움을 청한다. 그 결과 이제는 (백인) 복음주의자가 된다는 것이 곧 공화당원이 되는 것을 의미하게 되었다. 그런데 문제는 현재 복음주의자들이 트럼프와 공화당을 지지하는 이유가 예수님의 가르침이 아닌, 복음주의 전통이 지닌 최악의 정치적 유산들, 즉 인종차별, 성차별, 민족주의, 반동성애, 환경과 가난한 사람들에 대한 무관심과 관련된다는 것이다.[36] 이런 복음주의의 변질과 타락이 거쉬 자신을 포함해서 많은 복음주의자들이 복음주의 신앙을 포기하는 주요 원인이라고 진단한다.

> 백인 복음주의자들은 도널드 트럼프를 성경적 예언의 실현, 신성한 도덕적 원리의 화신, "미국이 진리를 고수하고 하나님의 길을 대표하도록 돕는" 사람으로 찬미하지만, 사실 이것은 세 번 결혼한 리얼리티 TV 진행자, 상습적 거짓말쟁이, 여성혐오자, 음모론자, 인종차별자를 지지하는 것에 불과하다. 우리는 그런 사람을 대통령으로 뽑았다. 이런 찬미가 도를 넘었기 때문에, 여기에 동의할 수 없는 많은 복음주의자들이 그 명칭과 공동체를 버린 것이다.[37]

3. 트럼프와 한국교회의 관계

미국에서 트럼프가 대통령으로 당선된 것이나 트럼프주의가 미국 사회와 교회에 극심한 혼돈과 갈등을 초래하는 모습을 우리는 더 이상 "남의 집 불구경하듯" 바라볼 수 없다. 그들의 영향이 우리 한국에도 직간접적으로 미치고 있기 때문이다. 이제 양자 간의 연결고리로 기능하는 주요 인물들에 대해 살펴보겠다.

미국에서 활동하는 사람들

① 애니 챈

애니 챈(Annie Chan, 김명혜)은 중국인 남편과 결혼하여 미국 하와이에 거주하는 재미교포 사업가이자 백만장자다. 그녀는 '한미동맹USA재단(KUAUF)', '원코리아네트워크(OKN)', '한미자유안보정책센터(KAFSP)', '한국보수주의연합(KCPAC)' 등과 같은 민간단체들의 설립과 운영을 주도하면서 한미 보수 정치에 '큰손'과 '대모'로 큰 영향을 끼쳐왔다. '한미자유안보정책센터'는 극우 성향의 예비역 군인들을, '원코리아네트워크'는 적극적인 북한인권 활동가들을, '한미동맹USA재단'은 보수 성향의 미주 한인들을 결집하는 창구로 기능했으며, '한국보수주의연합'은 미국 보수 진영 행사인 '보수정치행동회의(CPAC)'[38]의 영향으로 설립되어 한국의 극우 유튜버들을 지원하고 있다.[39] 또한 챈은 트럼프 대통령의 선거운동에 10만 달러, 미국 보수 단체에 약 100만 달러를 기부하면서 미국 정계에서 무시할 수 없는 존재감을 드러내고 있다.[40] 2020년 '한국보수주의연합(KCPAC)'이 '보수성치행동회의(CPAC)'의 특별 세션에 참여한 것, 2025

년 '보수정치행동회의'에서 모스 탄과 고든 창이 한국의 부정선거
와 공산화 위협에 대해 발언한 것은 모두 챈의 재정적 후원 때문에
가능했던 특별한 기회들이었다.

특히 챈은 윤석열과도 개인적인 친분이 깊다. 그녀는 전 국방장
관이자 윤석열의 충암고 1년 선배인 김용현의 주선으로 2022년 1
월 '한국보수주의연합'과 '한미자유안보정책센터'가 주관한 행사
"대한민국 바로세우기 국가와 민족을 위한 신년 기도회 및 하례식"
에서 윤석열과 처음 만났다. 그런 인연 때문인지, 만남 직후부터 그
녀는 윤석열 지지를 선언했고,[41] 2023년 재외동포 사이에서 최고
영예직으로 꼽히는 '민족평화통일자문회의 해외 직능운영위원'과
'글로벌전략위원장'으로 연이어 임명되었다.

또한 미국 공화당에도 막대한 후원금을 제공해온 챈은 부정선
거 신봉자로서 한국의 부정선거 음모론을 미국 정계와 이민 사회,
그리고 한국에 전파하는 데 총력을 기울여왔다. 예를 들어, 2020
년 8월 트럼프 대통령과 각 교회들에게 편지를 보내 "한국의 4.15
선거는 부정선거였다"라고 주장하면서, 한국의 반미활동가들의 미
국 입국을 금지하도록 요구했다.[42] 그녀는 부정선거 신봉자들인 황
교안, 민경욱, 나경원 등과 친분이 있고, 심지어 전광훈에게 거액의
후원금을 전달했다는 소문도 무성하다.[43]

② 모스 탄

모스 탄(Morse H. Tan, 단현명, 1974-)은 한국에서 태어나서 어린 시절 미

국으로 이민 온 1.5세 한인 변호사, 법학자, 북한 인권 전문가다. 트럼프 대통령에 의해 국제형사사법대사로 임명되어 2019년 12월 31일부터 2021년 1월까지 활동했고, 이후에는 리버티대학교 로스쿨 학장을 지냈다. 미국 역사상 한국계 미국인으로서 2번째 경우였다. 또한 아시아 최초로 포항의 한동대학교에 미국법학박사(JD) 프로그램을 설치하는 일에도 관여했다.[44]

하지만 미국에 머물면서 부정선거 음모론을 제기해 온 민경욱 전 의원(미래통합당)과 대표적인 부정선거 음모론자로 알려진 애니 챈의 영향으로, 윤석열 전 대통령 탄핵 이후 부정선거 음모론을 지속적으로 제기했다. 2025년 '한국보수주의연합'이 주관한 '보수정치행동회의' 부대 행사 도중 윤석열 비상계엄을 옹호하고, 그에 대한 탄핵에 반대하는 연설을 했다. 2025년 3월 1일 서울 여의도에서 열린 '세이브코리아국가비상기도회'에 참석해서 "윤석열 파면 반대"를 외쳤고, 부정선거 음모론을 부추기며 불법 계엄을 옹호했다. 5월에는 '국제선거감시단'을 이끌고 한국을 방문했다. 올해 3월 결성된 이 단체는 "미국 보수 인사들의 동호회 수준 비영리 민간 단체"로 알려졌는데, 한국에서 '한국보수주의연합'의 뜨거운 환영을 받았다. 귀국하고 열린 기자회견에서 "대한민국 대통령 선거에는 조직적이고 광범위한 부정이 있었다"라고 주장했다. 뿐만 아니라 여러 차례 집회와 방송에서 "이재명 대통령이 어렸을 때 한 여성을 집단 성폭행·살해한 사건에 연루되어 소년원에 들어갔고, 중학교에 진학하지 못했다"라고 말했다. 이것은 '거짓 소문'으로 밝혀져 유포자가 유죄 확정·판결까지 받은 허위 사실이지만, 그는 기회가 될 때마다 이 주장을 반복하고 있다. 그 결과 국내 극우세력 사이에서는 '아이돌급 인기'를 누리고 있다.[45]

③ 고든 창

고든 창(Gordon Chang, 1951-)은 미국 뉴저지 주에서 중국인 아버지와 스코틀랜드계 미국인 어머니 사이에서 태어났다. 코넬 대학교와 동대학 로스쿨을 졸업했고, 유수의 로펌에서 근무한 바 있으며, 정치평론가로 활동하면서 CNN, FOX, CNBC 등에 외교안보분야 패널로 출연하고 있다. 현재 미국의 우파 싱크탱크인 게이트스톤 연구소(Gatestone Institute)의 선임연구원이자 GTI[46]와 '보수정치행동회의' 이사며, '국제선거감시단'의 회원이다. 또한 트럼프 지지자이자 마가(MAGA) 공화당원이며, 대표적인 강경 반중주의자다.[47] 그는 『중국의 몰락(The Coming Collapse of China)』(2001)을 출판한 이래 중국 붕괴론을 지속적으로 주장하고 있으며, 한국에서도 중국의 위기론과 관련되어 기사가 나오면 자주 인용되는 편이다. 이를 바탕으로 「더 힐(The Hill)」 등의 언론에 여러 정치와 외교 관련 글을 기고하여 국내에도 여러 차례 보도된 바 있다.

고든 창은 중국에 대항하는 한일협력을 중시하기 때문에 한국의 국민의힘을 높게 평가하는 반면, 더불어민주당은 친북 친중 정당으로 간주한다. 그 결과 한국에서 민주당이 집정할 때마다 극우세력의 주장을 맹목적으로 지지하는 모습을 보였다. 12.3비상계엄과 관련해서도 탄핵 반대, 부정선거 음모론을 주장하고 있다. 2025년 '보수정치행동회의'에서 연설할 때는 2020년과 2024년 선거에서 "중국산 장비와 소프트웨어가 사용되어 결과가 조작됐다"라고 주장했으며, 21대 대선을 앞두고 진행한 폭스 뉴스의 한 프로그램에서도 이재명이 "극렬한 친중, 친북, 반미 인사로, 앞으로 5년은 매우 위험할 것"이라고 말했다.[48] 한편 이런 그에 대해 트럼프는 2025년 '보수정치행동회의' 행사에서 고든 창을 호명하고 기립박수를 유도한 후, "나는 저 사람이 하는 모든 말을 믿는다"라고 말했으며, 정상회담 직전 그는 "한국에서 숙청 또는 혁명이 일어나는 것처럼 보인다"라는 트럼프 대통령의 SNS 글에 "감사하다", "이재명을 제거하자"라는 답글을 달았다.[49]

국내의 주요 인물들

① 전광훈

한국 개신교 극우세력의 아이콘인 전광훈은 트럼프를 추앙한다. 2019년 11월 「뉴욕타임스」 아시아판에 실린 기사에 따르면, 전광훈은 "전형적인 서구 우파 포퓰리즘의 전략을 사용"하고, "트럼프를 동경"하는 특징을 보인다. 구체적으로 트럼프가 2017년 방한했을 때, 전광훈은 교인들을 데리고 와서 열렬히 환영했으며, 트럼프가 "이민자를 통한 미국의 이슬람화를 막았다"라고 치하했다.[50] 2018년에는 스티븐 E. 스트랭의 『하나님과 트럼프』를 자기 가족이 운영하는 출판사 '퓨리턴퍼블리싱'에서 출판했다. 전광훈은 이 책의 추천사를 썼으며, 2019년 2월 장충체육관에서 진행된 자신의 한기총 대표회장 취임식 2부 행사로 이 책의 출판기념식을 열었다.[51] 한편 2025년 1월 7일 전광훈은 자신이 트럼프 대통령 취임식에 초청받았으며, 개인적으로 트럼프와 10분간 면담할 계획이라 밝히고 미국까지 갔다. 하지만 취임식 참석과 대통령 면담은 성사되지 않았다. 또한 2025년 8월 30일 자신이 직접 트럼프에게 편지를 보내 윤석열 석방을 요청했다고 밝혔고, 사랑제일교회도 한미정상회담이 끝난 직후 "한국교회와 자유의 가치가 훼손되고 있다는 지적이 미국 대통령의 입에서 터져 나왔다는 점은 너무도 안타깝고 부끄러운 일"이라며 "덮어씌우기 수사와 종교 탄압을 자행해온 행태를 즉각 중단할 것을 강력히 요구한다"라는 내용의 입장문을 발표했다.[52] 이처럼 전광훈은 기본적으로 트럼프를 추앙하고, 어떻게 해서든 그와 관계를 맺으려고 백방으로 노력하는 것 같다.

② 김장환

현재 수원중앙침례교회의 원로목사이자 극동방송 이사장이며, 전 세계침례교연맹 총재를 지낸 김장환 목사는 미국 개신교계와 정계에 폭넓은 인맥을 보유한 것으로 알려졌다. 특히 1973년 빌리 그레이엄 목사의 서울집회 때 그의 설교를 통역한 이래, 그와 오랫동안 개인적 친분 관계를 유지해 왔다. 2018년 미국 현직 대통령이 참석한 빌리 그레이엄 목사의 장례식에서 추도사를 맡았고, 2022

년에는 미국 노스캐롤라이나주 샬럿에 위치한 미국 기독교 명소 "빌리 그레이엄 라이브러리"에 김 목사의 이름을 딴 "빌리 킴 홀 (Billy Kim Hall)"이 문을 열었다. 이 홀의 개관식에서 프랭클린 그레이엄이 환영사를, 마이크 펜스(Mike Pence) 전 미국 부통령이 축사를 각각 맡았다.[53] 현재는 트럼프의 측근 중 한 사람으로 알려진 프랭클린 그레이엄 목사와 김 목사의 친분이 두터운 것으로 알려져 있다. 한 예로, 2023년 6월 3일 상암동 서울월드컵경기장에서 열린 "빌리 그레함 전도대회 50년 기념대회"에서 프랭클린 그레이엄이 설교했는데, 이 대회를 성사시키는 데 김 목사도 깊이 관여했다.

③ 이영훈

이영훈 목사(여의도순복음교회)는 폴라 화이트의 오랜 동역자다. 트럼프 집안의 영적 멘토로 알려진 폴라 화이트 목사는 여의도순복음교회에서 열리는 '세계교회성장대회'에 강사로 지난 10여 년간 꾸준히 참여해 왔다. 이 목사는 그녀를 통해 트럼프 집안과도 관계를 맺게 되었고, 트럼프 2세가 2024년 4월과 8월 여의도순복음교회를 방문했다. 특히 8월에는 '빌드업코리아2024'에도 참석 중이었는데, 25일 주일에 방문하여 성도들 앞에서 간증했다. 이날 간증을 담은 유튜브 영상이 이후 큰 화제가 되면서, 트럼프 2세와 이영훈 목사의 관계에 세간의 관심이 집중되었다.[54] 뿐만 아니라 이영훈 목사는 트럼프 대통령과도 개인적인 친분 관계를 유지하고 있다. 「국민일보」의 보도를 통해 우리는 그 관계를 쉽게 확인할 수 있다.

이 목사는 공식 일정 첫날 오후 트럼프 대통령과 정부 주요 인사 등이 참석하는 내각 리셉션에 참석하며 19일 오후에는 캐피털원아레나에서 열린 '마가 승리 집회(MAGA: Make America Great Again Victory Rally)'에도 초청받았다. 취임식 당일 대통령 취임 선서식에 참석한 뒤 펜실베이니아 애비뉴에서 백악관까지 이어지는 축하 행진에도 동참한다. 이날 오후 6시 워싱턴타임스빌딩에서 열리는 다문화 연합 취임식 축하 무도회와 유니언 스테이션에서 열리는 스타라이트 축하 무도회에도 참석한다.[55]

④ 정용진

온누리교회 집사인 신세계 그룹 정용진 회장은 트럼프 행정부의 강력한 막후 실세로 알려진 도널드 트럼프 2세(Donald Trump Jr., 1977-)와 매우 친밀한 사이로 알려져 있다. 둘 다 보수적인 신앙인으로서 공통된 정치적·사업적 이해관계로 급속히 가까워졌고, 2024년 12월에는 트럼프 2세의 주선으로 트럼프 대통령 자택에서 대통령과 독대한 적도 있다. 이들 간의 긴밀한 관계는 트럼프 취임식(2025.1.20)을 통해 단적으로 입증되었다. 초청장을 받은 사람들 대부분이 입장하지 못했던 이날 행사에, 그것도 단지 600명 정도만 수용이 가능했던 의사당 중앙홀에 정회장 부부가 조현동 주미대사와 함께 유일하게 참석한 것이다. 뿐만 아니라 그날 저녁 워싱턴 DC 중앙역 유니언 스테이션에서 열린 "스타라이트 볼(Starlight Ball)"(트럼프 측이 선별한 VIP만 모이는 사교 행사)에도 초청받았다.[56] 올해 5월에는 정 회장이 트럼프 2세를 초청하여 자신이 소유한 조선팰리스 강남호텔에서 한국 재계 지도자들과 일대일 면담을 주선했다. 한편 그는 "한국과 미국의 다음 세대 리더들을 초청해 함께 예배하고 바른 역사관과 세계관을 교육하는 목적"으로 2023년 설립된 '빌드업코리아'를 "물심양면으로 많은 도움"을 주고 있다.[57]

⑤ 김민아

이민 1.5세 유튜버(엠킴TV) 김민아(1989-)는 "미국스타일 정치교육 컨퍼런스"인 '빌드업코리아'를 2023년에 창설했다. 2020년 시작된 엠킴TV는 "미국 정치를 크리스천 보수주의 관점에서 바라보고 해석하며 정보를 전달하는 플랫폼"으로, 자유민주주의, 자유시장경제, 생명존중 등을 강조한다. 2023년에 시작되어 매년 개최되는 '빌드업코리아'도 기독교세계관, 자유시장경제, 한미동맹을 핵심가치로 삼고, 미국 '마가' 진영의 대표적인 인물들을 강사로 초청하고 있다. 2024년 제2회 '빌드업코리아'에 트럼프 2세가 초청되었고, 트럼프 당선에 크게 기여한 것으로 평가되는 '터닝포인트USA' 설립자이자 대표인 찰리 커크도 강사로 참석했다. 트럼프를 "하나님을 인정하며 따르는 겸손한 크리스천"이라고 믿는 김민아 대표는 트럼프 2세와 긴밀한 관계를 유지하고 있다. 서명삼 교수는 "청년 공화당 활동을 했던 김민아는 미 극우와 핫라인이 있고, 이를 통해 한국 극우 진영과의 다리 역할을 할 수 있다"라고 분석했고,[58]「시사IN」의 김수혁 기자는 '빌드업코리아'의 목적이 "선교사들이

개신교를 전파했듯, '마가' 운동을 한국에 이식하는 것으로 풀이된다"라고 지적했다.[59]

4. 결론

트럼프는 일관된 정치철학에 따라 국가를 경영하는 정치가가 아니다. 더군다나 분명한 신앙적 체험이나 명확한 신학적 입장에 근거해서 교계와 소통하는 신실한 기독교인은 더더욱 아니다. 더 나아가 엄격한 도덕적 기준에 따라 언어와 행동에 책임을 지는 존경할 만한 공인도 아니다. 오히려 그는 기존의 통념을 가볍게 무시하는 자유분방한 생각과 행동으로 악명이 높으며, 무자비하고 공격적인 사업으로 막대한 재산을 축적한 인물이다. 한마디로 그는 매우 실용적이고 기회주의적인 사업가이며, 그 연장선에서 '미국, 백인, 남성, 보수 기독교인들'을 대상으로 극우주의적·포퓰리즘적 정치를 펼치고 있다.

즉 다양한 민족, 인종, 계급, 젠더, 종교가 존재하는 미국에서, 그리고 그 미국이 전세계에서 담당하는 정치적, 경제적, 군사적, 문화적, 종교적 역할과 책임 앞에서 트럼프는 매우 편파적이고 피상적이며 폭력적인 방식으로 정치를 하고 있다. 따라서 다양한 사람들이 복잡한 관계 속에서 무수한 과제들을 해결하기 위해 끝없이 협력하며 조화와 상생을 추구해야 하는 시대에 트럼프적 사고와 태도, 정치, 외교는 매우 부적절하며, 심지어 치명적인 결함을 드러낸다. 그런 의미에서 세계의 내전들을 연구한 바버라 F. 월터(Barbara F. Walter)가 미국의 내전을 심각하게 걱정하는 것은 충분히 이해할 만하다.[60]

이런 트럼프식 정치, 곧 트럼프주의에 백인 남성 복음주의자들이 거의 컬트 수준으로 열광하고, 트럼프 주위에 극우적 성향의 목회자들이 집결해 있는 것은 매우 불안하며 부적절하다.[61] 그들 대부분은 트럼프가 그 자리를 차지하는 데 헌신했던 열렬한 트럼프주의자들이며, 동시에 강력한 기독교 민족주의 옹호자들이다. 그들은 기독교 민족주의에 대한 트럼프의 편파적 지지에 안도하며, 트럼프의 비도덕적·폭력적 의식, 발언, 행동, 정책에는 대단히 관대하게 반응한다. 반면 전쟁, 무기, 환경, 시장, 성, 복지, 세금 등에 대해선 철저한 무관심으로 일관한다. 결국 이런 이해관계를 중심으로 형성된 인간관계와 권력 구조는 트럼프의 정책과 정치를 왜곡된 방향으로 이끌며, 변화나 개선의 기회를 차단한다. 동시에 미국 복음주의자들에게도 부정적인 영향을 끼쳐, 모든 민족을 향해 보편적 진리를 전하고 차별 없는 사랑을 실천해야 할 교회가 미국 같은 다문화, 다인종, 다종교 사회에서 차별과 갈등, 불안과 긴장의 결정적 원인이 될 수 있다. 이는 서로에게, 그리고 미국과 세계에게 불행한 만남이 아닐 수 없다.

같은 맥락에서 한국의 극우 기독교 세력과 트럼프주의자들 간의 관계가 친밀하고, 상호간의 교류와 소통이 활발하다는 것도 매우 불길한 소식이다. 만약 한국의 친 트럼프 기독교 인사들이 과거에 지미 카터 전 대통령처럼, 한국과 미국, 북한과 미국, 남한과 북한과 미국 사이에서 평화와 화해의 중재자로 자신들의 친분과 영향력을 사용한다면, 역사에 소중한 발자국을 남길 것이다. 하지만 미국의 기독교 민족주의자들처럼, 자신들의 개인적 욕망과 집단적 이익을 위해 그런 인맥과 영향력을 편파적·차별적으로 사용한다면, 한국교회와 정부에게 치명적인 해를 끼치고, 나아가 한반도를 포함한 세계 평화에도 부정적인 영향을 미칠 것이다. 참으로 안타까운 비극이다.

따라서 한국과 미국의 친 트럼프 인사들은 자신들에게 주어진 예외적인 특권의 무게를 자각하고, 그것을 한국교회의 건강한 발전과 한미 관계의 증진, 미국의 책임 있는 세계 경영을 위해 예언자적으로 사용해야 한다. 한편 한국교회의 진보적 인사들은 친 트럼프적 개신교 목회자들이 극우로 경도되지 않도록 견제와 조언을 아끼지 말아야 한다. 그들은 제거해야 할 적이 아니라, 공존해야 할 이웃이기 때문이다. 또한 극복하기 쉽지 않은 정치적·신학적 차이들에 집착하는 대신, 직면하고 대처해야 할 공통 과제들에 대해 열린 마음으로 고민하고 협력할 방법을 함께 모색해야 한다. 이 일의 성공 여부가 한국교회의 미래에 상당한 영향을 미칠 것이기 때문이다. 물론 현실적으로 쉬운 일이 아니며, 현재로선 거의 불가능해 보인다. 그럼에도 대화와 협력이 가능한 사람들부터 용감하게 도전해야 한다. 매우 어렵지만 결코 포기할 수 없는 운명적인 숙제다.

<함께 생각해볼 문제>

1. 기독교 민족주의를 포함한 트럼프주의의 핵심사상들에 대해 우리는 성경적으로 어떻게 판단해야 하는가?

2. 미국 백인 복음주의 남성들 중 80% 이상이 트럼프를 지지한 이유는 무엇이며, 이런 유형의 '종교의 정치화'를 어떻게 이해해야 하는가?

3. 폴라 화이트를 포함한 근본주의적 성향의 목회자들이 트럼프의 측근들로 활동하는 것을 통해 목회자의 정치 참여 방법과 범위에 대해 함께 생각해 보자.

4. 한국의 일부 개신교 목사들이 트럼프와의 개인적 친분을 이용해 국내 정치에 영향을 행사하고 있다. 이런 행태의 위험성에 대한 개인적 생각들을 나누어 보자.

5. '빌드업코리아'가 한국의 청년 그리스도인들에게 트럼프의 마가(MAGA) 사상을 확산시키고 있다. 이런 움직임이 왜 한국교회와 사회에 바람직하지 않은지 그 이유에 대해 함께 나누어 보자.

근본주의와
자유주의 신학의 역사
: 한국교회의 빛과 그림자

옥성득

12.3 계엄 이후

한국교회,
어디로 가나?

이 글과 관련한
"기윤실연속토론회" 발제 영상은
이곳에서 시청할 수 있습니다.

이 글에서는 지난 150년간 한국 개신교 신학의 흐름을 근본주의의 수용, 발전, 왜곡의 역사를 중심으로 개관하되, 태평양을 건너온 미국 근본주의와 상호 연관성 속에서 파악하고자 한다. 시대는 1910, 1945, 1990년을 기준으로 구분하여, 영미 복음주의 수용(개화기), 미국 근본주의 수용(항일독립투쟁기), 반공 근본주의 성장(냉전 분단기), 그리고 신우파의 성장과 근본주의의 극우화와 정치 참여로 인한 교회의 쇠퇴 문제(1990년대 이후)를 차례로 다룬다. 근본주의의 역사는 그 반대편의 자유주의와 상호 작용하며 발전했으므로, 시대별로 이 두 쌍의 발전을 함께 살펴볼 것이다.

유동식은 『한국 신학의 광맥』(1984)에서 한국 신학을 태동기(1900년대), 정초기(1930년대), 발전기(1960-70년대)로 구분하고, 정초기에 보수적 근본주의(교리: 길선주, 박형룡), 사회 참여적 진보주의(역사: 윤치호, 김재준), 종교적 자유주의(실존: 최병헌, 전경옥)가 형성되었다고 주장했다. 하지만 이 글에서는 근본주의와 자유주의의 대결이 1910년대에 이미 시작되어 일제 시대에 다섯 차례의 갈등으로 표출되었으며, 해방 이후 교단 분열과 교계 갈등으로 증폭되다가, 최근 30년간 극우화 현상으로 두드러지게 나타났다고 주장한다.

신학은 복음(그리스도)과 상황(문화)의 만남의 산물이다. 한국 상황에서 복음이 토착화하고 문화를 변혁하는 역사를 새롭게 해석, 실천하는 신학 작업과 그것을 역사적 관점에서 정리하는 신학사의 작업은 함께 간다. 역사는 우리가 현재주의에 매몰되지 않도록 돕는다. 극우와 극좌 사이에 다양한 신학 스펙트럼이 존재하지만, 양극단이 교회를 장악할 때 위기가 증폭된다. 신학은 변하며, 보수나 자유나 진보의 개념은 고정된 것이 아니다. 이 글에서는 진보주의라는 용어가 주는 다소 편견적인 개념 대신 자유주의를 사용하며, 크게 근본주의('보수' 진영 포함)와 자유주의('진보' 진영 포함)로 나누어 살펴보되, 역사에 나타난 다양한 신학과 실천의 흐름을 새롭게 살펴보려고 한다.[1]

1. 개화기

: 영미 복음주의 수용과 다양한 신학의 공존(1876-1910년)

19세기 말 한국 개신교 선교는 영미 교회 선교가 주류였지만, 중국, 일본, 러시아를 통한 선교도 함께 진행되면서 다양한 신학이 유입되었다. 편의상 개화기의 신학을 보수와 진보로 구분하고, 이들의 공존과 논쟁 속에서 형성된 한국적 신학을 살펴보겠다.

보수 1: 니콜라스 맥레오드

- '사라진 열 지파' 이론과 러일전쟁 예언

개화기에 선교 신학적으로 의미 있는 첫 인물은 일본에서 활동하던 스코틀랜드인 맥레오드(Nicholas McLeod, 1868-1889)다. 그는 잘 알려지지 않은 선교사지만, 1876년 한국이 개항하자 한국에 관심을 가지고 일본과 한국에 대한 저서들을 자비로 출판했다. 그는 고고학적 증거로 볼 때 한국인이 셈족이며, 이스라엘의 '사라진 열 지파'

의 일부인 단족이 만주로 이주해 단군 조선을 세웠고, 중국에 거주하던 셈족의 지도자인 기자가 동쪽으로 이주해 고조선에게 문명을 전달했다고 주장했다. 이는 오늘날 한국에서 주장하는 "한국인은 셈족"이라는 근거 없는 주장의 원조다. 그는 한반도를 거쳐 일본으로 건너간 셈족이 천황가가 되었다는 일유동조론(日猶同祖論)을 주장하면서, 신도 사원의 구조가 이스라엘의 성막과 흡사하다는 점을 그 증거로 내세웠다. '사라진 열 지파'를 찾아서 개종시키면 이스라엘이 회복되고 종말이 온다는 믿음은 18-19세기 해외 선교의 중요한 동기였고, 여러 민족의 역사를 해석하는 시각을 제공했다. 맥레오드는 한국과 일본에 이 이론을 적용했다.

나아가 그는 부동항을 추구한 러시아의 남진을 봉쇄하기 위해 일본과 협력하던 영국의 '대게임(Great Game)'이 러시아와 일본 간의 전쟁을 초래할 것으로 보고, 이를 아마겟돈 전쟁으로 예언하기도 했다. 또한 그는 북쪽에서 내려오는 악의 세력인 러시아를 멸망시키면 종말론적으로 한국과 일본이 평화를 누리고 이스라엘이 완성된다고 전망했다.[2] 이러한 지정학에 근거한 그의 예언은 당대에는 주목을 받지 못했지만, 백 년 후에 한국 개신교인들이 유사한 주장을 되풀이하면서 우파 반공 개신교 신학의 일부가 되었다. 즉 맥레오드는 당시 영국 제국의 '대게임'을 염두에 두고 예언한 것이었지만, 1945년 이후에는 그 구도가 미국 자본주의와 소련 공산주의의 냉전으로 바뀌면서 한국 신학에 적지 않은 영향을 끼치게 되었다.

자유 1: 존 로스

- 비평본을 이용 한글 신약 성서 번역과 신구약 주석서

존 로스(John Ross, 1842-1915)는 두 가지 측면—한글 성서 번역과 한문 성서 주석—에서 한국 신학에 중요하다. 1882년에 출판된 첫 복음서인 누가복음과 요한복음부터 그는, 웨스트코트와 호트의 비평 본문을 기초로 한 옥스퍼드판 그리스어 신약전서와 개역본 영어 신약전서(The Revised Version, 1881)를 번역의 기준 텍스트로 사용했다. 그 결과 로스는 요한복음 8장의 간음한 여인 사건을 초기 사본에 없다는 이유로 생략했다. 그러나 출판비를 제공한 영국성서공회의 요청으로 1883년부터는 해당 본문을 추가했다.

로스가 비평 본문을 따랐다는 사실은 요한일서 5장 7-8절과 디모데전서 3장 16절 두 구절을 통해서도 분명히 알 수 있다. 1690년 뉴턴(Isaac Newton, 1643-1727)은 논문 "An Historical Account of Two Notable Corruptions of Scripture"에서 이 두 구절을 흠정역(1616)이 범한 성경 본문 타락의 대표적인 예로 지적했다. 흠정역은 중세 교황주의자들을 따라 삼위일체 교리를 강화하고 이단을 차단하기 위해서 요한일서 5장 7-8절 중 다음 부분을 추가했다. "For there are three that bear record in heaven, the Father, the Word, and the Holy Ghost; and these three are one." 뉴턴은 이를 "로마 교회의 경건한 사기"요 "중대한 범죄"라고 비판했다.[3] 로스본 이후 지금까지 모든 한글 성서는 이 두 본문에서 비평 본문을 따르고 있다.

로스의 한문 주석서들은 한글 성서 번역 못지않게 중요하다. 초기 한국교회가 처음으로 읽은 주석서는 그가 참여한 중국선교대회 주석서(The Conference Commentary)로, 로스는 1898-99년에 출판된 신약 중 파커와 공동으로 마태복음을, 디도서, 빌레몬서, 야고보서, 유다서 주석을 단독으로 집필했다. 이 한문 신약 주석은 19세기 영미 복음주의 성서 신학을 반영한 것으로 한국에 수입되어 사용되었다. 1911년 민준호가 설립한 동양서원은 첫 과업으로 이 주석 시리즈를 번역하여 3년간 전 21권을 출판했는데, 이원긍이 『마태복음주셕』을, 민준호, 신석구, 백남석 등이 서신서 주석들을 번역하고, 한석진이 교열하여 출판했다.

로스는 1903-06년에 출판된 구약 주석서에도 참여하여 욥기 주석인 『舊約約百註解(구약약백주해)』와 이사야서 주석인 『舊約以賽亞註釋(구약이새아주석)』을 집필했다. 이 주석서들은 1911년 한글 『셩경전셔』 완간 이후 널리 사용되었다. 1922년부터 클라크, 밀러, 데밍이 번역하여 조선예수교서회가 출간한 신구약 주석서들도 이 중국대회 주석 시리즈를 새로 번역한 것이다. 결론적으로 한국교회는 해방 이전에 중국 선교대회 주석서를 읽었고, 그 가운데 로스의 주석서들이 1910-30년대 한국교회 성서 해석과 설교에 큰 영향을 미쳤다. 다만 그 신학은 고등 비평에 근거한 자유주의는 아니었다.[4]

보수 2와 자유 2의 공존: 미국 복음주의 수용

- 문명과 그리스도, 네비어스 방법, 신칼뱅주의

초기 한국 개신교 신학은 온건한 복음주의로 보수와 진보, 문명과 복음, 구프린스턴신학과 신칼뱅주의가 공존했다. 이 시기를 대표하는 인물은 20대 중반의 언더우드(H. G. Underwood, 1859-1916)와 아펜젤러(H. G. Appenzeller, 1859-1902)와 마펫(Samuel A. Moffett, 1864-1939)이다. 앞의 두 사람은 미국신학교해외선교연맹에서 만나 1885년에 내한했다. 언더우드는 1887년부터 구프린스턴신학이 중국 산동 반도에서 선교 방법론으로 특화한 네비어스 방법을 연구했고, 1890년 네비어스(John L. Nevius, 1829~1893) 부부를 서울에 초청해 선교 방법에 관한 강의를 듣고, 그의 3자 원칙을 1891년 북장로회 한국선교회의 공식 지침으로 삼았다. 마펫은 네비어스의 3자(자급, 자전, 자치) 방법과 로스의 3자 방법을 결합하여 평양에 적용했다.

이후 서울의 언더우드와 에비슨이 점차 기독교 문명론으로 입장을 선회한 반면, 평양의 마펫은 교회 중심의 신속한 복음화에 주력하면서, 두 선교지부의 신학이 다른 방향으로 발전했다. 곧이어 1894-95년 청일전쟁, 1895년 을미사변, 1896년 아관파천, 1897년 대한제국 설립으로 이어지는 정치적 격변기를 거치면서 서울의 선교사들은 위기에 처한 고종에게 충성하고 그 대가로 고종의 호의를 얻었으며, 독립협회를 지지하는 등 정치에 깊이 관여했다. 그러나 고종의 보수화와 1900년 의화단사건 이후 선교부는 정교분리 원칙을 강조하며 정치 개입을 자제하도록 했다. 그러다가 1904-05

년 러일전쟁에서 일본이 승리하자, 선교사들은 오히려 일제에 충성할 것을 요구받았다.

한편 북감리회는 1885년부터 교육, 의료, 문서, 여성, 전도의 5대 사업을 결합한 기독교 문명론을 선교 정책으로 삼았다. 이는 여성 교육, 문맹 퇴치, 여성 지도자 양성 등의 성과를 거두었다. 문명론의 바탕이 된 것은 1897년에 발간된 데니스(James S. Dennis)의 저서 *Christian Missions and Social Progress*였다. 이 기독교 문명론 선교의 교과서는 아펜젤러, 존스, 헐버트 등 한국 감리회 선교사들에게 큰 영향을 주었다. 데니스는 제3권(1907년)을 집필할 때 한국의 선교 사례를 많이 인용했다. 장로회든 감리회든 미국 선교사들은 이 시리즈에서 주장하는 '사회학적 선교', 곧 선교를 통해 한 나라 전체를 서구 기독교 문명으로 만드는 것을 목표로 했다.

데니스는 사회학을 선교 현장에 적용했지만, 여전히 개인 구원에서 출발하여 사회 구원으로 나아가야 한다고 보았는데, 이는 미국 기독교의 행동주의와 개혁주의 노선에서 나온 것이다. 이 사상은 1920년대에 사회 복음(social gospel)으로 발전했다. 한국 개신교에서 기독교 문명론은 애국계몽운동, 105인 사건, 삼일 독립운동, 절제운동, 농촌운동으로 이어졌다. 그러나 북감리회의 기독교 문명론은 결과적으로 문명화를 내세운 일본 통감부 및 총독부의 통치와 종교 정책을 지지하는 한계도 있었다.

이와 달리 네비어스 방법은 문명보다는 그리스도를 전하고, 사회의 기독교화보다는 신속한 복음화를 위한 토착 교회 설립을 우선했다. 토착 교회론의 대표자는 정치의 중심지인 서울에서 거리를 둔 평양의 마펫으로, 그는 매코믹신학교의 장로회 신파에 속한 스승 존슨(Harrick Johnson) 교수가 말한 "복음 메시지의 신적인 실재에 대한 생생하고 지속적인 감각"을 선교의 원리로 삼았고, 지혜의 말이 아닌 "성령의 나타나심과 능력으로"(고전2:4) 전도했다. 마펫은 1901년에 설립한 평양의 장로회신학교 교장으로서, 현대 신학을 배우기 위해 안식년 중 3개월간(1906.11.-1907.02.) 프린스턴신학교에 가서 워필드(B. B. Warfield) 교수에게 칼뱅의 신학을 집중적으로 배웠는데, 독일 자유주의에 대항한 카이퍼(Abraham Kuyper, 1837-1920)가 1898년 프린스턴에 와서 '스톤 강의'를 했으므로 신칼뱅주의도 함께 공부했다.[5]

마펫은 한국에 돌아와서 1909년 7월 10일 서울에서 열린 칼뱅 탄생 400주년 기념식에서 강연했다. 하지만 아쉽게도 마펫은 신학적 글을 남기지 않았기 때문에 구체적으로 신칼뱅주의가 평양신학교에서 어떻게 구현되었는지는 연구해 봐야 한다. 1909년에는 바빙크(Herman Bavink, 1854-1921)가 프린스턴에 와서 '스톤 강의'를 통해 기독교 신학의 보편성을 강조했는데, 당시 프린스턴에 유학 중이던 이승만이 그 강의를 들었을 것으로 보인다. 호주 장로교회에서도 신칼뱅주의를 수용하였고, 내한 선교사들에게 영향을 주었다.

20세기 초반 한국 장로교회 신학의 주류를 형성한 네비어스-마펫의 신학은 성서 중심, 교회 중심, 그리고 개인 구원의 체험을 위한 성령의 능력을 강조했다. 이는 1970년대 이후 신복음주의, 북한 선교론, 대형 교회론, 세계 선교론으로 이어졌다. 그러나 마펫은 1920

년대에 평양을 '조선의 예루살렘'으로 만들기 위해 숭실대를 중심으로 문명적 요소를 강화하는 방향으로 노선을 일부 수정했다. 이 문명화 프로젝트는 1930년대 일제의 군사주의로 인해 좌절되었다.

1890년대 개신교의 전도문서들은 대중을 위한 한글 소책자에서는 우상 파괴적이었으나, 한문 소책자에서는 유교에 대한 성취론을 담았다. 전자는 복음주의, 보수주의, 근본주의 노선으로 나아갔고, 후자의 성취론은 문화(유교)와의 관계를 등불론, 열매론, 금목걸이론, 접목론(유교의 대목에서 우상숭배 요소를 잘라내고, 더 나은 품종인 기독교의 새싹을 접목하여 좋은 열매를 기대한다) 등으로 설명했다. 이는 유교의 선한 요소를 파괴하지 않고 성취하여 한국화된 기독교를 만들려는 온건한 진보주의 입장이었다. 이 사상은 북감리회의 최병헌(崔炳憲, 1858-1927)이 쓴 『聖山明鏡(성산명경)』(1909)에서 시작되었으며, 이후 토착화 신학(1960년대)과 종교다원주의로 이어졌다.

1902년 장로회공의회가 임명한 신경위원회는, 3년간 다양한 역사적 신조를 검토한 후 1907년 대한예수교장로회 독노회를 조직할 때, 인도장로교회의 12신조를 채택했다. 이는 이 신조가 아직 유아기 단계에 있던 "조선 교회 형편에 가장 적합"하다고 여겨졌을 뿐아니라, 당시 위원회가 "(이것이) 아시아 각국 장로교회의 신경이 되어 각 교회가 서로 연락"되기를 바라는 에큐메니즘과 아시아 신학에 관심이 많았기 때문이다. 뒷날 클라크(C. A. Clark)는 교회 신경이 다 정확무오한 것이 아니요 오류가 있을 수도 있지만 "각국 신경 중에 조선장로회 신경보다 더 귀하고 볼 만한 것이 없"다고 평가했다.[6]

이렇듯 첫 노회 조직 때부터 장로회는 아시아 장로교회와의 연합을 추구하는 한편, 한국교회 사정을 함께 고려했다.

이상에서 보듯, 1900년대는 보수와 자유가 공존하는 시대였다. 장로회와 감리회의 보수파는 학습인과 세례인에게 우상, 조상, 귀신 숭배 금지, 조혼과 처첩제 금지, 술 담배 금지 등 엄격한 규율을 요구했다. 반면 자유파는 성취론적 접근을 통해 한국의 전통 종교를 재해석했고, 이는 새로운 하ᄂ님 용어의 창출, 『鄭鑑錄(정감록)』의 기독교적 이해, 전직 무당으로서 개종하고 전도부인이 된 여자 목회자들의 기독교식 축귀(逐鬼), 제사의 정신을 살린 추도회(追悼會)의 발명 등으로 이어졌다.[7]

서울과 평양의 신학 분화

북장로회의 경우, 아래 표와 같이 여러 가지 문제를 두고 평양 (마펫, 베어드, 웰즈)과 서울(언더우드, 에비슨)이 대립했다. 대표적으로 1897년에 발간된 「그리스도신문」의 성격을 놓고 일반 주제도 다루면서 한국 사회 전체를 위한 신문으로 만들 것인지, 아니면 교회 신문으로서 기독교 주제만 다룰 것인지를 두고 논쟁했고, 또한 세브란스병원 설립을 놓고도 2인 의사 이상의 연합 대형 병원을 지향하며 의료 선교 자체의 가치를 추구할 것인지, 아니면 1인 병원 체제를 지향하면서 의료를 전도의 도구로 머물게 할 것인지를 두고 대립했다.

논쟁 주제	서울	평양
용어 문제	천주	하느님
제사 문제	금지	금지
처첩제 문제	세례 허용, 직분 금지	완전 금지
신문 문제	일반 주제 허용	교회 주제만
병원 문제	2인 연합 대형, 자체 가치	1인 소형, 전도 도구
축귀 문제	은사 중지론	은사 지속론
대학 문제	서울, 근대성, 민족 지도자	평양, 영성, 교회 지도자

서울의 문명(civilization) 대 평양의 그리스도(Christ) 간 대립은 앞서 말한 신문, 병원 문제와 함께 용어 문제에서도 깊어졌다. 이는 정치 문화의 중심지인 서울에서 네비어스 방법이 수정되었기 때문이다. 나아가 이 대립은 대학 문제(College Question), 곧 하나의 대학을 어디에 세울지를 두고도 격화되었는데, 결국 뉴욕 선교부의 지지와 북감리회의 협력을 얻어낸 언더우드와 에비슨이 서울에 연희전문학교를 설립함으로써 일단락되었다.[8]

일제의 통감부 정치 후 서울은 일본의 지배를 인정하는 경향을 보인 반면, 평양과 서북 지방은 항일 민족의식을 고양했다. 그 결과 1911년 '데라우치총독살해음모사건'으로 알려진 105인 사건의 체포자 700여 명 대다수가 평안도 기독교인, 특히 평양과 선천의 장로교인이었다. 자본주의 정신과 기독교 윤리를 수용하고 신흥 중산층으로 성장한 서북 기독교인 상인들은 일본 상인에 저항하며 항일 의식을 키워 나갔다. 1909년 설립된 선천의 신성중학교는 항일 민족주의의 온상이 되었고, 그 교사들은 1907년 조직된 신민

회의 주요 회원이었다. 총독부는 이러한 민족주의자들을 탄압하기 위해 사건을 조작했다.[9]

한편 평양과 서울이 일치한 주제도 있었는데, 그것은 제사 금지, 술 담배 금지, 연합 사업, 대부흥운동, 백만명구령운동이었다. 1905년 대한복음주의개신교공의회에서 장로회와 감리회는 함께 연합하여 하나의 '대한예수교회'를 설립하기로 결정하고, 하나의 성경, 찬송가, 신문(한글 그리스도신문), 잡지(영문 *Korea Mission Field*), 그리고 연합 병원(세브란스병원), 출판사(대한예수교서회), 기관(YMCA 등) 등을 만들었다.

1907년 대부흥 운동은 신학적으로 세 가지 중요한 점을 제기했다. 첫째, 기도와 축귀를 통한 기적적 치유가 계속되면서, 전통적인 은사 중지론(cessationism)에서 은사 지속론(continuationism)으로 '개종하는' 선교사들이 등장했다. 둘째, 전직 무당이었다가 개종 후 전도부인(안수받지 않은 여자 전도사)으로 활동한 평양의 심씨 부인의 경우처럼, 여성들의 영적 권위가 어느 정도 확보되었다. 그러나 1910년대 중반 이후 남자 목사가 양산되면서, 교회 내 전도부인의 지위는 남자 목회자에게 부속되었다. 셋째, 1세기 팔레스타인 유대와 한국의 지리적·영적 유사성이 강조되었다. 이 배경에는 네비어스 사후에 출간된 *Demon Possession and Allied Themes*(1894)라는 책자가 있었다. 1세기 복음서의 축귀가 19세기 중국과 한국에서 재현되면서 예수의 영(성령)이 한국 무교의 귀신보다 더 강력하다는 담론이 생산되었다.

1901년 북감리회 중국선교회와 한국선교회의 감독이었던 무어

(David H. Moore) 목사가 평양을 방문해 한국인은 셈족이라고 말했을 때, 한국인들은 예수와 동족이라는 사실에 크게 기뻐하며 환영했다.[10] 1912년 번하이즐은 한국교회가 1세기 사도 교회의 재현이라고 보았으며, 그 근거로 강대국에 둘러싸인 지정학적 유사성, 산악 지형이라는 지형적 유사성, 그리고 유일신을 섬기는 종교적 유사성을 들었다.[11] 번하이즐은 대부흥 기간 축귀 현상을 보면서 은사지속론자가 되었다. 그러나 그 배후에는 영적 오리엔탈리즘(spiritual Orinetalism), 곧 한국의 종교성을 수천 년간 샤머니즘에 정체된 것으로 보는 시각이 잠재해 있었다. 예수를 기적을 행하는 힘센 무당으로 이해하는 측면은 1910년대 합리적인 좋은 교사로서의 예수상을 주장한 일본조합교회와 대립했고, 1920년대 사회주의자들이 김익두 목사의 부흥 운동을 미신으로 비판한 것과도 연결되었다.

2. 항일독립투쟁기
: 미국 근본주의의 수용과 굴절(1910-1945년)

일제강점기 36년 동안 한국 개신교 신학을 자유주의와 근본주의의 발전이라는 관점에서 정리해 보겠다. 아래 도표는 이 시기에 있었던 3대 신학의 시대별 헤게모니 변화를 보여준다. 주류 신학은 영미 신학이었으며, 중국 신학의 영향은 1900년 이후 약해지고 저류로 흘렀다. 1910년대에 독일의 자유주의 신학을 수용한 일본조합교회 일본인 선교사들이 영미의 복음주의 신학을 시대착오적이라고 비판했다. 이 제1차 갈등으로 1917년 이광수의 한국 기독교 비판이 나왔다. 둘째, 1920년대 중반부터 사회주의의 비판이 거세졌다. 2차와 3차 갈등으로 사회주의자들이 '예루살렘의 조선' 담론을 만들었다. 셋째, 1930년대에는 일본 유학을 마치고 돌아온 한국인 목회자들이 한국교회에 뿌리내린 근본주의 신학에 도전했다. 이 4차 갈등은 아빙돈단권주석 사건 등으로 촉발되었다. 이러한 내외적 갈등 속에서 교회는 저항력을 잃고, 결국 총독부의 신사참배 강요에 대한 5차 갈등 후 일제에 굴복하고 태평양전쟁을 지지하는 배교의 길을 걸었다.

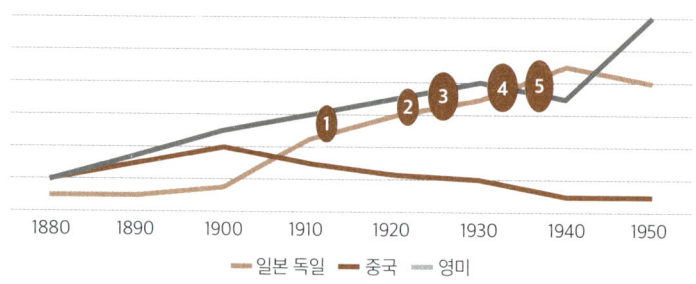

<그림> 해방 이전 3대 신학의 지배력 변동과 근본주의와 자유주의의 5차 대결

근본주의 1: 미국 개신교 근본주의의
반고등비평설과 세대주의 전천년설

1910년대는 자유주의에 대한 반발로 미국 개신교 근본주의[12]가 태동한 시기였다. 1910년부터 1915년까지 토레이(R. A. Torrey, 1856-1928) 등이 편집하여 출판한 12권의 소책자 시리즈 *The Fundamentals:*

*A Testimony to the Truth*는 고등 비평의 자유주의 신신학을 비판하고 성경의 무오류성, 예수의 동정녀 탄생과 신성, 대속적 죽음, 육체적 부활, 재림 등 기독교 신앙의 근본을 변호하며, 고등 비평, 진화론, 사회 복음과 같은 현대 사조에 맞서 싸웠다. 이 '근본주의자 현대주의자 논쟁(Fundamentalist Modernist Controversy)'의 결과물이 한국에도 전해졌다.

The Fundamentals 시리즈 출판과 무료 배포는 캘리포니아 유니언오일회사 공동 창업자로 세대주의자였던 스튜어트(Lyman Stewart, 1840-1923)의 지원으로 가능했다. 그는 1908년 로스앤젤레스성서학원(현 Biola University)을 설립하고, 1909년 세대주의자 언더우드의 모금에 호응하여 세대주의자 한국 선교사 파송을 위해 78,000달러를 지원했다.[13] 한편 *The Missionary Review of the World* 편집장이던 피어슨(Arthur T. Person, 1837-1911)은 1910년 고등 비평을 비판하는 사설들을 실은 후, 1910년 12월에 한국을 방문했다. 그는 한국에 오기 전 일본을 방문하는 동안 공리회 선교사 드포리스트(J. H. DeForest) 박사가 1910년 *Japan Evangelist*에 20년간의 일본 선교를 회고하면서 쓴 글에서 문서설, 성서 고등 비평, 진화론, 신신학을 지지한 것을 발견했다. 이에 그는 현대 신학을 지지하는 선교사와 목회자가 증가하는 현실을 비판하면서 성서의 무오성과 그리스도의 신성과 구속을 적극적으로 변호했다.[14]

1911년 한국 개신교를 대변하던 조선개신교복음주의공의회의 기관지인 *Korea Mission Field*를 편집하던 언더우드(Lillias Horton

Underwood) 부인은 한국에 밀려들던 성서 고등 비평에 반대하는 글을 실었다.[15] 언더우드 부인은 1913년 7월호에서 미국 뉴욕노회가 그리스도의 처녀 잉태설과 나사로의 부활을 부인하는 유니언신학교 졸업생 4명에게 안수를 준 사건을 보도한 시카고의 주간지 *Continent*를 거론하며 자유주의의 한국 침투를 경고했다.[16] 1913년 9월호에서는 편협한 보수주의 신앙을 비판한 일본조합교회 에비나단조(海老名彈正)에 대해 한국교회가 독일의 자유주의 신학의 실수를 추종하거나 포로가 되어서는 안 되며, 비록 "보수적이 되는 위험이 있더라도" 기존 신학을 견고히 붙잡자고 주장했다.[17] 당시 선교사들은 비록 '구닥다리 신앙(old-fashioned faith)'이라도 성경공부, 주일성수, 평신도 지도력을 포기하고 죽어가는 미국의 자유주의 교회보다 낫다고 생각했다.[18]

1910년대 한국교회에는 근본주의와 함께 7년 대환란, 휴거, 임박한 재림을 강조하는 세대주의 전천년설이 유행했다. 언더우드와 게일(J. S. Gale)은 1911년부터 스코필드(Cyrus I. Scofield, 1843-1923)의 주석 성경(1909)을 함께 번역했다.[19] 1902년 평양신학교 교육과정 5년 차에 게일이 번역한 스코필드의 『성경 시대 구분』이 배정되긴 했지만, 마펫이나 다른 평양신학교 교수가 세대주의를 수용하지 않았으므로, 1917년 『스코필드 주석성경』의 번역은 신약의 일부만 출판되는 데 그쳤다. 1913년 게일은 블랙스톤(William E. Blackstone, 1841-1935)의 세계적인 베스트셀러 *Jesus is Coming*(1908)을 번역하여 『예수의 재림』으로 출판했다. 같은 해 정동제일교회 최병헌 목사의 설교는 세대주의 종말론을 강하게 반영했다.[20] 1914년 1차 세계대전이 발발하자, 일제의 무단 통치에 억압받던 한국 교인들의 다수가 피안적인 세대주의 전천년설을 수용했다. 1918년 김상준의 『黙示錄 講義(묵시록 강의)』도 이런 경향을 강화했다. 제7일안식일재림교회 역시 임박한 재림론과 전천년설을 전파했다. 1913년 한국에 진출한 여호와증인은 1914년 그리스도의 영적 재림, 임박한 아마겟돈 전쟁, 지상천국을 전파했다.

따라서 지금까지는 한국교회에 전투적 근본주의가 시작된 시기를 1930년대로 보았으나, 이를 1910년대 초반으로 수정할 필요가 있다. 그런데 아래에서 보듯이 자유주의도 1910년대에 일본조합교회에 의해 유입되어 근본주의와 대결했다. 이에 따라 서울과 평양의 신학이 분화되고 있긴 했지만, 1910년대에 공동의 적인 자유주의가 등장하자 협력하는 공동 전선을 구축했다.

근본주의와 자유주의 1의 대결 ①
: 반선교사 운동과 일본조합교회 타카하시의 『耶穌傳研究(야소전연구)』

미국 근본주의를 옹호하는 선교사들에게 반발하여 일부 한국인 목회자들이 독립 교회를 설립했다. 1910년 전북의 최중진 목사는 선교사의 독단적 교회 운영에 불만을 품고 '대한예수교 자유교회'를 설립하고 장로교단에서 탈퇴했다. 황해의 김장호 목사는 1918년 '조선기독교회'를 창립했다. 김장호는 오병이어의 기적을 군중이 도시락을 싸온 것으로 해석하는 등 자유주의적 입장을 취하다가

노회로부터 징계를 받았다. 이들 반선교사 운동의 지도자들은 대개 일본조합교회*에 흡수되었다.

한국에서 자유주의의 선구는 평양 일본조합교회 기성교회 담임 목사 다카하시(高橋鷹藏)의 『耶蘇傳硏究』(1915)다. 이는 한국 최초의 역사적 예수전 연구로,[21] 독일의 스트라우스(David F. Strauss)와 르낭(Ernst Renan)의 예수전(Leben-Jesu-Forschung) 연구와 홀트만(E. von Holtmann)의 문서설과 고등 비평—마가복음 우위설, Q 문서설—을 수용했다. 그는 예수와 기독교의 본질을 교리나 기적 대신 도덕적 가치와 윤리적 삶에서 찾았다. 이러한 이성과 과학을 강조한 근대적 예수상은 청년들에게 큰 인기를 얻었다. 일본조합교회는 한국교회를 지배하던 미국의 보수주의를 반지성적이고 시대착오적이라고 비판했다. 이 비판은 이후 진보파나 자유주의 신학자들이 초기 내한 미국 선교사들의 보수적 신학을 비판할 때 반복적으로 애용되었다. 일본조합교회와 일본 유학파 조합교회 한국인 지도자들은 한국교회의 구약적이고 유대교적인 민족주의 특징을 비판하고, 기적을 행하는 미신적인 예수가 아니라 코스모폴리턴적인 신약의 예수를 인격자, 선각자, 인종을 초월하는 스승으로 제시했다.

1917년 20대 청년 이광수(李光洙, 1892-?)가 한국 개신교에 대한 비판을 내놓았는데, 이는 일본조합교회의 비판과 유사했다. 그는 예수교가 한국에 준 여덟 가지 은혜—서양 사정 소개, 도덕 진흥, 근대 교

---

* 한국 선교회 대표자는 와타세(渡瀬常吉), 일본 내료석 신학자는 에비나단조(海老名彈正)로 러일 전쟁 때부터 한국 식민지화를 지지했다.

육 보급, 여권 향상, 조혼 폐지, 한글 보급, 신사상 자극, 개성의 발견—를 인정했지만,[22] 네 가지 결점—계급주의(교직주의, 반평등주의), 교회지상주의(세속 지식, 타종교, 불신자 무시), 교역자의 무식(낮은 교육 수준, 반지성주의), 미신적 신앙(현대 과학, 철학, 문학 무시)—을 지적하고 종교개혁을 주문했다.[23]

이런 비판에도 불구하고 한국 개신교는 1910년대에 105인 사건에 참여했던 이들이 성장하여 3.1운동에 지도적 역할을 맡으면서 민족성을 드러냈다. 1910년까지 한국 개신교는 만주와 시베리아 등 변방으로 이주하는 자들의 인권을 보호하는 이주성, 민권과 여권을 신장하는 개혁 운동을 통한 문명성, 토착적인 종교를 만드는 혼종성, 국권 독립을 위한 투쟁의 민족성이라는 네 가지 측면에서 근대 종교로서 역할을 하며 3.1 독립운동을 이끌었다.[24]

근본주의 2와 자유주의의 대결 ②
: 김익두 부흥 운동과 은사지속주의(1920-1925)

3.1 독립운동은 목표를 달성하지는 못했지만, 교회가 민족을 위해 고통받았다는 인식 덕분에 위상이 많이 높아졌다. 일본 정부도 소위 문화통치로 교회 탄압을 완화했고, 선교 학교들은 성경 교육과 채플 예배를 계속할 수 있었다. 그러나 1920-22년에 일어난 교회 성장은 삼일운동의 참여로 인한 교회의 정치성 강화보다는 김익두(金益斗, 1874-1950)의 부흥 운동에 의한 것이었다. 그의 기적적인 치유와 구어체 설교는 현실 도피적이며 위로가 필요했던 민중의 유입을 이끌었고, 언론은 그의 치유 사례들을 대서특필했다. 김익두

지지자들은 1921년 전국에서 치유된 환자들의 전후 사진을 담은 『조선예수교회 이적 명증』을 출판했다.

그러나 김익두 부흥 운동은 세 가지 방면에서 비판에 직면했다. 첫째, 사회주의자들은 그를 "기적 전매 특허자"요 혹세무민하는 "개명한 미신"인 기독교를 전파하는 "고등 무당"으로 비판하면서 부흥회 배척 운동을 전개했다. 둘째, 일본 정부는 부흥회 헌금이 상하이 임시정부로 보내질 것을 의심하며 그를 감시하는 한편, 의료 행위에 벌금을 부과했다. 셋째, 은사 중단론 지지자들은 김익두의 은사 지속론이 교회의 질서를 해치고 교회를 비과학적인 집단으로 만든다고 경계했다. 황해노회가 헌법의 은사 중지론 조항을 수정하려고 시도했으나 부결되고 원래 조항이 유지되었다.

근본주의와 자유주의 2의 대결 ③
: 사회주의의 반종교론과 토마스의 '예루살렘의 조선' 담론

1920년대 사회주의가 부상하면서 반기독교운동이 일어났다. 당시 서북 지방의 개신교는 전진 운동과 김익두 부흥 운동으로 크게 성장했다. 이제 평양은 "한국의 영적 수도"라고 불렸고,[25] 선천은 "기독교의 왕국", 재령은 "기독교의 세계"라고 불렸다.[26] 그러나 사회주의자들은 현실을 외면하는 평양 기독교를 공격했다. 그들은 목사와 장로의 부도덕한 행위와 고리대금업을 비판하며,[27] 평양을 '조선의 예루살렘'이 아닌 '예루살렘의 조선'으로 만든다고 비난했나. 이는 조선 전체를 비정치적인 종교 공간으로 만드는 환원주의를 비판하기 위한 신조어였다. 또한 교회에 가서 "언제나 요단강을 건널까 하여 마음을 가공의 천국에 매어 달아두고" 현실을 외면함으로써 조선 사회를 예루살렘으로 만들고, 높은 예배당과 선교사와 장로의 큰 주택 아래 개미집 같은 오막살이에서 신자들은 예배당 십자가만 쳐다보고 있다고 비판했다.[28] 나아가 사회주의자들은 선교사들이 로마서 13장을 내세워 총독부와 결탁하여 제국주의 앞잡이 역할을 한다고 공격하며, "기독교회여! 灰칠한 무덤과 가튼 예루살넴의 朝鮮이여! 福잇슬진저 너의 집이 터만 남으리로다"라고 저주했다. 박헌영(朴憲永, 1900-1956) 역시 기독교가 서구 제국주의의 영토 확장의 수족이 되었으며, 조선에 미신을 선전하여 금력과 군벌에 순종을 강요하므로 기독교 퇴치를 위한 반기독교운동이 정당하다고 주장했다.[29]

반면, 평양 장로교인들은 토마스(Robert J. Thomas, 1840-1866)를 순교 영웅으로 만들어 사회주의자들의 반기독교운동에 맞섰다. 1926년 병인박해 60주년에 순교자들을 시성(諡聖)한 천주교의 영향을 받아, 평양 교인들은 토마스 목사 순교 60주년에 '평양의 순교자'로 그를 부각시켰다. 이 프로젝트의 주창자는 숭의여학교 교사 오문환(吳文煥, 1903-1962)이었다. 『평양노회 지경각교회 사기』(강규찬, 김선두, 변인서 공저, 1925)가 토마스의 죽음을 순교로 서술하자, 오문환은 『평양에서의 서양인 소란—한국 기독교 역사의 분수령이 되는 사건』(1926)과 『토마스 목사전』(1928)을 출판하여, 토마스가 강가의 군중에게 성경을 던지며 처형하는 군인에게 성경을 주었다고 극적으로 묘사했다. 평양 기독교인들은 1927년 토마스기념회를 조직하고, 그가 처형된 쑥섬 모래섬에서 추모 예배를 열었으며, 1932년에는 조왕리에 토마스기념교회를 건축했다. 또한 1934년 장로회 선교 50주년 희년 대회가 평양에서 열렸을 때는 '조선의 예루살렘 평양'을 과시하는 십자군 행진 열병식을 거행했다.[30]

1920년대는 한국교회 내부 분열이 심화된 시기였다. 노장층과 청년층 간의 갈등으로 교회는 반기독교 운동에 효과적으로 대응하지 못했다. 한국인 목사의 부정, 불륜, 노령화도 교인들의 반발을 키웠다. 교회 분규는 1923년 평양 서문외교회에서 시작되었는데, 이는 당시 새 예배당 건축 과정에서 일어난 건축위원들(김선두 목사, 정일선 목사)의 횡령 의혹에 의한 것이었다. 1926년에는 장대현교회에서 사회주의에 영향을 받은 청년들이 변인서 목사를 중심으로 길선주 목사와 장로들의 지도력 부족을 비판하며 사직을 요구했다. 이 갈등으로 당회와 길 목사를 비난하는 선언서가 배부되고, 임시노회와 특별시찰회가 열리고, 교회 강단이 점거되는 등 파행이 계속되었다. 결국 변 목사는 시골 교회에 임명되었으며, 길 목사는 성역 25주년 기념식 후 신도 500명과 함께 이향리교회로 분립해 나갔고, 반대파 청년들은 교회를 떠났다.

하지만 이후 장로교회 분란 사태에서 교권을 가진 선교사와 당회는 노회주의 원칙을 내세워 청년층의 개혁 요구를 무시했다. 당시 당회에 40대 장로가 많았는데, 이들이 청장년의 의사를 반영했다면 분규는 원만히 해결될 수 있었지만, 당회가 회중의 뜻 대신

노회의 치리를 따르면서 개혁을 위한 회중의 목소리는 사라졌다. 그 결과 오늘날 '가나안 성도'에 비견될 수 있는 교회에서 빠져나가는 '의무 잃은 성도'가 증가했다.[31]

근본주의 3: 평양 장로회신학교와 북장로회의 근본주의 신학 고수

1920년대는 사회주의와 진화론이 기독교를 비판하면서 종교론이 핵심 의제가 된 시기였다. 미국 근본주의는 1925년 스콥스 재판(Scopes Trial)에서 극명하게 드러났듯이 진화론과 충돌하면서 과학계와 정치계에서 고립되었다. 주요 교단 내에서도 근본주의자들은 교리 논쟁을 벌인 후 소수파로 분리되었다. 1929년 프린스턴신학교가 구프린스턴 신학을 포기하고 자유주의 신학을 천명하자, 이에 반발한 메이첸(J. Gresham Machen, 1881-1937)은 1929년 웨스트민스터신학교를 설립했으며(탈 매킨타이어, 1931년 졸업), 1933년 장로회 독립해외선교부(IBPFM)를 조직했다. 한국에서 청주의 헌트(Bruce Hunt) 목사, 강계의 바이램(Roy M. Byram, 1893-1974) 의사 등 일부 선교사가 북장로회를 떠나 독립해외선교부에 가입했다. 1920-30년대의 근본주의는 신학의 순수성을 지키는 데 집중하며, 1970년대 후반 '기독교 신우파'가 등장하기 전까지는 정치적 주류에서 벗어나 있었다.

평양의 장로회신학교는 1920년과 1925년에 학제를 개편했지만, 1930년까지 교과과정은 크게 변하지 않았다. 일각에서는 감리교신학교는 이때 46%가 넘는 교양과목을 통해 폭넓은 교양 교육에 역점을 두었던데 반해, 장로회신학교는 5.2%만 교양과목이고 나머지는 신학 과목에만 치중했다고 해석한다.[32] 하지만 당시 장로회신학교는 역사나 지리 등의 교양과목은 열람과를 통해 보충할 수 있었을 뿐 아니라, 별신학과로 졸업 후에도 보충 교육을 실시해 왔다. 무엇보다 학생들의 학력이 높아졌기 때문에 별도의 교양 교육이 불필요했다고 해석하는 것이 타당하다.

구약학의 어드맨(Walter C. Eerdman 魚塗道)과 1924년 조직신학 교수로 평양에 부임한 레널즈(W. E. Reynolds 李訥瑞), 그리고 박형룡(朴亨龍, 1897-1978)은 『神學指南(신학지남)』을 이용하여 사회주의의 반종교 담론에 대항했다. 어드맨은 구프린스턴의 비교종교학자 켈로그(Samuel H. Kellogg) 교수의 *A Handbook of Comparative Religion*(1899)을 1919년부터 요약·번역하여 1925년까지 네 차례에 걸쳐 소개했다. 1900년대 우월, 유일, 초월적인 기독교로 선교지의 타종교를 교체할 것을 주장한 학생자원운동의 교과서를[33] 1920년대에 재소개한 것은 근본주의로 방패를 치려는 노력이었다. 어드맨과 레널즈는 『신학지남』의 "종교통신" 연재를 통해 타종교에 대한 기독교의 우월성을 변호했다.

1927년 1월 북장로회 한국선교회는 반종교운동에 대해 "종교변호 선언서"를 발표하고, 9개 항목에 대한 근본주의적 입장을 밝혔다. 그 내용은 ① 기독교와 사회: 이웃을 사랑하되 중생이 사회 발전의 근본이다. ② 성서와 신앙: 영감된 하나님의 말씀인 성경은 신앙의 기초이다. ③ 과학과 기적: 성서의 모든 기적과 예수의 부활을 믿는다. ④ 예수의 인성과 신성: 동정녀 탄생과 부활을 믿는다. ⑤ 그리스도교의 처세: 견고한 지식 위에 생활한다. ⑥ 그리스도의 재림을 믿는다. ⑦ 기도의 능력을 믿는다. ⑧ 타종교와 달리 그리스도교는 초자연적 종교로 천상천하에 유일하다. ⑨ 신조: 요리문답과 신앙고백서의 가치를 믿는다는 것이었다.[34]

이는 근본주의 5대 교리의 공식적 수용이었다. 이로써 한국장로교회는 근본주의 시대에 공식적으로 접어들었다. 1928년 박형룡 역시 "종교 박멸은 왜"라는 글로 반기독교운동을 비판했다. 그는 스코프 재판을 지지한 유니테리언 포터(Charles F. Poter)가 만든 '인도주의 신종교'를 비판하고 근본주의를 옹호했다. 이런 점에서 볼 때, 기존 역사서의 서술과 달리 한국 장로교회는 1911년부터 근본주의를 수용했으며, 1927년 공식적으로 근본주의 신학을 채택했다고 할 수 있다.

근본주의와 자유주의 3의 공존
: 공공 신학 - 공공 의료, 절제 운동, 농촌 운동

1920년대는 공공 신학의 시대였다. 목회 선교사와 달리 대다수 의료 선교사들은 의료가 단순한 전도의 수단에 머물지 않고 기독교적 사랑의 실천이라는 자체 가치를 옹호했다. 간호 선교는 기존 병원과 진료소 중심의 치료적·위무적 기능을 넘어 영아보건소와 모자 보건 운동을 통해 공중위생 지식을 보급했고, 우량아 선발, 두유 보급, 탁아소 등을 통해 유아 사망률을 낮추고 공동체를 건강하게 하는 예방적·교육적 공공사업의 새 지평을 열었다. 교육 선교는 유치원 설립과 주일학교 사업을 강조했고, 선교지부 도시마다 중학교를 설립하여 지역 지도자를 양성했다. 또한 교회는 절제 운동을 통해 금연·금주운동을 펼쳤으며, 여전도회와 함께 공창 반대 운동을 전개했다. 1928년 국제선교협의회 예루살렘 대회를 계기로 시작한 농촌운동도 문맹률을 낮추고 농업 생산력을 향상했다. 이러한 활동은 노동자 파업과 농민의 소작 쟁의를 추진한 사회주의 운동과 대비되었다.

한편 1920년대 신여성의 등장은 1910년대 초기 신여성을 탄생시킨 개신교로서도 당황스러운 현상이었다. 연애결혼과 이혼, 그리고 여성의 주체성 주장에 대해 교회는 1910년대까지의 현모양처 상을 고수했다. 그러나 예배당 좌석을 남녀 자리로 분리했던 커튼이나 나무 칸막이는 철폐하기 시작했는데, 이는 한국 종교사에서 남녀가 한 공간에서 공적인 예배를 드리기 시작한 개신교로서는 뒤늦은 조치였다.

근본주의 4와 자유주의 4의 대결 ④
: 단권주석 사건, 김교신, 이용도, 박형룡

근본주의와 자유주의 두 진영의 대립은 다양한 교리 문제로 촉발·확산되었는데, 이는 그만큼 해외 유학자가 증가하고 신학 연구가 많이 진행되었기 때문이다. 1933년에는 모세 오경설과 여성 안수 문제로 두 진영이 대립했다. 특히 1935년 미국감리교회의 아빙돈주석을 번역한 『단권성서주석』이 출간되자, 자유주의 신학이 장로교회 강단에 들어올 것을 우려한 근본주의 측에서 이에 대해 반발하면서 두 진영의 갈등이 심화되었다.

감리교회 부흥사 이용도(1901-1933) 목사는 교회의 형식주의와 세속화에 반대하며 신비주의를 바탕으로 한 영적 부흥 운동을 이끌었다. 그의 신학은 개인의 깊은 기도와 고난 체험을 통해 그리스도와 하나가 되는 그리스도 신비주의를 핵심으로 한다. 그는 단순한 모방을 넘어 그리스도의 고통과 민족의 고난을 자신의 것으로 내재화했다. 그의 신비적 체험과 열광적인 부흥회와 원산 예수교회 창립은 기존 교단의 질서를 흔들었고, 결국 장로교회로부터 이단으로 정죄되었을 뿐 아니라 소속 교단인 감리교회에서도 휴직 처분을 받았다. 33세의 짧은 생애 동안 그는 폐결핵으로 고통받으면서도 고난받는 그리스도와의 일체라는 신비를 실천하는 삶을 살았다. 같은 시기에 김교신은 『성서조선』을 통해 무교회주의를 주장하며 교회의 제도적 권위에 도전했다.

이러한 자유주의적 교회 개혁 운동에 맞서 박형룡은 『기독교 근대신학 난제 선평』(1935)을 통해 근본주의 신학을 변증하며 교회의 정통 신앙을 수호하려 했다. 1930년대의 난제들이란 자유주의 신학으로 "슐라이어막허 신학, 릴츌 신학, 신정통 신학, 비신화화 신학, 틸리히의 존재의 신학, 비교종교 신학, 종교심리 신학, 사회적 복음 신학, 무교회주의", 유신 진화론 등이었다. 그는 서문에서 '述而不作'*의 태도로 신학 난제를 연구하여 그 진상을 밝힌다고 썼

---

* 술이부작: '옛것을 진할 뿐, 새로 만들지 않는다'라는 뜻으로, 창작보다는 전통의 계승이나 해석에 힘쓴다는 의미다.

는데, 이는 미국 근본주의를 그대로 수용했다는 뜻이며, 나아가 후학들이 자신의 견해를 벗어나지 못하도록 못 박는 말이었다. 이후 90년간 장로교회 보수 교단들의 신학은 이 책의 술이부작 견해를 고수하고 있다. 한편 길선주(1869-1935)의 『말세학』(1933)은 피안적인 세대주의적 종말론을 담았는데, 여기서 1930년대 타락한 평양을 말세의 바빌론으로 비유한 것과 현 질서가 임박한 재림으로 멸망하리라는 예언은 일제 통치를 어느 정도 부정한 측면도 있었다.

근본주의 5와 자유주의 5의 대결 ⑤
: 신사참배 문제와 태평양 전쟁기의 배교

1930년대 일제가 신사참배를 강요하자, 개신교 내에서 신학적 노선에 따라 다른 대응이 나타났다. 근본주의 진영에서는 평양의 매큔(George S. McCune, 1872-1941)을 중심으로 신사참배를 우상숭배로 규정하고, 평양 3숭(숭실, 숭의, 숭덕) 학교를 폐쇄하며 참배를 강력하게 거부했다. 주기철 목사와 같은 인물들은 신앙의 순결을 지키기 위해 투옥과 순교를 감수했다. 이들의 저항은 일제에 대한 민족적 저항의 의미를 지니기도 했지만, 근본적으로는 신앙의 본질을 지키려는 신학적 결단이었다.

반면, 자유주의와 교권을 잡은 진영에서는 신사참배를 종교 행위가 아닌 '국민의례'로 해석하며 교회의 존속을 위해 이를 수용했다. 서울 연희전문의 언더우드(H. H. Underwood)는 경신중학교 학부모들이 학교를 계속 운영해 자녀들이 졸업하고 취직하게 해달라고 요청하자, "가이사의 것은 가이사에게"라는 정교분리 입장에서 신사참배를 수용했다. 생존을 위해 신사참배를 타협한 자도 있으나, 당시 교단 지도자들은 일제의 압력에 굴복해 신사참배를 공식적으로 결의했을 뿐 아니라, 태평양전쟁 기간에는 정신대, 지원병, 종군위안부를 지지하는 연설도 하고, 교회종과 비행기를 헌납하며, 구약의 예언서 설교를 중지하고, 전투적인 찬송가를 금지하고, 일본 신도의 세례식인 미소기바라이를 시행하는 배교 행위조차 서슴지 않았다.

결국 일제강점기에 발생한 다섯 번의 근본주의와 자유주의의 대결은 해방 후 한국교회가 보수적 교단과 진보적 교단으로 분열하는 주요 원인이 되었다. 진보 진영은 한국기독교교회협의회(NCCK)를 중심으로 사회 참여 운동을 이끌었고, 보수 진영은 한국기독교총연합회(한기총)와 같은 단체를 결성하며 교계의 주류를 이루었다.

3. 냉전 분단기
: 교회 급성장과 반공 근본주의의 발전(1945-1990)

1945년 해방과 1948년 남북한 정부의 수립, 1950-53년 6.25전쟁과 대학살은 한반도를 반영구적으로 분단시켰다. 근본주의 성격의 북한교회가 북한 공산주의로부터 탄압을 받고 남한으로 이주해 오면서, 한경직 목사의 영락교회로 대표되는 남한 개신교는 반공주의 노선을 강화하며 제주 4.3사건의 가해자가 되었다. 또한 신사참배 문제와 ICCC의 개입으로 장로교회가 여러 교단(고신, 기장, 합동, 통합)으로 분열되었다. 게다가 민족적·교회적 혼란기를 틈타 통일교와 천부교 등 이단이 발생하면서 많은 혼란이 야기되었다.

이런 다양한 미제들을 남겨둔 채, 교회는 1960년대 이후 40년간 양적으로 급성장했다. 그러나 성장주의에 매몰된 지도자와 신학의 미성숙으로 말미암아 1990년대에 이르러 더 많은 문제들이 발생하였고, 결국 교회는 정체 국면에 들어서게 되었다.

근본주의 6: 매킨타이어와 반공 근본주의

미국 근본주의자들은 1930-40년대의 분리를 거쳐 밥존스대학과 같은 기관을 중심으로 내부 결속을 강화했다. 그러나 좀 더 과격한 근본주의자들이 한국에 영향을 주었는데, 그 대표적인 첫 인물이 바로 칼 매킨타이어(Carl McIntire, 1906-2002)였다. 그는 강력한 분리주의 지도자로서, 주류 장로회 교단이 자유주의 신학을 포용한다고 비판하며 탈퇴했고, 세계교회협의회(WCC)에 대항해 1948년 8월 국제기독교회협의회(ICCC)를 창립했다. 그는 공산주의를 단순한 정치이념이 아닌 하나님을 거부하는 사탄의 세력으로 규정하고 그 척결을 주장했다. 또한 상원의 매카시(Joseph R. McCarthy, 1908-1957) 의원과 반미활동조사위원회의 공산주의자 성직자 색출을 도왔으며, 인종 분리주의 철폐와 흑인 선거권 운동을 미국의 전통 가치와 자유를 붕괴시키는 공산주의의 음모라고 보았다. 또 백인 서구 문명을 방어하기 위해 아프리카와 아시아 식민지의 독립에 반대했고, 라디오

방송 '20세기 리포터'를 이용해 반공주의를 확산시켰다. 아울러 그는 신복음주의자 그레이엄(Billy Graham, 1918-2018)이 로마 가톨릭 및 자유주의와 협력하는 것을 강하게 비판하며 배교자라고 부르기도 했다.

이처럼 전투적인 매킨타이어의 한국 파트너는 선교사 말스배리(Dwight R. Malsbary, 1899-1977)와 박윤선이었다. 그와 협력한 교단은 1950년대 고신과 합동 같은 장로회 주류 교단에서 1960년대부터는 소수 교파로 바뀌었다. 한국 장로교회 교단 분리의 배후에는 매킨타이어가 있었다고 해도 과언이 아니다. 1951년 고신의 분열, 1956년 기장과 예장의 분열, 1959년 합동과 통합의 분열 뒤에는 ICCC가 있었다. 1960년 합동의 박형룡은 통합에 대해 신(新)신학, 용공, 이단이라고 비난했다.[35]

1960년대에도 ICCC의 직접적인 개입으로 여러 교단이 분열되었다. 이 과정에서 한국예수교협의회(KCCC)가 해체되고, 산하의 교파들이 분열을 겪었다. 대표적인 예로, 합동 교단에서 탈퇴한 김치선(1899-1968)은 ICCC의 지원을 받아 1961년 성경장로교회와 대신신학교를 설립·운영했다. 매킨타이어는 정치적으로는 이승만-박정희-전두환 대통령 시대를 거치면서 장기간 반공주의를 고리로 독재 정권을 지지하는 가운데 국내에 영향력을 확대하고자 했다. 예장 합동의 박형룡은 1975년 『기독교 현대 신학 난제 선평』(1935) 증보판을 출간할 때, 8장 신자유주의 급진신학(사신 신학 등), 12장 WCC 에큐메니칼운동 신학, 13장 신복음주의 신학을 추가하여 1950-70년대 신신학을 비판했는데, 이는 매킨타이어의 입장과 다르지 않았다. 그러나 1971년에 이르러 ICCC와 고신, 합동, 대신의 관계는 끝났다.

자유주의 6: 토착화 신학과 정치 참여 신학(1955-1979)

토착화 신학은 1950년대 중반부터 1970년대 후반에 걸쳐 한국 기독교가 서구 신학을 벗어나 한국의 고유한 문화와 사상 속에서 복음의 의미를 재해석하려는 노력에서 비롯되었다. 유영모(1890-1981)의 『다석일지』(1955)와 함석헌(1901-1989)의 「생각하는 백성이라야 산다」(1958)는 서구 기독교에 대한 비판적 시각을 제시하며, 한국의 전통 종교들에 뿌리를 둔 신학의 필요성을 제기했다. 이러한 사상은 유동식과 윤성범 같은 학자들에 의해 학문적으로 정립되었다. 유동식(1922-2022)은 『복음의 토착화와 한국에서의 선교적 과제』(1962)와 『한국종교와 기독교』(1965)를 통해 한국의 전통 종교인 샤머니즘과 기독교의 접목을 시도했고, 윤성범(1916-1980)은 『한국적 신학』(1972)을 통해 도(道)와 로고스(Logos)를 동일시하는 신학을 발전시켰다. 민경배(1934-)는 아시아 민족주의와 토착화 운동을 배경으로 선교사관을 비판하고 '민족 교회'론을 내세웠다.

1960-70년대 자유주의는 정치와 경제 민주화 운동, 신학적 토착화 운동으로 나눌 수 있다. 먼저 정치와 경제 민주화 운동은 영등포산업선교회와 전태일의 활동으로 대표된다. 1958년 예장 통합 총회가 설립한 선교회는 초기에는 영등포 공단 지역의 노동자들에게 복음을 전하는 공장 목회에 주력했다. 1970년 11월 13일 전태일

의 분신은 당시 한국 사회뿐만 아니라 기독교계에도 큰 충격을 주고 한국 신학을 일깨웠다. 초기에는 '자살'이라는 이유로 주류 교회가 외면했지만, 이후 많은 기독교인과 단체가 전태일의 죽음을 노동자 인권과 민주화를 위한 '인간 선언'이자 '예언자적 죽음'으로 인식하며 노동 운동에 참여하는 계기가 되었다.

1970년대 자유주의 교회는 노동 착취, 저임금, 과로, 인권 탄압 등 열악한 노동 현실을 목격하며 노동자의 권익 보호와 노동 기본권 확립을 위한 노동조합 결성을 지원하고, 소그룹 활동을 통해 노동자들의 연대 의식을 고취시켰다. 또한 1979년 YH무역 사건과 같은 노동 운동을 지원하며, 유신정권과 사용자 측으로부터 탄압을 받기도 했다. 한편 1965년 김재준 목사와 함석헌 등은 1965년 한일협정 반대 운동을 전개하였으며, 당시 자유주의 신학과 재야 민주화운동에 큰 영향을 미쳤다.

근본주의 7: 하기스와 김득황의 반공주의와
조용기의 오순절 신학(1971-1979)

1970년대 전세계적으로 종교는 세속화에 맞서 정치와 사회에 깊이 개입했다. 당시 미국의 극우파 기독교 근본주의자 하기스(Billy James Hargis, 1925-2004)는 한국교회 극우파의 원조격 인물이었다. 그는 1950년 '기독교 십자군'을 설립하여 공산주의, 동성애, 진화론 등을 맹렬히 비판하며 이를 영적 투쟁으로 규정했다. 특히 한국전쟁을 기독교와 공산주의의 영적 전쟁 사례로 강조했다. 그는 1954년부터 1978년까지 여러 차례 한국을 방문해 이승만, 박정희 정권의 반공 정책을 지지했으며, 1972년 유신 직후에는 한국십자군연맹의 초청으로 반공 강연도 했다.

한국에서 하기스를 초청하고 대변한 인물은 김득황(1915-2011)이었다. 그는 1971년 한국십자군연맹을 설립했고, 그 기관지인 월간지 『十字軍(십자군)』 발행을 통해 유신 시대의 반공 이데올로기를 종교적 신념과 결합해 전파했다. 그는 하기스의 주장을 전파하며 유신 정권의 반공 이데올로기에 종교적 정당성을 부여했다. 또한 하기스와 페디고(Jess Pedigo)가 이끄는 데이비스리빙스턴선교재단(David Livingstone Missionary Foundation)을 통해 가난한 한국인 설교자들을 지원했고, 동방사회복지회를 설립하여 리빙스턴선교재단과 함께 고아 입양 등 복지 사업을 추진하면서 기독교 근본주의와 반공주의를 선전했다.

유신 정권은 반정부 시위와 민주화 운동을 억누르는 동시에 대규모 종교집회를 지원하여 국민의 불만을 순화하고 정권의 안정성을 확보하려 했다. 종교집회는 정권의 반공 정책과 국민 통합 메시지와도 부합했을 뿐 아니라, 기독교의 폭발적인 성장에 크게 기여했다. 1973년 빌리 그레이엄의 전국적인 전도 집회 때 통역을 맡은 김장환과 1975년 엑스플로 전도 집회를 개최한 Christian Campus Crusade(한국대학생선교회)의 김준곤은 모두 반공주의와 보수적 기독교 신앙을 강조하며 정권의 이데올로기와 궤를 같이했다.

한편 조용기 목사의 오순절 신학은 근본주의와는 다르지만, 반공주의와 유신 정권 지지 측면에서 유사한 점을 보였다. 그의 '삼박자 구원'과 '오중 복음'은 새마을운동 구호와 상응하며 한국의 자본주의 성장을 뒷받침했다. 이는 빈민들에게 희망을 줬지만, 고난과 희생의 십자가 정신을 간과하고 개인의 기복신앙을 부추겼다는 비판을 받았다. 조용기의 3박자 구원론은 성경의 자의적 해석은 물론 무교와 불교의 기복 신앙과도 맞닿아 있었는데, 1950-60년대 빈민에게는 희망의 메시지로 다가갔으나, 1970-80년대 도시민에게는 도시의 부동산과 아파트에 대한 욕망을 정당화하는 부작용을 낳았다.

(4) 자유주의 7: 민중 신학과 토착화 신학(1980년대)

민중 신학은 1970년대 한국의 권위주의 정권과 빈곤 속에서 탄생한 독자적인 신학으로, 남미의 해방신학과 1983년 밴쿠버 WCC 총회가 남한과 북한의 공동성명 채택으로 통일 문제를 신학적으로 논의한 것에서 영감을 받았다. 즉 사회적 약자인 민중(노동자, 농민, 한 많은 여성 등)의 고통과 삶의 자리에서 출발하여 한반도의 분단 문제로 기독교 복음의 의미를 재해석하려는 시도였다. 무엇보다 1980년 광주민주화운동이 큰 계기가 되었다. 민중 신학이 서구 신학의 틀을 넘어 한국의 특수한 상황, 즉 사회적 한(恨)과 고난의 문제인 독재와 불평등, 분단을 신학의 핵심 주제로 삼고 현실 참여를 통해 그 해결을 모색하려 했다면, 오순절 신학은 한과 고난을 성령의 힘과 은사로 벗어나려고 했다는 점에서 달랐다.

대표적인 민중 신학자는 서남동과 안병무였다. 서남동(1918-1985)

의『민중과 한국 신학』(1982)은 '한의 형상화'를 통해 광주 시민의 고통을 신학적으로 성찰했다. 그는 민중이 겪는 억압과 고난의 정서인 '한'이 바로 예수 그리스도가 십자가에서 경험한 고통과 연결된다고 보았다. 또한 "두 이야기의 합류"라는 논문에서는 민중의 이야기와 성서의 이야기가 만나는 지점에서 진정한 신학이 탄생한다고 주장했다. 안병무(1922-2001)의『민중 신학 이야기』(1988)는 예수가 '오이코노미아(Oikonomia, 구원의 경륜)'를 통해 하나님의 구원 사역을 완성했다고 설명하며, 복음서의 군중(ochlos)을 억압받는 민중으로 재해석했다.

1980년대에는 토착화 신학도 심화되었다. 변찬린(1928-2005)은『성서의 원리』(1979-82)를 통해 동양적 관점으로 성서를 해석했다. 그는 서구 신학이 헬레니즘 철학의 영향을 받아 성경을 '격의(格義) 해석'*했다고 비판하고, 유교, 불교의 화쟁 사상, 도교의 신선 사상 등을 활용하여 성경을 재해석했다. 특히 '한밝' 개념으로 하나님을 논했다. 또한 한국교회가 서구 신학에 종속된 채 '피안 신앙'과 '물질 신앙(기복신앙)'에 치우쳐 있다고 비판했다. 유동식은『풍류 신학에로의 여로』(1988)를 통해 '한 멋진 삶'의 풍류적, 미학적 신학을 정리했다.

---

* 낯선 사상이나 텍스트를 자기 문화권의 철학·사상적 틀에 맞추어 해석하는 방식. 즉 원래의 뜻을 그대로 전하기보다는 자신들에게 익숙한 개념에 끼워 맞추어 해석하는 것을 가리킨다.

4. 신우파의 성장과 교회의 쇠퇴,
   그리고 근본주의의 극우화(1990-2025)

근본주의 8: 1980-90년대 근본주의

　1980-90년대 미국 개신교 근본주의는 교리적 논쟁과 분리주의에서 벗어나, '새로운 기독교 우파'의 등장과 함께 문화와 정치에 관여하는 적극적 참여 노선으로 변했다. 그 결과 세속화된 '미국을 되찾겠다'라는 목표로 공공 정책에 영향을 미치기 위해 정치에 뛰어들었다. 1980년대에는 근본주의자와 복음주의자 사이의 경계가 모호해졌다. 근본주의는 복음주의 안에서도 더욱 전투적이고 분리주의적인 입장을 취하는 하위 집단이지만, 많은 근본주의자들이 로널드 레이건과 같은 지도자를 지지하는 더 크고 정치적으로 주류가 된 복음주의 연합의 일부로 편입되었다.

　1979년에는 제리 폴웰이 도덕적 다수(Moral Majority)를 설립했는데, 이 조직은 1980년대 근본주의자들의 정치 활동을 이끄는 핵심적인 역할을 담당했다. 더불어 부정적이라고 생각하는 문화적 흐름에 반대하는 운동을 벌였다. 1990년대에는 공화당과 긴밀한 관계를 유지하며, 기독교연합(Christian Coalition) 같은 단체를 통해 풀뿌리 정치 운동을 조직했다. 이 운동의 주요 관심사는 전통적인 신학적 근본 교리를 넘어 사회 문제에 대한 강조로 옮겨졌다. 여기에는 낙태 반대, 페미니즘 반대, 동성애자 권리 반대 등과 같은 사회 문제가 포함되었다. 또한 이들은 전통적인 가족 구조와 역할을 옹호하고, 공립학교에 기도를 다시 도입하기 위해 로비했다.

창조론-진화론 논쟁은 주요 쟁점으로 계속 남았다. 이 과정에서 제리 폴웰과 같은 텔레비전 복음 전도자들이 명성을 얻었는데, 이들은 자신들의 플랫폼을 사회 및 정치적 의제를 옹호하는 데 사용했다. 또한 성경 무오설과 성서 문자주의를 포함하여 근본주의의 핵심 신학적 교리는 계속 유지했지만, 믿음의 적용에서는 주로 문화적, 정치적 변화를 목표로 했다. 그러나 1980년대 후반에 발생한 텔레비전 전도자들의 재정 및 성적 스캔들로 말미암아 근본주의 운동은 도덕적으로 심각한 타격을 입게 되었다. 그들의 정치적 위선, 반지성주의, 분파주의가 주된 비판의 대상이 되었다.

1990년대 한국 기독교 우파 운동은 한국기독교교회협의회(NCCK)의 진보적 사회 참여에 대한 반발로 한국기독교총연합회(한기총)를 설립하여 진행되었다. 그 특징은 ① 반공주의와 신앙의 결합: 1990년대는 소련 붕괴와 냉전 종식으로 사회주의에 대한 경계가 완화되던 시기였다. 그러나 보수 기독교는 여전히 강력한 반공주의 기조를 유지하며, 이를 신앙의 본질과 동일시했다. 특히 북한 정권에 대한 강경한 비판과 북한 복음화 운동을 전개하며 보수적 정치 지향성을 분명히 했다. ② 교회 내 갈등과 분열: 당시 진보적 성향의 NCCK가 '민족의 통일과 평화에 대한 한국기독교회 선언'(88선언)을 발표하는 등 사회 참여적 행보를 보이자, 이에 반발한 보수 교단들이 결집했다. 이들은 NCCK가 좌경화되었다고 비판하며, 교계 내 주도권 경쟁을 벌였다. ③ 사회적 쟁점에 대한 보수적 입장을 견지하면서 시한부 종말론을 경계하고 이단에 대한 강력한 비판 활동을 전개했다.

자유주의 8: 종교 문화신학, 여성 신학, 종교 다원주의

1990년대는 한국 학계에 포스트모더니즘이 자리를 잡았고, 정치적으로는 통일 운동이 강하게 일어났다. 신학계에서는 민중 신학이 정치적 민중을 넘어 시민 사회를 품는 운동으로 심화되었다. 특히 1990년 서울에서 개최된 '정의, 평화, 창조질서의 보전' 세계대회(JPIC)는 통일과 평화, 생태라는 중요한 주제를 결합하며 한국 신학에 중요한 자극을 주었다. 1980년대부터 태동한 여성 신학은 가부장적 교회와 사회 구조에 대한 비판을 심화하고, 한국 여성의 경험을 신학화해 나갔다. 또한 서구 신학의 흐름을 반영하여 포스트모던 신학, 생태 신학, 종교 간 대화 등의 주제가 학계에서 활발하게 논의되기 시작하여 자유주의 신학적 스펙트럼이 확장되었다.

변선환(1927-1995)은 교회 밖의 구원, 선불교와 기독교의 대화, 3세계 아시아 신학 강조 등 종교 다원주의적 입장을 개진했는데, 근본주의적인 감리교회의 교리수호대책위원회로부터 '적그리스도와 사탄의 역사'라고 비판받았다. 1991년 감리교 특별총회는 변선환 박사의 신학이 "감리교 교리에 위배된다"라는 평결을 내렸고, 1992년 감리교 서울연회 재판위원회는 그에게 최고형인 '출교'를 선고하여 목사직과 교수직을 박탈했다.

기장측에서는 김경재(1940-2025)가 『문화 신학 담론』(1997)에서 한국 신학의 흐름을 배타적 파종 모델(박형룡), 대상적 발효 모델(김재준), 혼합적 접목 모델(유동식), 지평융합적 합류 모델(서남동)로 정리했다. 그는 함석헌의 영향을 받아 종교 간 대화와 대승적 기독교론을 개진했다. 한편 김상일은 『동학과 신서학』(2000)을 통해 동학과의 대화를 시도했고, 김흡영은 『道의 신학』(2000) 등을 통해 기독교 신학(칼뱅주의), 현대 과학, 동아시아 종교(유교, 도교) 간의 삼중적 대화를 주창했다.

근본주의 9: 2000년 이후의 근본주의

2000년대 이후 근본주의는 과거의 분리주의를 넘어 정치 참여를 더욱 심화시켰다. 미국에서 근본주의는 '새로운 기독교 우파'로 통합되면서 복음주의와의 경계가 모호해졌다. 이들은 낙태, 동성 결혼 등 사회 문제에 반대하며 공화당의 핵심 지지층이 되었으며, 카리스마적 지도자 대신 여러 시민단체와 풀뿌리 조직이 그 역할을 하게 되었다.

한국의 기독교 뉴라이트(New Right)는 반공주의, 자유 시장경제, 이승만·박정희에 대한 존경을 운동의 핵심으로 삼아왔다. 동시에 좌파의 민중 해방, 주류 민족주의의 통일과 달리 개인의 번영을 우선시했다. 이들은 적극적으로 선거에 개입하고, 진보 진영을 '좌경화'와 '종북'으로 비판했다. 비록 사회 참여라는 긍정적 측면도 있었지만, 이 운동은 신앙과 이념을 동일시하며 교회 내 이념 갈등을 심화시켰고, 복음의 사랑 대신 혐오와 분열을 조장했다. 이들은 노무현 정권 때인 2005년 3.1절을 기점으로 시청 광장과 광화문 광장에 모여 반정부 집회에 열정을 쏟았다. 과거 사회참여에 미온했던 콤플렉스를 해결하고자 진보주의자가 독점하던 공적 광장에 나와 교회의 힘을 과시하며 정치세력화한 것이다.

이들이 걸어온 지난 30년의 정치 참여는 박근혜 탄핵 반대 태극기 집회(2016), 문재인 정권 반대 집회(2018-2019), 전광훈의 태극기 부대 집회, 손현보 목사의 10.27집회(2024), 윤석열 계엄 지지 집회(2025) 등으로 타락해 왔다. 그리고 이런 정치 집회를 하게 되면서 교회는 2005년부터 성장을 멈추었고, 그 이후 10년간의 정체기를 지나 2015년부터 급쇠퇴기에 접어들었다. 힘을 엉뚱하게 쓴 결과 잃어버린 20년 동안 교회는 표절하고, 세습하고, 횡령하고, 성범죄를 저지르면서, 가나안 성도 300만 명을 양산해 냈다.

또한 이들은 '문화 전쟁'을 통해 '세상과의 싸움'에 나섰다. 동성 결혼 합법화 같은 사회 변화에 맞서 종교의 자유 침해를 주장하며, '문화 막시즘' 음모론을 확산했다. 이는 마르크스주의자들이 동성애, 페미니즘 등을 통해 사회를 전복하려 한다는 주장이다. 한국에서도 차별금지법, 동성애 문제 등이 주요 쟁점이다.

이러한 문화 전쟁에 큰 영향을 준 것이 신사도 운동이다. 이 운동은 선택받은 지도자가 이적을 행하며, 세속 사회의 7대 권역을 장악해 지상에 하나님의 나라를 건설한다는 '통치 신학'을 내세운다. 미국 풀러신학교의 피터 와그너에게 영향을 받은 이 운동은 2000년대 이후 한국에서 급격히 확산되어 2019-20년 광화문 집회에도 나타났다. 손기철, 변승우, 이용희, 인터콥 등이 대표적이며,

이들은 직통 계시, 땅 밟기, 임파테이션 등을 주장해 이단 논란과 사회적 물의를 빚었다. 그 결과 주요 교단들은 신사도 운동에 대해 '교류 및 참여 금지' 결의를 내렸다.

앞으로 트럼프 2기 행정부와 한국 개신교 근본주의의 결속은 더 깊어질 것으로 예상된다. 전광훈, 김장환, 이영훈 등 한국의 여러 기독교인이 트럼프와 관계를 맺고 있다. 신세계 그룹 정용진 회장은 트럼프 2세와 친밀하며, 2023년 우파 조직인 '빌드업코리아'를 돕고 있다. 유튜버 김민아는 이 단체 창설자로서, 마가(MAGA) 운동을 한국에 이식하려 노력하고 있다. 이들은 모두 미국의 보수 기독교 정치 운동과 밀접하게 관계를 맺고 있는데, 최근 트럼프 당선에 크게 기여한 터닝포인트USA 대표 커크(Charlie Kirk, 1993-2025)를 초청하기도 했다.

맺는말

지난 100년 이상 미국 개신교 근본주의는 거의 시차 없이 한국에 수입되어 전파되었다. 1910년부터 자리 잡은 근본주의는 지난 150년간 한국 개신교의 신학적 흐름을 주도하며 시대에 따라 다양한 형태로 변모했다. 근본주의는 일제강점기에 자유주의와 다섯 차례의 대결을 거치면서 교리적 순수성과 민족적 저항을 동시에 추구했지만, 결국 소수를 제외하면 생존을 위해 신사참배에 굴복하고 태평양전쟁을 지지하는 한계를 보였다. 해방 이후에는 반공주의와 결합하여 냉전 시대의 지배적인 이데올로기가 되었으며, 군사 독재 정권을 지지하는 정치적 행보를 통해 교회의 성장을 이끌었다. 그러나 이 과정에서 개인의 구원과 기복신앙을 강조하는 경향이 심화되어 사회적 불평등과 권위주의를 간과하고 현실의 문제를 외면했다. 곧 1970년대까지 정치적으로 보면 교회는 정권에 굴복해 왔다.

1980년대 민주화 운동과 좌파 운동에 자극을 받은 근본주의자들은 1990년대 이후 정치 참여를 적극적으로 확대하며 극우적 성향을 드러냈다. 미국의 '기독교 우파' 운동과 유사하게, 한국의 기독교 뉴라이트는 반공주의와 결합하여 특정 정치 세력을 지지하고 반대 집회를 주도하며 사회적 쟁점에 대해 혐오와 분열을 조장했다. 이러한 극우화는 교회가 본질적인 사명인 복음과 사랑을 놓치고 이념적 갈등에 매몰되도록 만들었다. 그 결과 교회의 공적 신뢰도는 하락하고 성도 수 또한 급감하는 위기를 초래하게 되었다.

결론적으로 근본주의는 한국 개신교의 역사 속에서 중요한 역할을 했지만, 동시에 그 한계 또한 분명했다. 근본주의가 교리적 순수성을 지키려고 노력하긴 했지만, 그 못지않게 시대적 상황과 정치 이데올로기에 따라 변질되거나 왜곡된 측면도 많았다. 특히 1990년대 이후 소위 진보파의 정치 참여나 보수파의 정치 참여는 교회의 성장 동력을 잃게 하고, 분열과 갈등을 심화시키는 주된 원인이 되었다. 앞으로 한국교회가 다시 부흥하기 위해서는 교리적 순수성뿐만 아니라, 정치에 매몰되지 않고 복음의 본질인 사랑, 포용, 사회적 책임을 회복하는 신학적 성찰이 필요하다.

<함께 생각해볼 문제>

1. 한국에서 근본주의와 자유주의가 논쟁한 것은 언제부터였는가? 당시의 논쟁점이 현재 해소되었는가?

2. 일제강점기에 개신교 자유주의 진영의 약점과 그 결말은 무엇이었는가?

3. 1960-70년대 극우 반공 근본주의 형성에 영향을 준 두 미국인은 누구이며, 어떤 영향을 미쳤는가? 정치 이데올로기와 신학은 결합될 수 있는가?

4. 1990년대부터 한 세대 동안 근본주의자들이 정치에 적극적으로 참여한 이유는 무엇이며, 자유주의 측은 어떤 실패를 경험했는가? 한국에서 과연 정교분리는 실천되고 있는가?

5. 지난 20년간 한국교회 근본주의의 극우화 배후에 있는 미국 근본주의의 영향에 대해 설명해 보자. 그리고 교회의 극우화를 해결할 몇 가지 실천 방안에 대해 토론해 보자.

한국교회와
기독교 극우의 문제
: 탈권위와 새로운 연대를 향하여

박성철

12.3 계엄 이후

한국교회,
어디로 가나?

이 글과 관련한
"기윤실연속토론회" 발제 영상은
이곳에서 시청할 수 있습니다.

'세상의 소금'과 '세상의 빛'으로서 교회에 관한 비유는 교회가 단지 좁은 의미의 종교적 영역에 머물지 않고 사회 전반에 긍정적인 영향을 미쳐야 함을 가르친다. 그 비유에 따르면, 교회가 자신의 역할을 제대로 감당하지 못할 때, 교회는 "밖에 버려져 사람에게 밟힐 뿐"이다(마5:13~14).[1] 하지만 구체적인 방향성을 제시하지 않고 당위성만을 강조해서는 사회 문제를 해결하는 데 실질적인 도움을 줄 수 없다. 따라서 이를 위해서는 사회적 변화에 대한 다음 두 가지 인식이 요구된다.

첫째, 사회 문제는 특정한 사회 구성원들과 분리된 '어떤 것'이
아니라 함께 만들어 온 '우리의 것'이다.
둘째, 사회 문제의 해결은 사회 구성원들의 변화에서 시작된다.

전자는 교회가 사회 문제에 책임이 있음을 깨닫게 하고, 후자는 교회가 사회에 관한 정확한 분석을 시도해야 함을 알려 준다.

물론 사회적 변화는 매우 복잡한 양상을 띤다. 특히 한국처럼 단기간에 급속한 변화를 경험한 사회는 사회구조가 중첩되어 있어 분석하기가 더욱 난해하다. 사회구조의 중첩은 구성원들의 다층적 사회 정체성의 충돌을 불러온다. 이러한 충돌은 사회 변화를 추동하는 동력이 사회 구성원들의 주체적 자발성이 아니라 권력자들이나 헤게모니를 쥔 자들의 일방적인 강요와 억압에서 비롯된 사회일수록 더욱 강하게 나타난다.

20세기 한국 사회는 일제 식민지와 한반도 분단, 한국 전쟁, 그리고 군사독재 체제에 이르기까지 격동의 시대를 보냈다. 그 과정에서 왜곡된 변화의 동기가 낳은 부작용들은 주목받지 못했다. 그 결과 오늘날 한국 사회는 다양한 구조가 중첩하며 서로 다른 사회 정체성이 끊임없이 충돌하는 공간이 되었다. 예를 들어, 한편으로는 경제 성장에 대한 강박에서 벗어나지 못한 채 권위주의적 개발독재 시기의 정체성을 지닌 세력이 기득권을 누리고 있으며, 다른 한편으로는 새로운 사회적 변화를 담아 내지 못하는 낡은 구조를 거부하는 이들이 격렬하게 저항하고 있다. 윤석열 정권의 12.3내란 사태를 지지하는 세력과 이를 막아 낸 '빛의 혁명'의 주도 세력이 공존하는 모습은 이러한 현실을 잘 보여준다.

이러한 한국 사회 내 사회적 억압과 차별 문제는 상호교차성과 연결되어 있다. 예를 들어, 근래에 심각한 사회·정치적 문제로 떠오른 파시즘은 근대적 특징과 탈근대적 특징을 동시에 갖고 있다. 또한 기존의 정치적 메시아주의(political messianism)와 같은 문제에 더해, 최근의 '이대남' 현상과 같은 새로운 문제가 상호 결합해 복잡한 양상을 띤다. 이러한 상황에서 한국교회는 더욱 복잡한 현실에 직면해 있다. 왜냐하면 정치와 종교가 결합한 기독교 극우 세력의 문제뿐 아니라 그와 연결된 성적 소수자의 인권과 젠더 평등의 문제도 함께 가지고 있기 때문이다. 하지만 문제가 복잡할수록 한국교회는 일부 근본주의 교회들의 행태처럼 현실을 외면하며 손쉬운 길로 나아가려 해서는 안 된다. 비록 좁더라도 올바른 방향을 찾기 위해 노력해야 하며, 이를 위해서 중첩적인 한국 사회의 특징과 그로 인한 사회 문제의 상호교차성에 대해 직시할 필요가 있다.

1. 우리의 현실
: 다층적 사회 정체성과 억압의 상호교차성

다층적 사회 정체성과 사회구조의 중첩

현대 사회에서 대중은 다층적 정체성을 가지고 있다. 이는 '멀티 페르소나(multi-persona)'라고도 불리는 개인 차원에서뿐 아니라 사회 정체성 차원에서도 적용된다. 오늘날 소위 MZ세대 혹은 청년 세대에 관한 논의가 복잡한 이유는 이들이 기존 세대와 달리 다층적 정체성을 쉽게 받아들이기 때문이다. 다층적 사회 정체성을 가진 이들은 다음과 같은 두 가지 특징을 보인다.

첫째, 다층적 정체성을 가진 이들은 이데올로기와 같이 단일하고 통일된 하나의 가치체계에 자신의 정체성을 종속하려는 시도에 거부감을 느낀다. 인종적 민족주의(ethnic nationalism)나 계급 의식, 계층 의식과 같이 과거에 중요했던—혹은 강요되었던—주요 사회 정체성의 가치를 무시하지는 않지만, 자발적 선택이 아니라면 이를 억압과 강요로 받아들이기에 적극적으로 거부한다. 또한 특정한 정체성에 집착하지 않기에 주변 환경의 변화로 특정 정체성(예: 직업적 정체성, 종교적 정체성 등)이 약화하거나 부정당할 때도 쉽게 무너지지 않는다. 그만큼 단일한 정체성을 가진 이들에 비해 현실 판단이 빠르고 유연하다.

둘째, 다층적 정체성을 가진 이들은 감성적 요인에 의해 이합집산하는 경향을 보인다. 다층적 정체성은 단일한 정체성에 비해 훨씬 유연하지만, 그렇다고 외부의 영향을 전혀 받지 않는 것은 아니다. 이데올로기적 주장에 대한 신뢰가 강하지 않은 만큼, 오히려 감성적 요인에 더 민감하게 반응한다. 물론 이는 단지 개인의 취향(individual taste)이나 선호(preference)만을 의미하는 것이 아니다. 그보다는 감성적 가치 혹은 감성적 가치체계의 문제로 특정 집단이나 특정 세대를 관통하는 공감에 기초한다. 이는 청년 세대를 이해하는 데 꼭 필요한 특성이다.

사회 정체성이 사회구조와 상관관계가 있는 것처럼, 한국 사회의 다층적 사회 정체성은 사회구조의 중첩과 밀접하게 연관되어 있다. 사회적 상호작용이 다양한 관계망 속에서 중첩되어 발생한다는 점은 그 자체로 부정적인 것은 아니다. 하지만 한국 사회처럼 사회구조의 중첩으로 인해 다층적 사회 정체성이 공적 영역에서 상호 충돌한다면 심각한 사회적 갈등 요인이 될 수 있다. 그러므로 충돌의 원인과 주체들 사이의 차이를 정확하게 이해하지 않은 채, 문제를 특정한 정체성(예: 종교적 정체성 등)으로 단순화해서 해결하려 한다면, 오히려 갈수록 갈등의 진폭만 더욱 커지게 된다.

억압과 차별의 상호교차성

현대 사회는 과거 계급론과 같은 거대 남론으로 담아낼 수 없는 사회적 억압과 차별의 다차원적인 특징을 포함하고 있다. 이는 구조적 차원이나 미시권력적 차원에도 똑같이 적용되는데, 이러한 특징을 가장 잘 담아내고 있는 개념이 바로 '상호교차성 (intersectionality)' 혹은 '교차성'이다.

한국 사회에서 가장 큰 영향을 미치는 자유주의 정치철학은 억압과 차별의 다층적인 구조를 인정하지 않는다. 하지만 오늘날 억압의 문제는 "계급, 인종/민족, 젠더, 장애, 섹슈얼리티 등을 포함한 사회 불평등의 요소들을 상호교차"시켜 파악해야 하며, 이를 해결하기 위해서는 "단차원적 개념화에 비해 보다 복합적인 차별의 유형을 산출"하려고 노력해야 한다.[2] 예를 들어, "인종과 젠더, 혹은 섹슈얼리티와 민족의 상호교차"와 같은 "상호교차하는 억압의 특정한 형태"를 반영해야 한다.[3]

상호교차성은 다양한 사회 문제에 관한 새로운 인식을 제공하는데, 특히 기존의 사회 정의에 관한 담론에 직접적인 영향을 미친다. 자본주의 사회에서 정의의 문제는 "재화 분배"와 밀접하게 연결되어 있지만, 궁극적으로는 사회 구성원이 지닌 정의로운 분배를 "받을 자격"에 관한 복잡한 담론이 필요하다.[4] 따라서 사회적 불의는 결국 같은 구성원임에도 그 자격을 인정받지 못할 때 발생하며, 이를 지속시키고 가능하게 하는 것이 억압과 차별의 구조다. 상호교차성은 이런 억압과 차별의 구조를 총체적으로 드러냄으로써, 이를 극복하는 데 필요한 새로운 정의에 관한 인식을 갖게 한다.

상호교차성에 기초한 새로운 사회 정의에 관한 인식의 가장 큰 장점은 다른 비판적 인식들과 유기적으로 연결된다는 것이다. 예를 들어, 능력주의에 대한 비판을 통해 '적극적 우대 조치(소수집단 우대 정책, Affirmative action)'의 문제를 지적하는 방식은 자유주의 정치철학 관점의 한계를 분명하게 드러낸다.[5] 하지만 상호교차성은 여기서 한 걸음 더 나아가 사회적 억압의 철폐를 위해 좀 더 적극적인 정치 행위가 필요함을 깨닫게 해준다. 상호교차성에 기초한 비판적 인종 이론(Critical Race Theory, CRT)으로 알려진 킴벌리 크렌쇼(Kimberlé Williams Crenshaw, 1959-)가 동일한 정책 혹은 피부색 무시 정책(color blindness policy)을 신랄하게 비판한 이유도 바로 여기에 있다.

이렇듯 상호교차성에 관한 이해는 인종, 여성, 젠더의 문제뿐 아니라 현대 사회의 여러 문제를 좀 더 다층적으로 이해할 수 있도록 돕는다. 예를 들어, 기후 위기나 기후 난민의 문제에 접근할 때, 상호교차성에 기초한 관점은 여성의 사회·경제적 취약성과 연결하여 생각할 수 있도록 이끌 뿐만 아니라, 이러한 취약성을 가사 노동의 문제와도 연결하여 성찰할 수 있도록 해준다. 게다가 지속 가능한 사회와 같은 거대 담론 역시 산업 전환이나 에너지 전환을 통한 탄소중립뿐 아니라 인종, 젠더, 사회적 억압과 차별 등의 문제도 담아낼 수 있어야 함을 일깨운다. 즉 거대한 대의명분 속에서 약자가 소외되는 현상을 돌아보게 하며, 소위 '정의로운 전환'을 위한 성평등에 기초한 참여를 고민할 수 있도록 이끈다.

또한 한국 사회처럼 중첩적인 사회구조와 체제를 가지고 있는 사회에서는, 언론의 역할에 대한 비판적 접근뿐 아니라 미시 정치적 측면에서 교회가 사회를 어떻게 바라보고 접근해야 하는가에 대한 기준도 제공해 준다. 이 글에서 상호교차성에 집중하는 이유가 바로 여기에 있다.

사회 정체성의 충돌과 정치적 극단주의

다층적 사회 정체성과 상호교차성의 문제는 사회구조의 중첩이 심각한 한국 사회에서 좀 더 두드러진다. 한국 사회에서 구조적 중첩이 극단적으로 발생한 이유는, 앞에서도 언급한 바와 같이 급격한 변화를 계속해서 경험해 왔기 때문이다. 하지만 급격한 변화 속에서 이 문제는 제대로 주목받지 못했다.[6] 그리고 이러한 현실은 사회적 갈등과 대립의 원인으로서 사회 정체성의 충돌을 바라보지 못하게 했다. 한국 사회의 구성원은 한편으로는 급속한 변화 속에서 쉽게 접점을 찾을 수 없는 사회 정체성과 가치체계를 가지게 되었지만, 다른 한편으로는 외부의 억압에 의한 역경 속에서 인종적 민족주의에 대한 강박과 집착을 갖게 되었다. 하지만 지금까지는 이런 이중적 혹은 모순적 현실을 인정하기보다는, 권위주의적 사회환경으로 말미암아 후자의 강박을 통해 전자의 차이를 상쇄하려는 방향으로 강압적으로 나아갔다.

그런데 오늘날 이러한 20세기의 경험이 사회적 갈등과 대립을 부추기고 있다. 예를 들어, 정치의식의 측면에서 한국 사회는 봉건적 가치체계를 가진 개인 및 집단에서부터 탈근대적 가치체계를 가진 개인 및 집단에 이르기까지 다양하다. 긍정적으로 보면, 사회적 다양성이라 할 수도 있지만, 이를 단지 '다양성'이라고 부를 수만은 없는 상황이다. 왜냐하면 그 다양성이 서로 충돌하며 사회적 갈등과 대립을 계속해서 만들어내며, 점점 더 심화하고 있기 때문이다. 물론 모든 사회 현상은 양면성을 지니고 있다. 사회구조의 중첩도 마찬가지다. 그 대표적인 예가 바로 '이대남' 현상과 '빛의 혁명'이 동시에 존재하는 것이다.

하지만 12.3내란 사태와 1.19서울서부지방법원 점거 폭동 사태를 경험한 오늘날 이대남의 문제는 좀 더 관심을 가지고 살펴볼 필요가 있다. 사실 이대남에 대한 다양한 분석과 이에 대한 비판이 난무하는 현실에 비추어볼 때, 완전히 새로운 분석이 등장할 가능성은 그리 높은 것 같지 않다. 다만 한 가지 인상적인 것은 그 수많은 분석과 비판에도 불구하고 대부분의 논의가 이대남 현상을 정치적 극단주의(political extremism)와 연결하여 다루고 있다는 것이다. 이에 반해 이 글에서는 이대남 현상과 정치적 극단주의를 한국 사회의 구조적 중첩과 사회 정체성의 충돌을 통해 이해하고자 한다.

이를 위해 우선 고려해야 할 점은 이대남을 대표하는 소위 '역차별의식'과 '반여성주의(anti-feminism)'다. 사실 양자는 밀접하게 연결되어 있다. 이는 한국 사회의 구조적 중첩에 따라 발생하는 사회 현상에 대한 거부감에서 비롯된다. 모순적이지만 여러 사회 조사에 따르면, 이대남은 다른 연령대의 남성에 비해 상당히 높은 성평등의식을 갖고 있다. 이들은 한편으로는 기존의 권위주의에 기초해 있는 남성 기득권층이 유지되는 현실에, 다른 한편으로는 페미니즘이 대중화되면서 자신들은 그 기득권을 누릴 수 없는 현실에 직면해 있다. 그러므로 이대남의 역차별의식은 남성과 여성의 갈등이 아니라 페미니즘을 수용하지 않으면서도 기득권을 누리는 남성 기성세대와 페미니즘으로 인해 기득권을 누리지 못하는 남성 청년세대의 갈등에서 그 원인을 찾아야 한다.

이러한 측면에서 이대남 현상의 진정한 문제는 이와 같은 복잡한 현실을 직시하지 않고 도피하려는 왜곡된 욕망에서 비롯되는 것이라 할 수 있다. 현실을 직시한다면, 남성 기성세대의 기득권을 해체하여 더욱 평등한 사회를 만듦으로써 문제를 해결해야 한다. 하지만 그 방식은 쉽지 않으며 무엇보다 자신들이 현재 누리고 있는 한 줌의 기득권마저 포기해야 하는 위험을 안고 있다. 그리고 그 과정 또한 복잡하며 지루하다. 기득권을 누리는 남성 기성세대에 대한 저항은 큰 에너지와 헌신이 필요하며, 개인적 노력뿐 아니라 사회적 연대를 통한 정치적 변화를 추구해야 한다. 바로 이 지점에서 현실에서 도피하고 싶은 왜곡된 욕망이 작동하면서 포퓰리즘이 들어설 수 있는 자리가 형성된다. 포퓰리즘은 '가상의 적'을 도입하거나 상정함으로써 대중의 지지를 얻는 방식을 취한다.

특정 집단의 외부에 존재하는 타자화된 사회 구성원들을 가상의 적으로 상정하여 책임을 전가하고 혐오와 차별을 부추김으로써 문제를 해결하려는 방식은, 안정적인 일상에서는 비도덕적이며 비윤리적인 행동으로 비난을 받게 된다. 하지만 다양한 요인으로 인해 사회가 혼란에 빠져 갈등과 대립이 심해지면, 포퓰리즘의 논리는 매우 매력적으로 다가온다.

오늘날 한국 사회에서 이대남의 가장 강력한 가상의 적은 바로 페미니즘이다. 이대남의 왜곡된 욕망은 페미니즘을 자신들이 마땅히 누려야 할 기득권을 가로막는 가치체계로 인식하도록 만들며, 그 결과 극단적인 거부감을 표출하게 된다. 하지만 그들이 마땅히 누려야 한다고 생각하는 기득권은 기존의 권위주의에 기반해서 기득권을 누렸던 남성 집단이 만들어 놓은 불평등의 결합체다. 사실 이대남도 한국 사회의 현실과 문제점의 원인을 모르는 것이 아니다. 이성적으로는 알고 있지만, 기득권을 누리는 남성 기성세대와 함께 살아가고 있는 현실로 인해 불만이 표출되는 것이다. 이는 결국 정치적 극단주의의 부상으로 이어진다.

한국의 민주주의는 짧은 기간에 급속한 성장을 이루어내긴 했지만, 아직 안정적이거나 성숙한 단계에 이르렀다고 보기는 어렵다. 사회적 헤게모니가 기성세대에 지나치게 집중되어 있기에 청년 세대가 '정치적 효능감'을 느끼기는 쉽지 않으며, 특히 정치적 입지가 약한 이대남은 '정치적 환멸감'에 쉽게 휩싸이게 되고 극단적인 주장에 매력을 느낀다. 물론 최근 정치적 극단주의의 부상은 한국 사회만이 아니라 전세계적인 현상이며, 주로 우파와 결합하는 특징을 보인다. 그런데 사회적 중첩이 심각한 한국 사회에서는 정치적 극단주의로 인한 반사회적 행동이 더욱 심각할 수밖에 없으며, 그 영향은 청년 남성들에게 크게 미치고 있다. 극우 정치 운동과 그 지향짐인 파시즘에 관한 연구가 필요한 이유가 바로 여기에 있다.

물론 정치적 극단주의에 적극적으로 동조하며 반사회적 행동을 표출하는 이들은 분명 소수다. 하지만 소수의 반사회적 행동이 가능한 이유는 이를 침묵으로 인정하는 다수의 소극적 동조가 있기 때문이다. 이대남 현상의 핵심은 '20대 남성이 전부 극우적이다'가 아니라 극우적 주장에 소극적으로 동조하는 이들이 많고 반사회적 행동을 일삼는 소수가 이를 기반으로 영향력을 확장하고 있다는데 있다.

2. 우리의 문제
: 탈근대 파시즘과 정치적 메시아주의

21세기 들어 전세계적으로 극우 정치 운동의 영향력이 확장되고 있으며, 그 가운데 청년 남성이 매우 중요한 역할을 감당하고 있다. 물론 최근 들어 소위 진보 언론들을 중심으로 20대 남성을 '이대남'으로 묶어 극우의 중심 세력으로 규정하려는 흐름에 반대하는 목소리가 높아지고 있다. 하지만 특정한 사회·정치적 문제의 책임을 특정 집단에 돌리는 행위와 특정 문제를 반복해서 양산하는 집단의 특성을 분석하는 행위는 동일하지 않다. 이를 구별하지 못하면, 전자로 인해 발생하는 문제만 가지고 후자를 터부시하거나 죄악시하는 오류를 범할 수 있다. 이대남이 한국 극우 세력의 중심 세력이 아니라 할지라도 다른 사회적 집단보다 극우와 관련한 퇴행적 행동이 빈번하게 발생하고 있다는 사실은 부인할 수 없다.

오늘날 청년 세대의 보수화는 전세계적인 현상이며, 여러 사회에서 청년 남성 집단은 극우 정치 운동의 핵심 세력이다. 무엇보다여러 통계를 통해 이대남이 탈근대 파시즘에 친밀감을 가지고 있음이 명확해지고 있는 현실을 무시하고 넘어가기에는 그 부정적인영향력이 너무 크다. 물론 '과잉 대표화'의 우려를 무시해서는 안된다. 하지만 기독교 극우 세력과 교회의 관계처럼 과잉 대표화의문제를 해결하지 못하는 집단을 향해 "왜 과잉 대표되어 있는 현실을 바꾸지 못하는가?"라는 질문을 던지는 것은 대안을 찾아가는첫 번째 걸음이기도 하다.

탈근대 파시즘

오늘날 극우 정치 운동의 부상 속에서 이 글이 파시즘(fascism)에집중하는 이유는 모든 극우 운동은 결국 파시즘을 지향하기 때문이다. 정치학적 측면에서 극우에 관한 다양한 개념 규정이 가능하지만, 민주주의에 적대적인 반체제(anti-system) 성격은 보수주의나 자유주의와 같은 '주류' 우익과 구별되는 극우의 중요한 특징이다.[7] 물론 21세기 극우 정치 운동은 20세기와 연속성뿐 아니라 불연속성도 가지고 있다. 하지만 한국 사회의 중첩적 특징으로 인해 양자는혼재하고 있으며, 상호 영향을 주고받으며 함께 민주주의를 붕괴시키고 있다.

근대 파시즘(modern fascism) 혹은 역사적 파시즘(historical fascism)은 20세기를 지배했던 주요한 이데올로기 중 하나였다. 파시스트 정당과 운동들은 나라마다 상당한 차이를 보였음에도 결국 전체주의의 길로 나아갔다. 그 과정에서 개인의 이해(利害)를 국가의 이익에 종속시키는 민족공동체(Volksgemeinschaft)를 강조하며, 극단적인 집단주의와 민족주의 그리고 군국주의의 모습을 드러냈다. 인식론적 측면에서 좀 더 자세히 살펴보면, 선거 민주주의와 정치적·문화적 자유주의에 대한 경멸, 자연적 사회 위계와 엘리트의 지배에 대한 믿음 등이 중요한 특징이었다.

하지만 파시즘도 시대에 따라 계속해서 변화하기 때문에 탈근대 파시즘(postmodern fascism)에 대한 연구가 필요하다. 한국 사회가 지난 3년 동안 직면한 가장 심각한 위협은 바로 탈근대 파시즘이었다. 1980년대부터 서구를 중심으로 부상한 탈근대 파시즘은 21세기 들어 전세계적으로 영향을 확장하면서 다양한 문제를 양산하고 있는데, 한국도 동일한 문제에 직면해 있다. 그러면 탈근대 파시즘의 특징은 무엇일까? 먼저 탈근대 파시즘은 근대 파시즘과 몇 가지 측면에서 다음과 같은 불연속성이 존재한다.

첫째, 전체주의와 민주주의 체제에 대한 접근 방식이 다르다. 근대 파시즘은 민주주의 체제의 전복을 통해 당면한 사회 문제를 해결하려 했다. 그러므로 민주주의의 기본 개념인 국민주권과 다수통치를 인정하지 않았다. 근대 파시즘의 대표자인 독일의 히틀러(Adolf Hitler)와 이탈리아의 무솔리니(Benito Mussolini)는 결국 민주주의 체제를 붕괴시키고 전체주의 체제로 나아갔다. 이에 반해 탈근대 파시즘은 민주주의의 기본 틀을 인정한다. 물론 세부 내용에 있어 민주주의의 중요한 요소인 법치나 권력분립, 소수 권리 등을 인정하지 않기도 하지만, 형식적으로는 공적 영역에서 주권재민의 원칙 자체를 거부하지는 않는다.

둘째, 엘리트주의(elitism) 및 포퓰리즘(populism)과 관련된 운동 방식에 있어 차이가 있다. 근대 파시즘은 군대와 같은 소수 엘리트의 힘으로 권력을 쟁취하려는 성향이 강했다. 특히 폭력적인 방식을 선호했기에 권력 쟁취 이후에는 군국주의적 경향을 강하게 드러냈다. 1923년 뮌헨 폭동을 일으켰던 히틀러와 군대를 끌고 로마로 진군해서 국왕을 압박해 내각을 결성할 수 있는 권리를 얻어 냈던 무솔리니가 그 대표적인 사례다. 근대 파시스트는 권력을 잡은 후 포퓰리즘 정책을 통해 전체주의 체제를 강화했다. 이에 반해 탈근대 파시즘은 20세기의 경험으로 인해 공식적으로 엘리트주의를 내세우지 않는 대신, 엘리트주의의 변형인 능력주의(能力主義, meritocracy)를 앞세운다. 이는 탈근대 파시즘이 포퓰리즘 친화적이며 대중 선동을 매우 중시하기 때문이다. 탈근대 파시스트는 민주적 절차에 의한 권력 쟁취를 선호하기에 전체주의적 성향을 직접적으로 표출하지는 않으며, 포퓰리즘을 더욱 적극적으로 활용한다. 오늘날 유럽이나 미국에서 주류 세력으로 자리 잡은 극우 정당 등이 여기에 해당한다고 할 수 있다.

셋째, 인종주의와 민족주의를 수용하는 방식이 다르다. 근대 파시즘은 민족국가 사이의 대립과 갈등, 특히 전쟁이라는 유럽의 상황 속에서 성장하였기에 인종주의에 기반한 극단적 민족주의가 중요한 역할을 감당했다. 이에 반해 탈근대 파시즘에서는 이러한 요소가 많이 약화하였다. 유럽의 경우, 비록 신(新)극우 혹은 네오-파시스트 정당들이 이민자에 대한 혐오와 차별을 부추기며 지지를 얻고 있긴 하지만, 실제로 과거에 비해 인종주의적 성격은 많이 약화하였다. 그보다 억압의 상호교차성을 통해서도 잘 드러나는 것처럼, 탈근대 파시즘에 기초해 있는 사회적 억압은 훨씬 복잡하다. 예를 들어, 외국인(특히 무슬림), 성적 소수자나 여성주의 등에 대한 혐오와 차별은 경제적 이해관계, 정치적 포퓰리즘, 종교의 근본주의화, 젠더 갈등, 성인지 감수성의 결핍 등 다양한 요소를 염두에 두고 접근해야 한다.

이상의 불연속성에도 불구하고 탈근대 파시즘과 근대 파시즘 사이에는 연속성도 존재한다.

첫째, 극단적 권위주의다. 근대 파시즘은 다양한 이데올로기가 얽혀 있는 이념 체계지만, 그 인식론적 기반은 극단적인 권위주의였다.[8] 파시즘은 상위 권위에 대한 절대적인 신뢰와 복종을 종교적 수준으로 강요함으로써 유지되었다. 또한 전체주의적 엘리트는 종교 양식과 결부시켜 만든 정치적 환상을 통해 왜곡된 대중의 욕망을 채워줌으로써 그들을 통제하였다. 예를 들어, 나치 시대 때 독일 국민은 제1차 세계대전의 패전으로 인한 경제적 어려움과 사회적 불안을 '아리안 민족', '위대한 독일' 등으로 대표되는 절대화된 전체주의적 권위에 복종함으로써 해결하려 했다. 하지만 그것은 절대화된 극단적 권위주의에 대한 왜곡된 믿음이 만들어낸 일종의 도피 욕망이자 헛된 망상에 불과했다. 이처럼 파시즘은 권위의 정당성에는 관심이 없었으며, 오직 정치적 권위를 종교적 권위로 전환하는 데만 관심을 가졌다.

강도의 차이는 있으나 극단적 권위주의는 탈근대 파시즘 내에서도 유사한 방식으로 작동한다. 게다가 엘리트주의를 직접적으로 내세우지 않는다고 해서 그러한 요소가 전혀 없다고 말할 수는 없다. 사실 엘리트주의와 능력주의는 인식론적 측면과 방법론적 측면에서 밀접하게 연관되어 있다.[9] 따라서 양자 모두 정치적 메시아주의와 결합할 때 유사한 문제를 일으킨다.

둘째, 사회적 위기 상황이나 극단적 갈등 상황에서 빠르게 정치적 영향력을 확대한다. 오늘날 널리 퍼져 있는 선입견과 달리 파시즘과 같은 전체주의의 문제는 특정한 시대에만 국한되는 것이 아니다. 어느 사회든지 전체주의적 경향의 사람들이 존재할 수밖에 없다. 하지만 사회가 비교적 안정적인 상황에서는 그들이 쉽게 정치 세력화할 수 없으며, 설령 정치 세력화하더라도 큰 영향력을 발휘하지 못한다. 왜냐하면 비교적 안정적인 일상이 유지되는 상황에서는 극단적 권위주의가 외면받을 수밖에 없기 때문이다. 하지만 사회적 위기 상황이나 심각한 갈등 상황에서는 안정을 갈망하는 대중의 욕망에 힘입어 극단적인 권위주의가 큰 지지를 얻을 수 있다.

근대 파시즘이 전쟁이나 내전, 대공황과 같은 위기 상황에서 빠르게 정치 세력화하였다면, 탈근대 파시즘은 신자유주의가 가져온 경제적 양극화와 노동 시장의 불안정성 등에 의해 도움을 받고 있다. 예를 들어, 미국과 유럽의 엘리트층은 제조업을 주변화하는 대신, 금융자본주의 체제를 공고하게 하고 인공지능(AI)을 비롯한 4차 산업혁명을 주도함으로써 막대한 부를 축적하였다. 그에 반해 유럽의 젊은 남성 단순 노동자와 미국의 러스트 벨트(Rust Belt) 지역의 노동자들은 여기서 배제되어 몰락하였는데, 이들이 바로 전세계적인 극우 정당의 부상에 핵심적인 지지 세력이 되고 있다.

셋째, 가상의 적을 상정하거나 희생양을 만드는 방식으로 권력이나 사회적 헤게모니를 획득하려 한다. 근대 파시즘이든 탈근대 파시즘이든 음모론이나 가짜 뉴스와 같이 의도된 거짓말을 통해 가상의 적을 상정하여 사회적 갈등을 부추김으로써 정치적 영향력을 확대하며, 그 과정에서 사회적 약자와 소수자를 희생양 삼아 사회 문제를 단번에 해결하려 한다. 이러한 방식은 파시즘뿐 아니라 극단적인 포퓰리즘에 기반한 이념 체계들의 중요한 특징이다. 예를 들어, 이념적 결이 다른 냉전 시대의 매카시즘(McCarthyism)에서도 그 흔적을 찾아볼 수 있다.

물론 오늘날 탈근대 파시즘은 과거에 비해 외부보다는 내부에서 가상의 적을 찾으려는 경향이 강하고, 희생양을 삼는 대상도 좀 더 다양하다. 하지만 혐오와 차별이라는 선동의 도구를 적극적으로 활용하여 비주류 집단 사이의 갈등과 대립을 부추기는 방식은 근대 파시즘과 동일하다. 예를 들어, 러스트 벨트의 몰락한 노동자들이 극우화할수록 이주민과 이주노동자에 대한 혐오와 차별을 강하게 표출했던 현상이 그것이다. 사실 이대남이 가진 페미니즘에 대한 거부감도 이와 유사한 측면이 있다.

정치적 메시아주의

오늘날 탈근대 파시즘의 문제는 정치적 메시아주의(political messianism)와 연결되어 있다. 정치적 메시아주의란 현실 정치를 대표하는 지배자를 신적 통치의 대리자로 여겨 맹목적으로 따르는 현상을 말한다. 이러한 정치적 메시아주의의 원형은 야콥 타우베스(Jacob Taubes)가 비판했던 칼 슈미트(Carl Schmitt)의 『정치신학』에서 언급된 주권자 개념에서 찾을 수 있다.[10] 즉 지배자로서의 주권자를 신(神)이 보낸 지상의 대리자로 간주하는 사유 방식이다.[11]

정치적 메시아주의는 현실이 복잡하고 왜곡된 사회일수록, 그래서 변화에 대한 욕구가 강할수록 더욱 힘을 발휘하는데, 이는 파시즘이 성장하기 좋은 환경과 거의 동일하다. 실제로 정치적 메시아주의는 근대 파시즘과도 밀접한 상관관계 속에서 작동해왔다. 제2차 세계대전 이후 현대 사회에서도 정치적 메시아주의는 그 외양을 바꾼 채 여전히 작동하고 있다. 오늘날 정치적 메시아주의의 문제는 다음과 같다.

첫째, 정치적 메시아주의는 대중을 권력 쟁취의 도구로 전락시킨다.[12] 현대적 의미에서 정치적 메시아주의는 "평등과 자유의 이상을 내세우면서 특유의 궁극적인 목표(지상낙원을 이룩하는 것과 비슷한 목표)와 이에 이르는 특별한 방법(혁명과 공포 정치)을 지향한다."[13] 정치적 메시아주의와 떼려야 뗄 수 없는 관계에 있었던 과거 신정정치나 근대 파시즘은 국민에게 구원이나 지상낙원의 창조를 약속하며 물리적 방식을 통해 동참을 강제하였다. 하지만 오늘날 탈근대 파시스트의 정치적 메시아주의는 공개적으로 과거와 같은 강요나 억압의 방식을 사용하지 않는다. 대신 종교적 구원과 같은 만족감을 주는 극단적인 정치 행위를 통해 세속적 구원을 실현할 수 있을 것 같은 환상을 심어준다. 그렇기에 포퓰리즘과 쉽게 결합하며, 혐오와 차별을 도구화한 선동의 정치를 추구한다.

하지만 이러한 탈근대 파시즘 역시 결국에는 근대 파시즘의 잘못을 반복할 수밖에 없다. 왜냐하면 포퓰리즘을 통해 대중적 지지를 획득한 정치적 메시아주의는 권력 획득에 가까워질수록 과거 종교의 특징을 답습하게 되기 때문이다. 예를 들어, 특정 지도자를 정치적 메시아로 받아들이는 추종자들은 타자에게도 절대적 신뢰를 강요하는데, 그 과정에서 자신들의 주장을 받아들이지 않거나 그 지도자와 대결하는 정치인은 '적그리스도'와 같이 종교적으로 악마화된다. 이렇듯 정치적 메시아주의는 초기에는 각종 세련된 형태로 대중에게 다가가지만, 결국 종교적 수준의 극단적 권위주의를 통해 유지될 수밖에 없다. 그러므로 종교적 메시아주의가 큰 영향력을 미칠수록 타협과 소통, 토론과 대화와 같은 정치의 핵심 요소는 부수적인 것이 되거나 의미를 상실하게 된다.

둘째, 정치적 메시아주의는 교회의 정치 도구화를 촉진한다. 종교는 그 형성 과정에 있어 사회적 산물일 수밖에 없다.[14] 그러므로 종교가 정치의 영향을 받는다는 것은 매우 당연하다. 정치적 메시아주의에 대한 비판은 정치와 종교, 법과 신학 사이의 상관관계나 유비를 무시하는 것이 아니다.[15] 논쟁의 여지는 있지만, 칼 바르트가 강조한 교회와 법치국가 사이의 긍정적 상관관계는 민주주의 체제에서 교회가 반드시 유념해야 하는 개념이다.[16]

하지만 슈미트의 주권자 개념이 결국 나치즘을 정당화하는 도구로 남용되었던 것처럼, 오늘날 정치적 메시아주의 역시 종종 포퓰리즘과 결합하여 탈근대 파시즘으로 전락하곤 한다. 이러한 현상이 종교적 측면에 미치는 가장 심각한 문제는, 탈근대 파시즘이 종교적 정당성에 집착할수록 필연적으로 종교적 가르침과 가치를 왜곡하게 되고, 결국 종교를 정치를 위한 선동의 도구로 전락시키게 된다는 점이다. 사실 교회가 선포해야 할 복음의 가치를 정치적 영역에서 메시아처럼 떠받드는 특정 정치인과 그 정치인이 속한 정당의 이익을 위해 남용한다면, 그 집단은 더 이상 교회라고 부를 수 없다.

물론 시대의 차이에 따라 정치적 메시아주의의 외적 양상은 달라질 수 있다. 예를 들어, 근대 파시즘을 지지했던 '독일 그리스도인 운동(Die deutschen Christen-Bewegung)'은 인종주의에 기반한 극단적 민족주의를 정당화하기 위해 복음을 왜곡하였다, 또한 당시 나치 정당이 히틀러를 위해 정치적 메시아주의를 부추기긴 했지만, 일차적으로는 독일 국민의 절대적 지지를 얻고 있었던 루터 교회 쪽에서 오히려 더 적극적으로 독일 그리스도인 운동을 주도하였다. 이처럼 권위주의 정권이 들어서고 독재 체제가 강화될수록 정치적 영역보

다는 종교적 영역에서 더욱 적극적으로 정치적 메시아주의를 정당
화한다.

이에 반해 탈근대 파시즘 시대의 정치적 메시아주의는 민주주
의 체제 안에서 정치와 종교가 서로의 필요에 의해 결합하면서 부
상하였다. 전광훈 현상은 근본주의와 결합한 반공주의를 전면에 내
세우고 있지만, 그 근저에는 기본적으로 경제적 이익을 취하고자
하는 욕망이 복음을 왜곡한 결과가 작동하고 있다. 또한 윤석열 정
권에서 기독교 극우 집단이 윤석열을 메시아로 떠받드는 현상 역
시 일차적으로 정치적 정당성이 부족했던 윤석열 정권이 종교적
정당성을 확보하기 위해 기독교 극우 운동을 적극적으로 지지한
결과였다. 이러한 관점에서 12.3내란 사태 이후에도 기독교 극우
세력이 윤석열을 강력하게 지지하는 현상은 결코 우연이 아니다.

하지만 양상과 형식에서 차이가 있더라도, 정치적 메시아주의가
종교적 영향력을 정치적 영역으로 확장하려는 정치적 교권주의와
결합하여 교회의 정치 도구화를 촉진하였다는 점은 동일하다. 이러
한 관점에서 볼 때, 정치적 메시아주의와 교회의 정치 도구화가 하
나의 쌍으로서 밀접하게 연관되어 있다는 점은 부인할 수 없다.

기독교 극우 세력의 포자화

사실 한국 사회는 근대 파시즘이 성장하기에 아주 좋은 환경을
지니고 있었다. 우선, 일본 군국주의와 군사독재를 거치며 형성된
억압적 사회 환경으로 인해 극단적 권위주의가 내재화되었다. 이는

권위주의적 사유 양식과 행동 방식을 관용하는 사회적 환경을 조성하였다. 과거에 비해 그 영향력이 약화하긴 했지만, 여전히 한국 사회에서 권위주의적 요소는 쉽게 발견된다. 물론 외적 양식의 변화를 무시할 수는 없다. 예를 들어, 한국 사회의 지배적인 권위주의 형태를 '유사 관료적 권위주의'와 '전근대적·전통적 권위주의'로 구분하는 연구도 존재한다.[17] 다만 중첩적인 현실 속에서 이 두 가지 형태가 종종 혼재하며 구분이 되지 않는 경우가 많다.

또한 한국 전쟁과 분단 체제로 인해 강화된 반공 이데올로기가 극심한 사회적 갈등을 계속해서 부추김으로써 정치적 극단주의가 자리 잡을 수 있는 토대가 마련되었다. 예를 들어, 당시 권위주의 통치 아래서 기득권을 누렸던 이들은 군사독재를 '한국적 민주주의'로 포장하는 한편, 민주화를 위해 노력했던 이들을 사회적 혼란과 갈등을 양산하는 '빨갱이'로 몰았다. 이러한 '빨갱이 몰이' 현상은 한국 사회의 근대 파시즘을 상징적으로 보여주는 단면이라 할 수 있다. 게다가 87년 체제 이후 한국의 민주주의는, 한편으로는 민주주의 체계가 제대로 정착되지 못한 상태에서, 다른 한편으로는 근대 파시즘의 잔재를 완전히 척결하지 못한 상태에서, IMF 사태를 맞아 신자유주의의 지배 아래 놓이게 되었다. 이로 말미암아 한국 사회는 경제적 양극화, 급속한 언론의 상업화, 젠더 갈등, 신(新)극우 세력의 정치 세력화 등 새로운 형태의 문제에 직면하게 되었다. 이러한 사회적 환경은 탈근대 파시즘의 성장에 최적의 조건이었지만, 공론장의 붕괴로 인해 그에 대한 논의는 사회적 주목을 받지 못했다.

한국 사회는 앞서 말한 대로 중첩적인 특성을 보이고 있기 때문에 근대 파시즘과 탈근대 파시즘의 문제를 동시에 해결해야 하는 상황이다. 물론 혹자가 말하는 것처럼, 극단 극우를 대표하는 전광훈과 급진 극우를 대표하는 이준석을 정치학적으로 구분할 수는 있다.[18] 하지만 오늘날 한국 사회에서는 양자가 밀접한 상관관계 속에서 함께 한국 민주주의의 퇴행을 주도하고 있다. 따라서 한국교회는 기독교 극우의 정치 세력화에 좀 더 깊은 관심을 가져야만 한다. 지난 3년 동안 기독교 극우 세력은 윤석열 정권의 비호 아래 정치적 영향력을 확장하며 기독교회를 과잉 대표해왔다. 기독교 극우 세력은 한편으로는 사회적 약자와 소수자에 대한 혐오와 차별을 부추김으로써 사회적 갈등을 증폭하였고, 다른 한편으로는 이들을 '가상의 적'으로 선동함으로써 사회적 문제의 책임을 전가하려 했다. 그러나 이러한 시도가 극우 세력에게는 매력적으로 다가왔을지 모르지만, 결과적으로 교회를 혐오와 차별을 대표하는 집단으로 전락시켰다.

사실 기독교 극우 세력의 기반이 되는 근본주의 대형 교회는 한국교회가 급성장하던 1970년대부터 이미 극우적인 성향을 보여왔다. 이들 교회는 일제 군국주의와 군사독재를 거치면서 종교적 위계에 기반한 권위주의를 내재화하였고, 성장 지상주의에 경도되어 교회 지도자의 강력한 지도력에 대한 집착을 강화하였다. 당시 교회는 군사독재 정권의 개발 이데올로기를 거부감 없이 수용하여

기복주의적 번영신학을 형성하였을 뿐 아니라, 군사독재 정권과의 밀접한 상관관계 속에서 반공주의의 유사 종교화를 가속하였다.

안타깝게도 당시 형성된 '위계적 권위주의(hierarchical authoritarianism)'가 오늘날까지 근본주의 대형 교회를 지탱하는 가장 강력한 내적 동력으로 작용하고 있다. 그리고 이러한 권위주의에 익숙한 환경이 한국교회로 하여금 사회의 민주적 발전 과정을 따라가지 못한 채 퇴행하도록 이끌고 있다. 게다가 최근 기독교 극우의 급속한 정치 세력화는 부족한 정치적 정당성을 종교적 정당성으로 채우려 했던 윤석열 정권의 이해관계와 맞물려 있다. 종교적 영역에서 시작된 혐오와 차별이 권력자의 이해관계에 따라 선동의 정치로 남용되고, 이를 통해 사회적 영향력을 얻는 현상은 정치의 몰락을 보여주는 대표적인 사례다.

윤석열 정권 아래에서 기독교 극우 세력이 보인 가장 중요한 특징은 극우 세력의 포자화(sporulation)다. 종교 집단의 문제에 '포자화'라는 생물학적 용어를 사용하는 이유는 신약성서가 이미 교회 집단의 왜곡된 사회적 역할과 기능을 곰팡이의 포자로 형성되는 "누룩"(고전 5:6-8)으로 표현했기 때문이다. "적은 누룩이 온 덩어리에 퍼지는" 현상을 목도하고도 "묵은 누룩을 내버리라"는 명령을 외면하면, 결국 덩어리 전체를 버려야 하는 결과를 맞게 된다. 그러므로 이를 막기 위해서라도 극우 세력의 부정적인 영향력이 확산하는 과정을 포자화의 관점에서 살펴볼 필요가 있다.

오늘날 기독교 극우 세력은 마치 곰팡이의 포자같이 다양한 계층과 영역에 폭넓게 자리하고 있다. 즉 특정 지역이나 계급에 기반한 세력이 아니라 반동성애, 반여성주의, 반이민자, 반중국 등 특정 이슈를 중심으로 다양한 소집단에까지 영향을 미치고 있다는 것이다. 물론 큰 덩어리에서 보자면, 그들은 사회적 혐오와 차별을 심화하는 뚜렷한 지향성을 보이며 전광훈과 손현보같이 대표성이나 상징성을 가진 이들이 등장한다. 하지만 실제로는 오늘날 기독교 극우 세력을 하나의 통일된 뿌리나 조직 혹은 집합체로 파악할 수는 없다. 오히려 그들은 각자의 이해관계에 따라 극우적 활동을 펼치며, 느슨한 동질감으로 묶여 있다고 볼 수 있다.

그러므로 오늘날 기독교 극우 세력에 대한 이해는 '세이브코리아'나 '사랑제일교회'의 조직에 대한 분석만으로는 충분치 않다. 그들에게 재정 및 인원을 지원하는 근본주의 대형 교회들과 반동성애의 광풍에 침묵하며 동조하는 보수교회, 반여성주의와 정치적 극단주의에 침묵으로 일괄하는 그리스도인 청년 남성들과 같이 하나의 조직이나 지역 혹은 세대로 묶어낼 수 없는 이들에 대한 분석도 필요하다. 왜냐하면 기독교 극우의 정치 세력화는 사실 그들에게 동조하는 이슈와 감성적 가치체계에 따라 마치 포자와 같이 곳곳에서 나타나고 있으며, 앞으로도 새로운 형태의 포자를 끊임없이 양산할 것이기 때문이다.

3. 새로운 출발을 위한 고민

탈권위주의와 교회

탈근대 파시즘 시대에 탈권위주의는 사회·정치적으로 매우 중요한 의미가 있다. 이를 이해하기 위해서는 먼저 탈권위주의를 위한 인식론적 기반이 필요한데, 그것은 다음과 같다.

첫째, 권위에 관한 인식의 전환이 선행되어야 한다. 사회적 존재로서 인간은 다른 사람과의 관계에서 권위를 부여하거나 부여받으며 살아간다. 왜냐하면 권위란 어떤 사람이 다른 사람을 보다 우월한 자로 바라보는 인간관계와 관련되어 있기 때문이다. 그러나 이성적(理性的) 권위라고 부를 수 있는 우열 관계(superiority-inferiority relation)와 금지적(禁止的) 권위라고 부를 수 있는 우열 관계 사이에는 근본적인 차이가 있다. 예를 들어, 선생과 학생 간의 우월성 및 권위의 문제는 주인과 노예 간의 우월성 및 권위의 문제와 동일하지 않다. 후자는 착취를 기초로 형성되며, 착취당하는 쪽의 피해가 착취하는 쪽의 이익으로 전환되는 관계다.[19] 권위주의는 바로 이러한 왜곡된 권위에 기초해 있다. 따라서 권위를 가진 이에게 합당한 능력이나 그에 수반되는 의무는 무시한 채, 오직 권위를 가진 이의 권리만을 강조하게 된다.

이러한 권위에 대한 왜곡된 인식은 억압과 강요, 맹목적인 복종과 같은 사회적 문제를 일으킨다. 그러므로 탈권위주의를 위해서는 위계적 질서나 억압과 강요 등에 의해 강제적으로 부여된 권리를 거부하고, 비판적 관점에서 권위의 적합성에 관한 논의가 진행되어야 한다. 그런데 중첩적인 사회일수록 폭넓은 사회적 연대와 저항 없이는 탈권위주의가 불가능하다. 왜냐하면 한편으로는 왜곡된 권위를 해체하는 과정이 진행되어야 하고, 동시에 다른 한편으로 건강한 권위를 세우는 과정이 이루어져야 하기 때문이다.[20]

둘째, 성숙한 민주 사회를 위한 다층적인 사회·정치적 전환을 지향하는 사회 운동에 관한 인식이 필요하다. 서구 사회는 68혁명을 통해 탈권위주의 사회로 전환할 수 있었고, 사회적 퇴행을 막기 위해 새로운 민주주의 담론을 발전시켰다.[21] 당시 68혁명은 권위주의적 교육제도에 대한 비판에서 출발했지만, 단순히 교육제도의 변화로만 그치지 않고 탈권위주의적 사회의 기반을 마련하는 문화혁명으로 나아갔다. 이는 이 운동이 권위주의적 사회질서를 유지하는 데 기존의 교육제도가 도구화되었다는 문제의식에서 비롯되었기 때문이다.[22] 오늘날에도 마찬가지로 전통적이며 전근대적인 권위주의를 강화하는 악습[23]의 해체에서부터 권위주의적 통치 체제를 지향하는 정치 집단에 대한 비판에 이르기까지 구체적인 사회·정치적 실천을 통해서 탈권위주의 사회를 형성할 수 있다. 그러므로 사회 운동도 이러한 다층적 사회·정치적 전환을 담아낼 수 있어야 한다.

이러한 인식론적 기반은 한국교회에도 똑같이 적용될 수 있다. 다만 교회는 권위의 문제를 좀 더 깊이 있게 고민해야 한다. 우선, 교회도 탈권위주의 사회를 위해 기존의 권위주의 사회를 해체하기 위한 운동에 참여해야 한다. 인간에게 사회가 필요하고 사회가 권위로 유지되는 한, 막스 베버(Max Weber)가 권위(Autorität)로 명명한 "합법적인 폭력(legitimierte Gewalt)"은 완전히 사라질 수 없다.[24] 지속적인 비판을 통한 검증이 결여된 왜곡된 권위는 그 형태만 달리할 뿐, 여전히 권위주의적 질서를 유지하며 계속해서 개인의 의식과 행위를 지배할 수 있다. 이러한 부정적인 영향력은 교회에도 미칠 수 있기 때문에, 교회는 권위주의 사회의 해체를 위한 운동에 적극적으로 동참해야 한다.

그런데 교회는 또 다른 측면에서 권위와 권위주의의 문제를 매우 신중하게 다루어야 한다. 왜냐하면 종교 집단으로서 교회는 종교적 위계의 영향을 받을 수밖에 없으며, 이로부터 발생하는 권위가 종종 교권의 문제로 이어지기 때문이다. 초기 기독교 공동체는 사도의 권위를 존중했지만, 동시에 그 권위를 주장하는 일에서 항상 신중할 것을 가르쳤다(딛2:15, 유1:8; 살전2:7). 그러므로 교회는 언제든 권위가 왜곡될 수 있음을 인정하면서 올바른 종교적 권위에 관한 성찰을 멈추지 말아야 한다. 더 나아가 올바른 종교적 권위는 결국 건강한 사회적 권위가 지배할 때만 가능함을 알아야 한다.[25] 과거 군사문화로 인해 왜곡된 권위주의가 근본주의 교회의 종교적 위계 구조와 권위 의식을 변질시켰던 과오를 인정한다면, 교회는 올바른 종교적 권위와 건강한 사회적 권위를 위한 가치체계를 정립하고 실현하려고 노력해야 한다.

횡단적 연대와 저항

한국 사회의 복잡한 문제를 해결하기 위해서는 과거와 같은 강요된 연대나 단편적인 저항만으로는 충분하지 않다. 사실 기존의 저항을 위한 연대는 집합성이나 집합적 효능감에 치우쳐 개인의 자발성을 무시했을 뿐 아니라, 때로는 전체주의적 형태를 띠기까지 했다. 따라서 계층과 계급, 지역 등의 차이에서부터 종교와 세대 등의 차이에 이르기까지 다양한 차이를 아우르는 폭넓은 연대와 저항을 재구성하기 위해서는 이러한 모순을 직시하고 극복해야 한다.[26]

사실 과거 한국 사회에서 가장 적극적으로 저항을 위한 연대를 강조했던 이들은 군사독재의 권위주의적인 통치로 인해 주변부로 밀려난 노동 현장에 카를 마르크스(Karl Marx)의 담론을 적용했던 실천가들이었다. 하지만 돌이켜 보면 이들의 실천과 담론은 군사독재의 기득권층만큼이나 강력한 집단주의에 기초해 있었다. 왜냐하면 마르크스는 자유로운 개인들의 결사를 통한 연대(Gemeindschaft)를 무시하지 않았음에도, 정작 과거 실천가들의 언어에서는 노조와 같은 노동자의 집단이 개인의 자리를 대신해 버렸기 때문이다.[27] 군사독재라는 절박한 현실이 정치 엘리트뿐 아니라 저항을 위한 연대에도 부정적인 영향을 미친 것이다. 그러므로 우리는 새로운 연대와 저항의 방식을 고민해야 하며, 이 글에서는 이를 '횡단적 연대와 저항'이라고 부르고자 한다. '빛의 혁명'의 기폭제가 되었던 '남태령 대첩'이야말로 횡단적 연대와 저항의 대표적인 사례라 할 수 있다.

횡단적 연대와 저항은 한국 사회가 '닫힌 전문성'보다는 '횡단성(transversality)'이 중요한 사회로 진입했다는 인식에서 출발한다. 횡단성에 대한 철학적 담론은 20세기 후반부터 활발하게 전개되어 왔다.[28] 그러다가 2020년대 들어 중요한 사회적 의미를 지니게 되면서 다양한 분야에서 폭넓게 사용되고 있다. 이러한 현상은 한편으로 신자유주의가 남겨놓은 결과물이 과거의 방식으로는 해결할 수 없을 정도로 복잡해졌음을 의미하며, 다른 한편으로는 '초연결 사회(hyper-connected society)'와 같이 횡단성을 실현할 수 있는 과학기술의 발전이 이루어졌음을 시사한다. 횡단성은 서로 다른 영역의 전문성이 상호 교류하고 협력해야 함을 보여주며, 이를 통해 '닫힌 전문성'이 아닌 '열린 전문성'으로 나아가야 함을 강조한다. 그렇다면 횡단적 연대와 저항을 가능하게 하는 운동 방식은 무엇일까?

첫째, 횡단적 연대와 저항은 서로 다른 이슈에 대해 개별 영역에 속한 이들의 공감이 전제되어야 한다. 왜냐하면 횡단적 연대와 저항은 이슈를 중심으로 한 연대와 저항이기 때문이다. 그러므로 연대와 저항이 필요한 구체적인 이슈를 발굴하여 공감할 수 있도록 소통하는 과정이 요구된다. 공감이 없이는 개인의 자발적 참여를 이끌 수 없다는 측면에서 이러한 소통의 과정이 매우 중요하다. 한국 사회의 문제는 다양한 세대와 계층이 중첩되어 나타난다는 데 있다. 민주주의, 통일, 노동, 인권, 복지 등 기존의 정의나 평등과 관계된 사회적 가치는 연대와 저항을 위해 여전히 중요한 이슈다. 하지만 여성, 젠더, 기후 등 새로운 정의나 평등과 관계된 사회적 가치에 관심을 두지 않는다면, 사회 운동의 동력과 역동성을 상실할 수밖에 없다. 왜냐하면 기존 사회적 가치의 중요성과 우선순위만을 강조하거나 강요하는 방식으로는 더 이상 개인의 자발적 참여를 이끌어 낼 수 없기 때문이다.

둘째, 횡단적 연대와 저항은 서로 다른 전문성에 대한 존중이 전제되어야 한다. 사회 분야에서 횡단성은 전문성을 배제하는 개념이 아니다. 오히려 횡단적 연대와 저항은 다음과 같은 두 가지 인식에서 출발한다. 하나는 특정 분야에서 제기된 문제는 그 분야의 전문성을 통해 해결되어야 한다는 사실이고, 다른 하나는 현대 사회, 특히 한국 사회의 문제는 한 분야의 전문성만으로 해결할 수 없을 만큼 복잡하게 중첩되어 있다는 사실이다. 이러한 점에서 지금은 횡단성을 무시하는 닫힌 전문성이 아니라, 횡단성을 지향하는 열린 전문성이 요구된다. 또한 민주적 다양성에서 발생하는 차이를 인정하고 각각의 전문성을 존중할 때, 비로소 억압의 상호교차성으로 인해 발생하는 한계를 극복하기 위한 횡단적 연대와 저항의 필요성을 인식할 수 있다.

누룩으로서 교회와 초연결사회

오늘날 교회의 사회적 역할에 대해 논의할 때, 비록 시대적 차이는 있을 수 있으나 신약성서에 나오는 누룩의 비유는 여전히 적적한 통찰을 제공한다. 신약성서는 누룩의 부정적인 역할에 대해 경고하는 동시에, 긍정적인 역할에 대해서도 인급한다(눅13:20-21). "마치 여자가 가루 서 말 속에 갖다 넣어 전부 부풀게 한 누룩"과 같이, 교회가 선포하는 하나님 나라는 사회적 변화를 일으키는 힘을 가지고 있다. 이런 점에서 교회는 교권주의자와 같이 공적 영역에서 "긴 옷을 입고" 다니며 "회당의 높은 자리와 잔치의 윗자리"(막 12:38-39)에 앉으려는 태도로 좁은 의미의 '기독교성(Christianity)'을 인정받으려 해서는 안 된다. 강압적인 방식이 아니라, 설령 종교성이 명확하게 드러나지 않더라도 누룩과 같이 주변에 긍정적인 영향을 미치기 위해 노력해야 한다. 이것이 바로 칼 바르트(Karl Barth)가 정치 영역에서 강조한 그리스도인의 익명성이라 할 수 있다.[29]

물론 그리스도인의 정치 참여는 정치적 디아코니아(political diakonia)를 지향해야 한다.[30] 과거 근본주의에 경도되었던 한국교회는 교회의 사회적 역할을 무시했는데, 이것은 결국 디아코니아에 대한 왜곡된 인식이 저변에 깔려 있었기 때문이다. 즉 디아코니아와 복음선포를 분리한 채, 전자를 교회의 부수적인 역할로 전락시켰고, 이러한 왜곡된 인식이 교회의 사회적 역할에 대한 경시를 불러왔던 것이다. 하지만 디아코니아는 사회적·경제적으로 약한 자들을 돕는 교회의 역할(행6:3)에서 시작되었다. 따라서 사회적 약자와 함께하는 행위는 복음을 전파하는 것과 같다(고전9:22)고 볼 수 있다. 그러므로 이 땅에서 하나님 나라의 가치를 선포하고 실현하고자 하는 그리스도인이라면, 한국 사회의 중첩적인 구조와 체제에 관해 관심을 가지고 정치와 종교의 잘못된 결탁으로 등장한 기독교 극우 세력이 사회적 약자와 소수자에 대한 혐오와 차별을 부추기는 현실을 심각하게 받아들여야 한다. 왜냐하면 이런 현실은 정치적 디아코니아를 정면으로 부인하는 것이기 때문이다.

정치적 디아코니아는 현실에 적용할 수 있는 조직과 체계에 관한 고민을 요구한다. 예를 들어, 독일 복음교회(EKD)와 지역 디아코니아(Regionale Diakonie)의 관계처럼, 중심부나 중앙 조직은 필요하지만 활동 자체는 지역 교회를 중심으로 이루어져야 한다. 이러한 측면에서 정치적 디아코니아를 실천하기 위한 지역 활동의 거점으로서 교회의 역할은 매우 중요하다. 물론 이것은 단순히 지역 교회를 잘 활용해야 한다는 의미가 아니다. 사실 기독교 극우 세력의 포자화란 단순히 그들이 많은 지역에서 활동한다는 의미가 아니라, 나이와 직분 등에 구애받지 않고 역할 중심으로 구성되어 있다는 의미다. 따라서 이에 올바르게 대응하기 위해 정치적 디아코니아를 실천하는 교회 역시 초연결사회의 긍정적인 측면을 적극적으로 활용하여 이슈에 발 빠르게 대응할 수 있도록 조직과 체계를 구축해야 한다.

이를 위해서는 한편으로 나이와 직분, 연고와 관계없이, 즉 전근대적이고 전통적인 권위주의에서 벗어나, 특정 거점에서 감당해야 할 역할에 따라 능력 있는 사람이 책임을 맡아야 하며, 다른 한편으로 지역 조직 또한 역할에 필요한 방식으로 단순화하며, 부족한 부분은 초연결사회의 다양한 기술들을 통해 보완해야 한다. 물론 이 글의 목적이 초연결사회를 맹목적으로 정당화하거나 찬양하고자 하는 것은 아니다. 과거 초연결사회의 부작용에 대한 다양한 담론들은 오늘날에도 여전히 유효하다. 하지만 한국 사회가 다른 어떤 사회에 비해 초연결사회로의 전환이 빠르게 진행되었다는 사실을 부정할 수는 없다. 이러한 현실 앞에서 한국교회가 그 부작용만을 강조하거나 현대 기술을 거부하는 태도는 공적 참여를 위한 논의에 아무런 도움이 되지 않는다. 따라서 초연결사회의 부정적 측면을 비판하고 이를 보완하기 위한 노력 못지않게 횡단적 연대와 저항을 위한 기술의 활용에 대해서도 적극적으로 논의해야 한다.

맺는말

오늘날의 사회 문제는 다층적 접근 방식 없이는 해결할 수 없을 정도로 복잡하다. 예를 들어, 고령화(혹은 사회적 노령화) 및 출산율 제로와 같은 사회 문제는 상호 밀접하게 연결되어 있다. 왜냐하면 고령화의 문제는 단순히 나이가 많은 사람이 늘어난다거나 소위 '장수 사회'가 도래한다는 차원을 넘어, 결혼과 출산을 포기하게 만드는 부정적인 사회 환경과 맞물려 있기 때문이다. 이러한 현실은 결국 전통적 가족 이데올로기의 붕괴와 사회 복지 체계의 한계, 노인 혐오 증가 등 다양한 문제에 대한 동시다발적인 해결책을 요구한다. 이제 한국 사회의 생존은 이러한 복잡한 문제의 해결책을 찾는 과정에 달려 있다 해도 과언이 아니다. 대안을 찾으면 좋고 찾지 못해도 지금의 시스템으로 유지할 수 있는 수준의 현실이 아니다. 대안을 찾지 못하면 한국 사회는 붕괴에 직면하게 될 것이다.

과거처럼 억압과 강요라는 방식으로 지금의 현실을 유지하려 한다면, 이내 격렬한 저항에 부딪혀 조소와 멸시 속에서 사라지게 될 것이다. 그러므로 지금 우리에게 필요한 것은 다양한 계층과 세대의 협력이다. "어떻게 자발적으로 이런 협력을 끌어낼 수 있느냐?"라는 질문은 결국 서로 다른 계층과 세대 간의 가치관 차이를 존중할 수 있는 성숙한 시민 의식의 문제와 맞닿아 있다. 서로의 생각과 관심사가 다르더라도 그 차이를 존중하며 각자의 목소리에 귀를 기울일 수 있다면, 협력은 얼마든지 가능하다. 이러한 원리는 새로운 출발을 지향하는 한국교회에도 동일하게 적용된다.

이러한 측면에서 복잡한 신학적 논의만큼이나 오늘날 한국교회에 요구되는 현실적인 과제는 기독교 신앙에 기반한 성찰적 인격이다. 그리고 그 출발점은 서로 다른 생각이 충돌할 때, 자신의 입장을 분명하게 밝히는 동시에 타인을 존중하며 상대의 말에 귀를 기울이려는 자세다. 하지만 안타깝게도 이러한 윤리적 가치는 기독교 사회 운동에 헌신했던 이들뿐 아니라, 근본주의 대형 교회에서도 외면받아 왔다. 그러나 성찰적 인격이 전제되지 않은 그리스도인의 협력은 결국 과거처럼 당위성을 앞세워 맹목적인 추종을 강요할 뿐, 결코 횡단적 연대와 저항으로 나아갈 수 없다.

물론 2000년대 들어 급속하게 극우화한 한국교회의 현실을 직시한다면, '세상 속 교회'의 역할에 대해 의문을 제기하거나 회의적으로 바라보는 이들도 있을 것이다. 그렇기에 한국교회의 새로운 출발을 지향하는 그리스도인은 "왜 지금 한국교회의 새로운 출발에 관해 이야기하려 하는가?"라는 질문에 먼저 답해야 한다. 이에 대해 필자는 다음과 같이 답하고자 한다.

> 첫째, 세상이 어두울수록 국가 차원에서나 시민사회 차원에서 노력해야 할 뿐 아니라, 교회 차원에서도 노력해야 한다.
> 둘째, 지역 교회의 몰락이 곧 그리스도의 몸으로서 교회의 몰락을 의미하는 것은 아니다.

세상의 소금과 빛으로서 교회는 종교 조직이나 집단에게만 요구되는 정체성이 아니다. 누룩의 역할은 교회 공동체에 앞서 각각의 그리스도인에게 주어진 사명이다. 그렇지 않다면 12.3내란 사태와 기독교 파시즘 앞에서 한국교회의 새로운 출발을 모색하려는 모든 노력은 무의미할 것이다.

앞에서 언급한 한국 사회의 문제들은 다른 어떤 사회 집단보다 다양한 세대와 계층으로 구성되어 있으며, 급속하게 노령화가 진행되고 있는 한국교회에 더 큰 충격으로 다가올 수밖에 없다. 더구나 이미 초연결사회를 살아가고 있는 한국교회는 이러한 사회적 문제들에 더욱 민감하게 반응해야 한다. 물론 그리스도인의 사회·정치적 참여에는 탄탄한 신학적 기반이 반드시 필요하다. 기독교 극우 세력과 마찬가지로 이해관계나 과거의 낡은 이데올로기에 기초해 공적 영역에서 목소리를 낸다면, 그것은 교회의 몰락을 가속화할 뿐이다. 오늘날 한국교회는 교회에 대한 사회 구성원들의 부정적인 인식에 위기감을 느껴야 한다. 그때에야 비로소 다양한 평계를 넘어 문제 해결을 위한 적극적인 참여가 가능할 것이다. 이러한 점에서 그런 위기감이야말로 한국교회의 새로운 출발을 위해 가장 필요한 요소일지도 모른다.

<함께 생각해볼 문제>

1. 기독교 사회 윤리의 기초가 될 수 있는 성경의 가르침에는 어떤 것들이 있을지 이야기해 보자.

2. 한국교회 내에 자리한 왜곡된 권위 의식과 권위주의를 해체하기 위해서는 무엇을 어떻게 하면 좋겠는가?

3. 초연결사회로서 한국 사회가 안고 있는 문제점은 무엇이고, 나아가 그 해결책은 무엇일지 이야기해 보자.

4. 그리스도인이 추구해야 할 성찰적 인격을 형성하기 위해 필요한 윤리적 덕목에는 어떤 것들이 있겠는가?

5. 현대 사회를 살아가는 그리스도인이 공적 영역에서 실천해야 할 교회의 섬김(디아코니아)은 어떤 형태로 나타날 수 있겠는가?

한국교회
'여자 사용 설명서' 비판

백소영

12.3 계엄 이후

한국교회,
어디로 가나?

이 글과 관련한
"기윤실연속토론회" 발제 영상은
이곳에서 시청할 수 있습니다.

1. 12.3 계엄 이후의 한국교회
: '여전히' 여성 의제를 제기하는 이유

내 전공은 기독교 사회윤리학이다. (후기)근대성, 교회(공동체), 그리고 여성(젠더), 이 세 가지 키워드의 교차 지점에서 학문해왔고 실천의 장을 가져왔다. 그리고 이번 '계엄 이후'의 한국교회를 관심하면서, 더구나 '다시 시작함'에 있어 더 세부적인 내 전공 영역에서 '문제를 제기'해야 한다면, 단연코 '교회의 공동체성'이요, 작금의 교회가 과연 성서적이며 건강한 공동체를 형성하고 있는가를 교회론적 측면에서 언급하고 싶었다. 하지만 홀로 '여자'인 상황에서 나는 '전략적'으로 의제를 선택할 수밖에 없었다. 젠더/여성주의 의제를 가져올 수밖에 없었다는 말이다. 물론 성(性) 인지 감수성이 뛰어난 어느 남성 전문가가 한국교회 안의 여성에 '관하여', 교회 여성의 인권에 '대하여' 언급할 수는 있다. 하지만 당사자가 아닌 관찰자는 자신도 모르게 '당연시 여기는(taken-for-granted)' 것들이 있기에, 현안의 깊고 치명적인 문제점을 종종 지나치기 마련이다. 그러나 구조적 문제의 피해자로 살아왔던 당사자들은 현 시스템 안의 '당연'이 결코 '당연하지 않음'을 즉각적으로, 그리고 가장 처절하게 포착한다. 만약 여섯 명의 '교계 전문가' 중에서 (적어도) 세 명이 '여자요 전문가인 사람들'이었다면, 나는 아마도 마음 편히 다른 의제를 선택했을 것이다.

그래서 이번에도 '여성 의제'를 말하기로 한다. 다만 내가 발제

할 의제는 '시국'을 만나 애매해진다. 발제자들의 공동 전제는 '12.3 이후'여야 하기 때문이다. 여성/젠더 관점에서 물었다. "도대체 여성/젠더 이슈에 있어 12.3 이후는 뭐가 다른가?" 12.3 이후 양쪽으로 갈라져 서로를 향한 적대감을 가지고 '누가 더 적법한가, 누가 더 민주 시민사회의 원칙을 지키고 있나'를 묻고 대립하고 갈등하는 현 사회나 교회 모두 12.3 이전과 이후에 '달리' 생각해야 하는 '여성 의제'가 있을까? 전이든 후든, 보수든 진보든 적어도 여성 의제에 있어서는 '공통'으로 잘못하고 있는 게 있다. 여성 의제를 '매우 사소한 것'으로, 이 긴박한 시국에서는 임시로라도 '접어두어야 하는 문제'로 치부하는 것이다. 만약 강조된다면 그건 상대 진영을 약화시키기 위한 전략적 수단일 경우에만 주목한다.

물론 정치적 성향이나 신앙·신학적 배경에 따라 여성에 대한 담론적 차이는 있다. '극우'로 분류되는 집단의 가부장성은 상당히 강력해서 이에 속하는 사람들은 나이 불문 여성을 도덕적으로는 열등하고 성적으로는 대상화된 존재로 응시하는 경우가 많다. 그 정점에 이번 사태로 비기독교인들조차 이름을 알게 된 전광훈의 '빤스' 일화가 있다. 다시 상기하기도 싫은, 이 지면에 담아 기록하기는 더더욱 싫은 저급하고 부도덕한 '여자 사용 설명서'다. 모든 '이대남'이 다 그런 것은 아니지만 최근 극우화된 언행을 드러내는 상당수의 2030 남성들 역시 너무나 성착취적이고 폭력적이다. <일간베스트>나 <에펨코리아>, <디씨인사이드> 등 남초커뮤니티에는 여성혐오석 언어나 이미지가 가득하다. 이 역시 여기 옮겨 석지는 않겠지만, 글의 후반부 논의 과정에서 약간 언급되었다. 사회가 아무리 성 평등하게 변해도 '근본적인 젠더 질서'라는 신념 아래 혐오적 여성관을 고수하는 이들은 쉽게 포기하거나 변할 것이 아니기에 예의주시하고 꾸준히 맞서야 하는 범주임은 분명하다.

이에 비해 소위 '보수 우파'라고 자신들을 위치 짓는 집단은 여성을 향한 혐오적 공격성을 담론화하지는 않는다. 그러나 젠더 역할에 있어서 기능적 위계성(그들은 '구별성'이라고 부르는)을 보인다. 그 위계적/구별적 인식 틀에서 여성은 '연약하고 보호해야 하는 성', '남성의 보조자 역할을 통해 자아를 완성하는 성'이다. 극우의 여성관이 '강한 가부장제'라면, '보수 우파'의 여성관은 '온건한 가부장제'라고 볼 수 있다. 그리고 경험적으로 볼 때, 적어도 보수 우파 남성들 중 성실하고 진실한 사람들은 그들이 '믿는 대로' 여성을 대하고 있는 것 같다. 하지만 젠더 역할을 구분하는 그들의 인식과 실천이 얼마나 지속될 수 있을지…. 어차피 성 차이보다 전문성의 차이가 더 중요하게 여겨지는 급격한 사회변동은 막을 수 없는 물줄기라서, 이런 분리적 성역할 담론은 아무리 '보수'하려 노력해도 한 세대 안에 서서히 사라질 수행성이다.

그런데 어쩌면 더 큰 실망감을 들게 만든 집단은 말하는 것과 행동이 다른 사람들이다. 극우의 여성관이야 재고의 여지도 없이 낡고 불의한 거지만, 보수의 여성관이야 시대와의 불일치에 따라 점차 약화할 거지만, 소위 '진보'라는 범주에서 자신의 정체성을 설명하는 남성들이 여성을 평등한 동지로, 동역자로 말하면서 정작 행동은 가부장제의 오랜 습속을 넘어서지 못하는 모습을 본다. 기대가 있었기 때문일까? 그래서 더 놀랍고 실망스럽다. 상황이 이렇다 보니, '여성 의제'를 발의하면서 마음이 미묘하고 복잡하다. 소위 '민주당 아저씨'라고 호명되는 사람들도 이 의제에서만큼은 여성주의적 비판에서 예외가 아니다.

하여, 용기를 내어 올여름 발제 현장에서 '12.3 이후'에도 '여전한' 여성 의제를 제기했는데, 곧 듣기 불편해하는 청중들을 감지했다. 한 걸음이라도 앞으로 나아가려고 힘을 모은 자리인데 차라리 극우/보수의 '후진' 여성관을 적나라하게 비판했으면 무난한 일이었을까 싶기도 했다. 하지만 8.15 조국 사면 이후에 불거진 조국혁신당의 성비위 사건을 보니 이 의제를 '발(發)'함에 있어 시작을 '진보 남성' 집단에 둔 것은 잘한 일이다 싶다. 한국 사회와 교회의 '여자 사용 설명서'에 대해서라면, 대한민국 남자들 '다수'는 극우부터 보수, 진보까지 거기서 거기인 셈이라는 것을 다시 확인하게 되었기 때문이다. 한국교회의 '여성 사용 설명서'를 돌아보는 이 글에서 나는 굳이 진영을 나누지 않으려 한다. 한국 사회도 교회도 여성 응시와 상호 관계의 '매뉴얼'을 전면 개편하지 않는다면, 새로운 기회와 기대로 12.3 이후 '다시' 무얼 시작해도 어차피 첫 단추부터 잘못 끼우는 헛수고에 불과할 뿐이다.

2. 2030 응원봉 여성 청년들의 항변
: 우리는 당신들의 '치어리더'가 아니다!

2025년 정권교체를 이룬 시민 운동을 사람들은 '빛의 혁명'이라고 부른다. 촛불을 든 적도 있었고, 휴대폰 불빛으로 밤을 물들인 적도 있었지만, 이번엔 응원봉이었다. 2030 여성들이라면 평소 하나쯤은 가지고 있었던, 내 최애 가수의 콘서트장에서 밤을 수놓았던 응원봉 말이다. 처음엔 깜짝 놀란 4050 남자 어른들도 곧 동조했다. "아, 나도 아이돌 응원봉을 주문해야 하나?" 한 세대 전에 화염병과 짱돌을 들었던 그들로서는 딸 세대의 이 발랄하고 흥겨운 저항의 축제가 신통했을 것이다. 저마다 '기특하다' '예쁘다' 입을 모아 칭찬했다.

그런데 정작 2030 당사자들에게서는 '불편하다'는 반응이 나왔다. '칭찬해도 불편하다고?' 맘이 상할 '어른들'이 많겠지만, 당사자들의 의미를 들어보면 이해가 간다. 그녀들은 말한다, 우리는 이미 오랫동안 광장에 있었다고…. 2008년 촛불 집회 당시 집회 참여 인구의 70%가 여성이었다. 혜화역 시위에서도 젊은 여성들은 광장에 모여 공적 목소리를 냈다. 다만 여성들의 의제가 4050 남성 의제와 교차점이 없어서 주목하지 않았을 뿐이지, 젊은 여성들은 꽤 오랫동안 정치적 주체였다는 주장이다. "우리는 당신들의 의제에 동의하러 나온 응원단이 아니다. 우리 역시 불법 계엄에 대한 저항과 탄핵 심판을 요청하기 위해 나왔지만, 이번 의제가 당신들과 겹

쳤을 뿐이다." 이것이 '2030 응원봉 여자 청년들'의 핵심적인 주장이다.

이 지점을 포착하는 것은 매우 중요하다. 12.3 이후 '정권교체'가 제1의 목적이었던 '4050 진보 남성'(실재지만 다분히 은유로 사용한다. 실제로는 이 따옴표 안에 60대 남성이나 4050 여성도 같은 입장일 수 있다)은 새로운 질서를 열망하며 응원봉을 든 2030 여성이 반가웠을 것이다. 그러나 2030 당사자들은 더 근본적이고 큰 열망, 즉 자신들이 살아갈 세계를 '수평적'으로 재구조화하는 꿈을 꾸며 그 추운 겨울을 버텼던 거다. 그래서 그들은 이번 일만 보면서, '우리'를 '당신들의 치어리더'처럼 소비하지 말라고 주장하는 것이다.

실제로 2024년 12월 7일 광장의 자유발언 무대 뒤에서 있었던 일화는 '빛의 혁명'을 이룬 지 채 1년도 안 되어 전개될 '남성들의 (여전한) 여성 사용 설명서'를 예시하고 있었다. 당일 현장에서 <페미당당>의 심미섭 활동가는 무대 뒤 잡담을 우연히 듣게 되었다. "여기 너무 남자만, 이성애자만 있는 거 아냐? (생물학적으로는 여성인) 성소수자 하나 들여보내!" 다분히 농담조의 가벼운 말이었다. 그러나 심 활동가는 새로움을 꿈꾼다는 그들의 대화에서 여성과 소수자를 전략적으로 분류해서 장식처럼 얹는 정도로만 사용하고 있음을 파악하고 불쾌했다.[1] 그뿐이 아니었다. 초반 집회에서는 여성 인권이나 성소수자 인권, 노동자 인권, 장애인 인권 등 다른 의제들을 말하는 것에 대한 비난과 야유가 있었다. 지금은 단 하나의 의제에만 힘을 모아야 한나는 '민주당 아저씨들'의 '훈수'도 보태졌다.

그러나 그 광장의 집단역학 안에서 힘을 발휘할 수 있을 만큼의 정량적(다수성), 정성적(집단 행동력) 파워를 가지고 있었던 '2030 여성들'은 즉시 문제를 제기했다. 결국 이 '발제'는 받아들여지고, 빠르게 매뉴얼이 작성되었다. 12월 18일 '윤퇴진사회대개혁비상행동'은 <평등하고 민주적인 집회를 위한 모두의 약속>이라는 행동 수칙을 게시하였다. 핵심 내용은 평등의 원칙 수행, 혐오와 차별 행위 금지, 그리고 이를 위반한 사람을 만나거나 보았을 경우의 대처 수칙 등이 포함되었다.[2] 세상에! 7일에 포착된 문제가 발의되고 수렴되어 해결안이 나오는 데 열흘밖에 걸리지 않았다니!

그러나 이 '역학(dynamics)'의 결실은 그때뿐이었던 것 같다. 여성을 사람으로, 동지로 보는 시선, 그리고 여성들의 의제를 '우리의 의제'로 중요하게 생각하는 실천은 '12.3 이후'에도 너무나 소원했다. 우리나라를 '혁신'하겠다는 당에서 당대표의 투옥에 삼보일배 저항하는 구성원의 뒷모습을 보며 동료가 아닌 '여자'로 응시하고 우리의 민족 성웅 이순신 장군까지 들먹이며 성희롱했다. 피해자가 공적 목소리를 내자 '죽고 사는 문제'도 아닌데, 이 중요한 시국에 무슨 짓이냐는 말을 보탠 자도 있다. 이것이 어찌 한두 사람의 실언이고 실수이랴. 당내는 물론 정치적으로 한데 묶일 수 있는 '민주당 아저씨들'의 변호가 온오프라인에 빗발쳤다. 피해 당사자가 실명으로 나와 증언하는데도, 사실 여부에 대한 의심, 음모론의 제기, '왜 하필 지금이냐'는 비난이 이어졌다.

이를 보고 있자니, 이번 사건에 얽힌 분은 아니나 20년도 너 된

즈음에 "해일이 몰려오는데 조개나 줍고 있다"라고 평한 정치인 출신 작가도 떠올랐다. 하긴 이분은 나중에 "여성주의를 배우고 보니 오히려 성폭력 문제가 해일이었다"라고 언급하기는 했다. 하지만 아마도 뿌리 깊은 여성 인식은 바뀌지 않았나 보다. 잘 알고 지낸 한 특정한 여성에 대한 언급이었다고 하더라도, 자신이 지지하지 않는 대선 후보자의 아내를 평가하는 자리에서 대학교 출신 노동자와 '찐'노동자를 위계적으로 나눈 것으로도 모자라, 여자를 '더 나은 남자와의 결혼을 통해 고양되는 존재'로 묘사한 걸 보니, 그의 여성 인식이 크게 변화한 것 같지는 않다. 이는 몇몇 '진보 정당 아저씨들'에 대한 인신공격이 아니다. 그 추운 겨울 응원봉을 들고 '빛의 혁명'을 이뤄낸 젊은 여성들을, 나아가 여성 전반을, 어찌 독자적인 인격체로, 동등한 동료로 보지 않느냐는 항변이다.

그럼, 한국교회는 나은가? 천만의 말씀이다. 2025년 교단 총회에서는 더 기가 막힌 소식이 들려왔다. 보수적인 한 개신교 교단에서 목사의 자격을 '사람'에서 '남자'로 수정하는 법안을 제안하려 한다는 소식을 듣고서 설마 했는데, 이 개정안이 통과 되었단다. 수정의 이유는 간단하다. 그동안 '사람'은 '남자'와 동의어였기 때문에, 그런 '당연함'을 놓고 문장 표현에 세심한 고려를 안 했을 뿐이다. 그랬던 역사가 세계 문명사적으로 5천 년이다. 5천 년의 무게는 너무나 압도적이어서, 베이비부머와 X세대 사이에 낀 세대인 나조차(68년생 87학번이다), '사람은~'으로 시작하는 영어 단어들이 'Man~'인 것을 '당연시' 여기는 학습공간에서 배우고 성장했다. 그런데 사회가 달라지고 여자도 전문가로서 사회에 진출하게 되니, 급해진 것이리라. 수정이라기보다는 남자들의 자기 고백에 가깝다. "우리가 말하는 사람은, 사실은 남자였어요."

사회적으로 본다면 시대를 역행함이지만, 신앙적으로 본다면 참으로 '반(反)하나님적'인 처사다. 시대를 역행한다는 비판은 받아도 '반하나님적'이라는 말에는 동조할 수 없는 '보수적'(필시 '복음적'이라고 여길) 기독교인들이 많으리라. 그들은 하나같이 말한다. 우리는 시대와 맞서서라도 진정 하나님께서 원하시는 질서를 지켜내고 있는 거라고. 성서를 보라고. 성서에는 분명히 '여자의 머리는 남자'이고 '아내는 남편에게 순종하라'고 했으며 '여자의 구원은 순종과 해산함'에 있다고 하지 않았냐고.

만약 이렇게 묻는 '복음적' 신앙인이 있다면 되묻고 싶다. 그래, 성서를 보자. 성서에는 분명히 파라오의 서슬 시퍼런 명령에도 굴하지 않고 히브리 아이들을 살려낸 십브라와 부아가 있고, 남편에게 묻지도 않고 여호와의 전쟁에 선봉으로 나선 드보라가 있으며, 남편 부족과는 정치적 계약 관계에 있으나 약자들을 괴롭혔던 장수 시스라의 정수리에 말뚝을 박아버린 야엘도 있다고. 모세의 법이 부당함을 파악하고 여호와 하나님께서 자신의 가문에 주신 몫을 찾고야 말겠다고 회당 문 앞에 서서 기어이 '그들의 말이 옳다'는 인정과 모세법의 수정을 이루어낸 슬로브핫의 딸들이 있고, 정치 종교적 남성 지도자들 다섯이 모여도 해결이 안 되는 긴급한 종교적 현안에 대해 답해준 여선지자 훌다도 있다고. 어디 그뿐인가?

처녀가 애를 배었는데 놀랍게도 이제 공동체적으로 여호와의 구원의 팔이 펼쳐짐을 기뻐 노래한 예수님의 어머니 마리아가 있고, 삼백 데나리온짜리 향유 옥합을 깨트려 예수의 메시아되심이 우리를 위한 죽음에 있음을 예비한 베다니의 마리아가 있으며, 얕은 지식으로 대중 강연을 하는 아볼로를 조용히 데려다가 기독교 복음의 진수를 가르친 브리스길라가 있지 않냐고. 성서의 '경(經)'을 보아야지 사람을 문화적, 계급적, 인종적, 성적으로 제한한 '서(書)'를 붙들어서야 어찌 '하나님의 계시'를 받은 사람들이라고 할 수 있을까?[3]

나만 하는 소리도 아니요, 이제야 하는 말도 아니다. 이 '문제'를 지적한 발언이 이미 백 년 전 한국교회 안에서 나왔었다. 여전도사 처우 및 사례에 대한 문제 제기는 1920년대에 시작되었고, 교회 안 여성의 지위와 역할에 대한 신학적 재고도 전개되었다. 그중 가장 드러나는 사건이었던 1934년 사례를 보자면, 23차 장로회 총회를 준비하는 과정에서 교회 여성들은 교회 내 여성 인권에 대한 여러 가지 교회법 발의안들을 준비하고 사전작업을 수행하고 있었다. 장로회 헌법 5장 3조에는 장로의 자격이 나와 있는데, "27세 이상 남자 중 입교인으로 무흠히 5년을 경과하고 상당한 식견과 통솔의 기능이 있으며 딤전 3:1-7에 해당하는 자로 할 것이니라"고 되어 있다.[4] 그러니까 생물학적 여자는 아예 장로의 자격이 박탈된 셈이다.

이에 교회 여성들은 문제를 제기했고, 그녀들을 지지하기 위해 김춘배 목사가 총회 직전이었던 8월 「기독신보」에 글을 기고하기도 했다. "여자는 조용하여라 여자는 가르치지 말라는 2천 년 전의 일(─) 지방교회의 교훈과 풍습을 만고불변의 진리로 알고 그러는 것도 아닐 터인데요."[5] 이 글의 방점은 여권 확보를 위한 복음적 근거에 있었다. 그런데 성서가 일점일획도 오류가 없는 절대 진리라고 믿고 있던 근본주의/보수적 목사들과 신학자들에게 공격을 받게 된다. '한 지방교회의 교훈과 풍습'이라니! 그렇게 성서해석 방법론에 대한 논쟁이 전개되면서 어이없게도 여권에 대한 의제가 사라지고 '남자들끼리의 싸움'으로 변질되어 버렸다.

물론 성서에 담긴 여성 해방을 위한 메시지를 살려오기 위해 성서해석 방법론은 매우 중요하다. 축자영감적으로 읽을 것이냐, 역사비평, 편집비평, 문화(학)비평 등을 수용하여 읽을 것이냐에 대한 논쟁은 결코 사소한 것이 아니다. 이에 따라 여성 인권과 교회 여성의 자리를 이해하고 제도화하는 결과가 달라질 수 있다. 그러나 김춘배 목사가 자유주의적 성서해석 방법론을 적용하여 '문제를 제기'하려고 했던 의제는 교회 안 여성의 지위와 역할에 대한 것이지, '성서를 어떻게 읽을 것인가'의 방법론 자체가 아니었다. 그런데 교회 내 여성 인권이라는 의제는 감쪽같이 사라져 버리고, 방법론 일반에 대한 논쟁으로 전개되었다.

결국 '전략적'이었겠지만 김춘배 목사는 압도적 열세 속에서 자신의 주장을 철회하고, 목사직 유지를 위해 사과하는 쪽으로 일단락을 지었다. 그가 기고문에 썼던 표현, 즉 당시의 시대 문화적 한계를 벗겨내지 못하고 축자영감적으로 해석하는 여성차별적 성서

읽기는 "우리 스스로 하루 더 모욕함이요 교회 발전을 그만치 지연시키는 것"이라는 말은 지금도 유효하다. 거의 백 년이 되어가는 지금도 우리는 하루씩 더 스스로 모욕하는 중이다.

응원봉을 들고 광장으로 나갔던 여성 청년 중에는 기독교 청년들도 많았다. 내가 아는 제자들과 교회, 기독교 단체 여자 청년들은 다 거리로 나갔는지 소셜미디어 계정을 통해 현장 인증이 가득했다. 함께 연대하고 자신들의 목소리가 광장에서 즉각적으로 '공동규칙'이 되는 것을 보며, 이들이 '다시 만날 세계'는 조금 더 앞으로 나아갈 거라는 희망에 가득한 듯 보였다. 하지만 그녀들을 보며, 조금 더 살았고 조금 더 불편한 제도를 통과하며 좌절을 많이 경험했던 나는 불안했다. 과연 얼마 전 광장에서 작동했던 '공동규칙'이 '12.3 이후' 새롭게 열리는(그러하길 기대하는) 사회와 교회에서 '제도'가 될 수 있을까? 한 사회의 구성원들이 합의한 같이 살기의 방식으로서 공동체 구성원들에게 지속적인 영향력을 미치는 일종의 '집단 습관'이 형성되어야 비로소 '제도'적 정착을 할 수 있기 때문이다. 그런데 우려가 현실이 되었다. 전개되는 상황을 보니 여성들의 미래가 '제도적'으로 밝아 보이지 않는다.

응원봉을 내려놓고 일상으로 돌아간 2030 여자 청년들은 필시 자신들의 일상이 조금 '앞으로' 나아갈 줄 알았을 거다. 그런데 나아가기 위해서 극우와 보수를 상대로 함께 힘을 모아온 동료들이, 선배들이 실망감을 안긴다. 앞으로 나아가는 사회를 꿈꾼다는 점에서 '진보'인데 여성 인식은 별반 다르지 않은, '민주당 아저씨'라고 불리는 사람들에 대한 유감이 여기저기서 터져 나왔다. 어느 페친은 페이스북에 열심인 한 진보적인 목사님(정치도 했던)의 글을 내게 보내주었다. 하긴, 계엄 이후 '정권교체'를 향해 힘을 모아야 함에도 '다른'(여성) 이슈를 들고 자유발언대에 올라가는 페미니스트들을 질타하는 글을 보며 나도 뜨악했던 인물이다. 이후 더 심한 글들을 꾸준히 게시했나 보다. 그중 한 글을 옮겨본다.

> 페미=여성이라고 생각하십니까? 아닙니다. 그 사고의 틀은 전광훈=기독교와 다르지 않습니다. 한 줌도 안 되는 여성팔이 파시스트들을 내 어머니 누이 아내 딸과 등치시키지 마십시오.[6]

중세 유럽에서, 근세 초기 미국 땅에서, 폭력적으로 자행되었던 이항 대립적 여성 분류, 그러니까 성녀와 마녀, '존중받고 보호받고 찬양받아야 할 다수의 여성'과 '혐오 받아 마땅하고 제거되어야 하는 (한 줌도 안 되는) 위험한 여성들'이라는 갈라치기가 2025년 대한민국 땅에서도 전개되고 있다니! 보수는 말할 것도 없고 소위 앞으로 나아간다는 진보 진영에서도 이런 이분법이 존재하다니! 현장 발제에서 나는 이 사례 말고도 몇 가지를 더 제시했었다. '민주당(을 지지하는) 교회 아저씨들'에 대한 사례들이었는데, 이를 공개적으로 문자화하자니 공인이 아닌 분들이 특정될 것 같아 상세한 인용은 생략한다. 그러나 총괄하여 전하자면, 정치적 의제에서 2030 교회 여성들과 같은 의견을 나누며 서로 '말이 통하던' 분들이, 교회 내 '가부장적 당연'들에 문제를 제기하자 여지없이 '관행' 내지는 '사소한 것'이라는 이유를 들어 전혀 의견을 듣지도, 수렴하지도 않았다는 '고발들'이었다. 응원봉을 들고 국민 저항의 선봉대에 섰던 2030 여자 청년들의 역할과 자리는 광장을 떠난 '12.3 이후'의 사회와 교회에서도 없는 듯하다.

3. 한국교회 형성기 '여성 지도력 사용 설명서'
: 1.0 버전을 2.0 버전으로!

하긴, 역사를 돌아보면 늘 보이던 패턴이다. 언제나 변혁의 시작 지점에서, 조직 형성 초기에 여성의 지도력은 필요했고 그래서 '잠시' 허용되었다. 초대교회의 형성기에도 그랬다. "여자에게 토라를 가르치느니 차라리 돼지에게 던지는 것이 낫다"라고 했던 유대 가부장제 사회의 제약과 달리(전통사회의 가부장적 여성관을 버전 1.0이라 부른다), 예수님의 활동기와 초대교회는 여성 지도력을 허용했다. 복음서에는 갈릴리 지방으로부터 예수님을 따라다니며 처음 제자 집단에 속했던 여성들이 등장하고, 성령을 받은 마가의 다락방 120명 중에서도 다수의 여성이 있었음이 틀림없다. 그런데 정작 복음서에서 활약했던 여성들의 이름이 <사도행전>에는 기록되지 않았다. 베다니의 마리아는 어디로 갔을까? 막달라 마리아는? 사도 바울과 동역 관계에 있는 여성들의 이름이 그의 서신들에 등장하지만, 예수님의 초기 사역부터 함께 했던 여성들은 아니었다. <사도행전>을 보면

비단 여자 제자들의 기록만 사라진 것이 아니다. 15장을 넘어서면 베드로와 같은 예루살렘 중심의 사도들 이야기도 없다. 그러나 그들이 기록에서 사라졌다는 것이, 그들의 실재와 사역 활동의 실제 성마저 그쳤다는 걸 의미하지는 않는다. 그렇다면 예수님의 사역에 동행했던 여자 사도들의 실재와 사역 활동도 그치지 않았을 것이다. 이에 엘리자베스 피오렌자는 '그녀들의 잃어버린 이름을 찾자'며 초기 기독교 운동의 역사를 재건하는 일을 시도하기도 했다.[7]

한국교회사에서도 같은 패턴이 보였다. 선교 초기 '전도부인(Bible Women)'의 역할은 개신교 확장에 큰 동력이 되었다. 내외법이 확고했던 유교적 조선에서 여성들을 향한 전도에는 필요한 인력이었다. 전삼덕, 김세지, 김셔커스, 원다비다…. 이름이 남은 전도부인들도 많지만, 그보다 더 많은 여성이 성서의 해방적 메시지에 매료되고 자기를 찾았다. 전도부인들은 대부분 유교적 조선 사회에서 여성들의 가장 중요한 공동체인 '가정'에서 만족감을 가질 수 없는 배치에 놓여 있었다. 과부, 남편의 축첩, 외도, 시집 박해 등 강력한 전통적 가부장제 시스템 안에서 고통당하던 여성들이었다.[8] 이 글에서 전통적 가부장제의 여성 응시와 '사용서'를 나는 1.0 버전이라고 부르는데, 여성을 존재론적으로 열등하게 평가하며 오직 출산과 가정 노동 '도구'로만 존재가치를 인정하던 매뉴얼이다. 극우적 집단이 여태 붙잡고 있는 매뉴얼과 유사하다. 이런 매뉴얼이 팽배하던 조선 사회에서, 원다비다의 경우는 아이를 낳지 못해서 시집으로부터 오랫동안 정서적, 육체적 학대가 극심했다고 한다. 그러다가 나이 60세(1910년)에 복음을 듣고 2년 후 부인권서로 임명이 되고 나서 3년 만에 3천 명 이상의 사람에게 복음을 전파했으며 '평안의 어머니'라는 별칭으로 불렸다. '어머니'가 되고 싶었던 여성이 하나님 안에서 많은 자녀를 얻게 된 것이다.[9]

실로 전도부인들의 활약상은 대단했다. 도르커스라는 전도부인은 한 해 동안만 400여 권의 복음서를 팔고 2천5백 명이 넘는 여성을 전도했단다. 서울 정동교회, 평양의 남산현교회에서 보호녀회가 설립되는 데도 전도부인들이 주도적으로 활동했다.[10] 한국교회 사가인 이덕주가 전삼덕의 활동을 평가하면서 한 말은 전도부인들은 물론 당시의 교회 여성들 모두에게 적용 가능하다.

> 그녀에게 있어서 기독교 복음은 종교적 영역 이외의 더 큰 의미를 지니고 있었다. 구원과 독립의 원리들로서 표현되는 한국 여성들의 인간된 권리를 주장할 수 있는 힘이었다. … 그들[한국 기독교 여성]에게 기독교 복음은 남성 중심의 봉건적 계급 구조로부터의 자유와 해방의 의미를 가지고 있다.[11]

그러니까 개신교의 복음은 유교적 조선의 가부장제 아래서 자기를 찾지 못했던 여성들의 존재론적 의미 추구와 만나면서 시너지 효과를 낸 셈이다. 분명 선교 초기 교회 여성들은 자신들이 온전히 해방된 것으로 여겼다. 어쩌면 그 기쁨에 여성에 대한 교회 남성 지도자들의 기대와 필요가 '제한'되어 있음을 빨리 보지 못했던 것 같다. 그러나 교회 여성 교육 내용과 제도를 세심하게 살펴보면 가부장적 제한과 성별 위계성을 파악할 수 있다.

물론 시급한 필요에 의해서였겠지만, 한국에서 기독교 전문가 교육기관의 출발은 여성들을 위한 것이었다. 서양 선교사들이 한국 땅에 공식적으로 입국한 것이 1884년인데, 바로 다음 해부터 감리교의 스크랜턴(Mary F. Scranton) 여사가 여성들에게 성경 교육을 시작했고, 1890년대엔 여선교사들을 중심으로 각지에서 여성들을 위한 성경 공부 모임이 생겨났다. 평양의 경우를 예로 들자면, 평양에서 노블 부인(Mary F. S. Noble)이 여자성경반을 최초로 조직한 것이 1897년이었는데, 1908년 <평양보고서>를 보면 불과 10년 만에 놀랍게 성장한 것을 확인할 수 있다. 89개의 성경반이 운영되고 있었고, 선교사들이 14개 반에서 7백여 명을 가르치고, 전도부인들이 75개 반에서 2천 명이 넘는 여성들을 지도했다고 한다. 여자성경반이 빠르게 성장하자 평신도 여성들을 지도할 전도부인 교육이 절실해졌다. 교회 여성 지도자의 질적 수준을 높이기 위해 계절 단위로 성서연구반(Bible Instititute)을 설립하고, 이어 상설교육기관인 '성서학원(Bible Training School)'도 시작되었다.[12]

그런데 성서학원 본과의 커리큘럼을 보면 교회가 여성 지도력을 '어디까지만' 인정하려 했는지가 보인다. 감리교가 조직한 '서울 감리회 어학당'은 상설교육기관으로서는 가장 오래된 성서학원인데, 후에 감리교 신학대학교의 전신이 된 이 기관은 1905년부터 여성 전문 지도력을 기르기 위한 교육 편재를 운영하였다. 이 학원의 본과 커리큘럼을 살펴보면, "성경, 교회사, 도덕과 창가, 체조, 가정"으로 구성되어 있는데, 이는 성서연구반의 교과과정, 즉 "성경, 성경 지리, 역사, 쓰기, 산수, 생리학, 위생학"과 비슷하다. 그러니까 여성 지도자를 양성하는 교육은 '근대 기독교 가부장제가 기대하는 여성'(이 글에서는 버전 2.0이라고 부른다)으로 길러내는 교육으로 제한되어 있었던 거다. 이에 대해 전도부인 최초의 연구자인 양미강은 다음과 같이 평가한다. "여성들에게 이루어진 전도나 예배 인도, 가정교육 등의 교과목이 비중있음을 볼 때" "전통적인 여성의 역할이 교회에서도 연장이 되어 전도부인의 지적 개발의 한계를 나타냈다."[13]

하긴, 한국 땅에서 교회가 막 시작되던 초기에 '개신교'가 미국발 '청교도적/온건한 가부장제'의 가정 담론과 이미 결합된 상태로 유입되었다는 걸 파악하기는 어려웠을 거다. 서구 근대 문명이라는 외피와 함께 들어온 개신교였기에 유교 가부장제 사회였던 조선 사회보다는 비교할 수 없이 '진보한' 모습이었고, 이런 발전된 문명의 동력이 함께 들어온 '기독교 정신' 때문이라고 믿었던 초기 수용자들에게서 비판적 시각을 기대하는 것은 무리라고 본다. 하지만 우리가 전달받은 기독교가 '서구 근대형 가부장제' 버전(버전 2.0)이었던 건 부인할 수 없다. 이화학당의 2대 교장 로드와일러(Louisa C. Rothweiler)는 '선구적 여성 교육'의 목표를 "진정한(true) 가정을 만들고 유지하는 것", "주일학교나 기숙학교의 보조자", "의료 사역의 간호 보조자가 되는 것"이라고 밝힌 바 있다.[14] 이렇게 기능적으로 분리된 젠더 역할에 대한 기대는 한국 여성만의 문제가 아니었다. 당시 여성 선교사들의 채용이나 월급 지불, 관리는 남성 선교사와 매우 차이가 났고, 선교사의 아내는 전문성 유무와 상관없이 무노동 '사모'의 역할은 물론 가사와 선교사역의 이중적 짐을 져야만 했다.[15]

하지만 점차로 교회 조직이 안정되어 가면서, 여성 지도자들은 한국교회의 '여성 사용 설명서'가 예수 복음의 혁명성에 미치지 못하는 낡고 제한된 버전임을 깨닫기 시작했다.

> 만일 어떤 점에 있어 남성과 동등이라면 먼저 하나님 앞에서 동등이 되어야 할지니 예수께서는 남자와 여자를 동등으로 대우하였고 그의 교훈에 남성과 여성 간에 아무 차별을 두지 않았으며 여자가 자기의 오묘한 진리를 이해한다고 의외로 생각지 아니하셨다. 그는 진리를 말씀하실 때에 남자에게 하신 것과 같이 여자에게도 단순하고 자연스럽게 나타내시고 동일한 감응을 기대하셨다. … [그러나] 여자는 본래 지능이 비열하다는 이교의 신념이 기독교에 들어왔음으로 십구세기까지 여자전문학교가 없었고 늦도록 여자에게는 신학을 거절하였으며 보수적인 어떤 학교에서는 존경을 받을 만큼 과업을 성취하였음에도 불구하고 신학상 학위를 주지 아니하였다.[16]

복음을 통해 해방과 구원을 경험했던 교회 여성 지도자들은 시간이 지남에 따라 스스로 읽은 성서의 메시지에 근거하여 교회라는 제도 안에서 자신들의 활동이 남녀 차별로 인하여 올바른 평가를 받고 있지 못하다는 문제를 의식하게 되었다. 이에 교회 조직 내 여성 활동과 자리, 처우 등에 대한 논의가 전개되었다. 교회사가 하희정은 감리교의 『신학세계』, 장로교의 『신학지남』, 성결교의 『활천』에 언급된 여성 지도력에 대한 신학적 입장을 비교했는데, 신학적으로 진보적인 감리교의 『신학세계』는 예수께서 여성에 대한 권리를 제한하신 적이 없다는 언급과 더불어 여성의 지위를 '보조자'로 규정하는 걸 비판하는 글이 많은 데 비해, 장로교의 『신학지남』에는 예수님의 어머님 마리아의 순종적 태도를 강조한다거나 미리암이 모세의 지도력을 투기하다가 하나님께 벌을 받았다는 내용, 계몽운동이나 사회활동을 마르다의 일과 비교하면서 신앙을 선택한 마리아를 높이는 해석 등 보수적 여성관이 꾸준히 실렸다.

한편 성결교는 훨씬 더 보수적인 성향을 보였는데, 교회 여성 지도자의 '기도하고 전도하며 심방하는' 복음 전도자의 역할을 강조하면서, 정치적 간섭이나 결당, 말이 많은 것 등은 여성의 덕목이 아니라고 비판하였다.[17] 이에 대해 하희정은, 결국 "전도부인의 활동을 '심방' 형태의 보조적 역할에 제한시켜 전적인 헌신을 요구하면서도 동시에 교회정치로부터는 철저히 배제시키려 했"음이 명백하다고 평가하며 그 부당함을 지적했다.[18]

이러한 '한국교회 여자 사용법 버전 2.0'은 여성의 공적 활동을 전면 금지했던 1.0 버전보다는 앞으로 나아갔지만, 여성주의적 시각이나 기독교 '복음적' 시각에서 볼 때 '여전히' 하나님의 형상인 사람을 위계화하고 제한하는 문제적 매뉴얼이라고 할 수 있다. 게

다가 이 사용법은 '합리성'을 지향하는 근대적 잣대로 보아도 말이 안 된다. 전도부인이나 여교역자에게 교회 사역에 완전히 헌신하는 직업적 전문성을 요구하면서도, 정작 안정적이고 독자적인 자리는 제한하는 모순을 담고 있기 때문이다. 신학적으로 비교적 진보성을 보였던 감리교조차 이론과는 별도로 전도부인의 자격 요건을 논하면서 가부장적 여성 배치의 한계를 온전히 뛰어넘지 못했다. 1933년 <기독교조선감리회 전도사업 여선교사회의 결의안>을 보면, 전도부인의 자격을 다음과 같이 명시하고 있다.

> 전도부인은 6년제의 보통학교와 성경학교 혹은 그 동등 정도의 학교 졸업자라야 할 것이요, 그는 하나님께 온전히 헌신한 자로서 가정의 책임이 없이 교회 일에 전력한 자라야 될 것이다. 또 마땅히 독신자로서 교회에서 어디든지 임명하는 대로 반드시 가야 할 것이다.[19]

전문성에 대한 요구가 엄격하다면 조직 내 자리나 처우 역시 이에 상응해야 할 텐데, 자격 조건에 대한 설명 이후에 나오는 내용들은 교회 여성 지도자들에게 가정 대신 '가정화된 교회'에서 '순종의 어머니' 역할을 하라는 명령으로 '읽힌다.' 결국 이 조항이 함의하고 있는 2.0 버전의 '한국교회 여자 사용 설명서'는 이렇게 요약이 가능하다.

① 사적 가정에서 충실한 아내/어머니의 역할을 하면서 주일과 여가 시간을 통해 교회에 헌신하는 평신도 여신도가 되거나,
② 말씀 선포와 의사결정은 남성 목회자가, 심방과 전도, 상담 사역은 여성 교역자들이 맡는 방식으로 이원화된 교회 내 역할 배치에 전적으로 충성하면서 '교회의 어머니'로 살라.

4. 한국교회 조직 확장기 '여성 지도력 사용 설명서'
: 2.0 버전과 3.0 버전

한국에서 교회가 조직적으로 안정성을 가지고 정량적으로 성장했던 시기는 1960-90년대 중반까지였다. 이 시기는 근현대 온건한 가부장제와 개신교 가정 담론이 친화성을 가지고 유입되었거니와, 그 이상향이 가시적으로 한국교회 내부에서 결실을 보게 되는 '황금기'이기도 했다. 아버지/남편의 성실한 노동이 외벌이 핵가족 시스템을 비교적 안정적으로 유지할 수 있었던 고도성장기였고, 이러한 외적 환경은 청교도가 이상적으로 그리는 '가정의 제사장인 아버지'와 '하나님의 작은 천국인 가정의 천사 어머니'의 성별 노동 분업을 가능케 했다. 그야말로 산업화 시대의 대한민국은 2.0 버전이 가장 잘 작동할 만한 상황이었다. 한국 개신교 기혼 여성들의 의미 추구에 관심을 가졌던 나는 『엄마되기, 아프거나 미치거나』(대한기독교서회, 2009 개정증보판 『엄마되기, 힐링과 킬링 사이』, 2013), 『세상을 욕망하는 경건한 신자들』(그린비, 2013)에서 이미 개신교 가정 담론의 계보학을 밝

했다. 하여 이 글에서는 2.0 버전 매뉴얼의 신학적 토대, 즉 종교개혁 이후의 영국 청교도 가정 언약이 미국 동부 개척 상황에서 신성화되는 과정에 대하여 핵심적인 내용만 요약한다.

사실 기독교가 결혼과 가정을 신성한 하나님의 질서로 강조하게 된 역사는 그렇게 길지 않다. 초대교회는 임박한 종말을 기대하고 있었고 로마제국에 의해 박해를 받았기에 시집가고 장가가고 가정을 일구는 일에는 크게 관심을 가지지 않았다. 사도 바울이 결혼에 대해 언급한 구절이 가장 대표적이다. 아직 결혼하지 않았거나 혼자 된 사람들은 홀로 지내는 것이 좋으며(고전7:8-9), 정욕이 강하거나 음행을 피할 목적이라면 결혼해도 좋다(7:2)는 정도다. 적극적 권장이라기보다는 소극적 수용인 셈이다. 어차피 하나님 나라가 도래하면 완전히 새로운 관계 질서로 살아갈 텐데, 그런 점에서 이 세상의 제도들은 한시적이라 여겼기 때문이다.

그런데 가뜩이나 소극적인 교회의 가정 담론에 더하여 당시 헬라 세계에서 유행하던 신플라톤주의, 영지주의, 스토아주의 등이 영향을 미치며 점차 종교적 순결함을 위해 성성(sexuality)을 극도로 절제하거나 부인하는 전통이 생겨났다. 하여 로마의 귀족 출신 기독교인 중에는 정혼자와 결혼하지만 합의하여 둘 다 금욕적인 '경건한 그리스도의 신부'로 살아가면서 물려받은 가산으로는 가난한 이웃을 돌본 '초대교회형 딩크족'도 적지 않았다.

독신이 기독교적 경건의 더 주요한 상태라고 여겨지게 된 또 하나의 요인은 사제들과 수녀들의 독신 선언이 제도화된 것이다.

사실 초기의 사제들은 결혼할 수 있었고 실제로 다수가 결혼했다. 그러나 기독교가 제국의 종교가 되고 점차 기득권화되면서 자녀들에게 성직뿐이 아니라 재화까지 물려주는 부패가 진행되었다. 이에 11세기에 이르러 교황 그레고리우스 7세가 공식적으로 사제의 의무적 독신을 제도로 선포하였다. 하지만 초기부터 오랫동안 선택지였던 사제의 결혼 관행이 급작스레 멈추기는 어려웠을 것이다. 결과적으로, 공식적으로는 독신 사제이면서 비공식적인 아내와 자녀들을 두는 경우가 많았고, 제도가 막은 가족 관계이다 보니 사제들의 아내는 '첩'이 되고 자녀들은 '혼외자'가 되어 법적 보호를 받기 어려웠다.

마르틴 루터가 '소명으로서의 결혼'을 강조하게 된 맥락은 이런 상황이었다. <창세기>를 다시 읽으며 루터는 하나님의 창조 질서는 두 남녀의 만남으로 가정을 이루는 것이라고 설교했다. 그의 소논문 "수녀에서 아내로"를 읽고 수녀원 탈출을 감행한 여성들이 많았고, 그의 아내 카타리나 폰 보라도 그중 하나였다. 그리고 '소명(calling)으로서의 결혼'이라는 의제는 중세 가톨릭과 유럽 군주제의 강력한 결탁 속에서 자유를 빼앗기고 자산을 착취당했던 사람들이 개신교도가 되는 흐름과 맞물리며 지배적인 개신교 가정 담론으로 자리 잡는다.

이후 17세기 영국, 18세기 미국으로 이어진 '결혼 소명' 담론은 청교도들에 의해 신성화되었다. 헨리 8세의 사적인 욕망으로 인해 가톨릭에서 분리한 영국 성공회는 당시 외피만 개신교인 상황이었고, 이에 불만을 품은 일부 개혁적 사제들이 대륙의 칼뱅 사상에 고무되어 영국의 종교와 사회 개혁을 시도한 바 있었다. 사실 칼뱅이 종교와 사회의 이원적 개혁을 성공적으로 이룰 수 있었던 것은 '제네바'라는 작은 도시에 국한되고, 게다가 새로운 법령을 만들어야 할 필요성을 가졌던 구성원들의 적극적 요구에 따라서 진행되었다는 특수성이 있다. 그럼에도 칼뱅 사상을 그대로 자신들의 사회와 교회에 적용하고 싶었던 영국의 청교도들은 개혁주의적 신앙을 기준으로 나라와 교회 전체를 바꾸려 했다. 그리고 그 시도는 '청교도혁명'이라고도 불리는 잠깐의 시간(1640년대) 동안에 성공한 듯 보이기도 했다. 하지만 영국은 기존 전통과 제도가 오래된 견고한 공간이었고, 결국 기득권 세력과의 정쟁 속에서 국가와 교회 차원에서 개혁을 실패하게 된다. 이에 청교도들은 가정 영역에서'만' 이라도 그 혁명을 이어가고자 열망하였고, 결과적으로 집안의 제사장인 아버지의 위치와 역할이 유난히 강조되었다. 설상가상, 이러한 '경건한 가정' 전통은 신앙의 자유를 위해 낯선 땅 아메리카의 북동부 '뉴잉글랜드'에 정착한 이들에게 더욱 간절했다. 인적, 물적 자원이 부족했던 미국의 청교도들에게 헌신된 가정 단위의 생존이야말로 그들의 전부였기 때문이다. 지금도 '미국을 다시 강하게 만들겠다'고 선포하는 보수적 운동마다 '가정의 회복'을 빠짐없이 이야기하는 이유가 여기에 있다.

그 '패키지'가 한국교회에 '기독교 복음'이라는 이름으로 들어온 것이다. 그리고 1960-90년대 중반기까지의 고도성장기에 2.0

버전의 형태로 꽃피게 되었던 셈이다.

> 여성은 아내로서 책임이 있습니다. 여성은 성경 말씀을 비유
> 로 들자면, 교회와 같은 것입니다. 그리스도를 향한 순종과 예
> 배가 있는 곳이지요. 따라서 아내들도 교회로서 순결과 아름다
> 움을 갖추고 있어야 하며 교회로서 예배와 양육의 사역이 요
> 청되는 것처럼 집안에서 자녀들을 돌보고 중보하는 사역을 잘
> 감당해야 합니다. 그리고 남편에 '상응하는 돕는 자'로서 남편
> 을 있는 그대로 받아들이고 인정하고 존경하며, 남편에게 맞추
> 어 나간다면, 그런 아내는 '완전한 남자'를 만드는 '완전한 여
> 자'가 될 것입니다.[20]

1999년의 어느 날, 강남 중산층 개신교 신도들로 구성된 한 대
형교회 주일 강단에서 울려 퍼진 설교의 일부다. 2층까지 꽉꽉 채
운 대예배당의 70% 이상을 차지한 '경건한 여신도들'은 모두 '아
멘'으로 화답했다. 당시 박사학위 논문 주제와 관련하여 여름방학
을 이용해 한국의 주요 교회를 탐방하고 있었던 나는 그 현장을 보
며 마음이 심란했다. 설교자도 성도들도 비난할 생각은 없었다. 양
쪽 다 진심이었음을 알기 때문이다. 설교자는 여신도들을 착취하려
는 의도가 없었고, 여신도들도 착취당하고 있다고 생각하지 않았
다. 실은 그래서 더 무서운 거다. 어떻게 한 인간의 '완전성'이 결혼
후 내조를 통해 한 남자를 '완전한 남자'로 만들고, 그가 가장인 집

안에서 아내로서의 아름다움과 어머니로서의 양육을 '사역'으로 여기는 것에 의해 결정된다는 말인가?

> "여자는 일체 순종함으로 조용히 배우라 여자가 가르치는 것과 남자를 주관하는 것을 허락하지 아니하노니 오직 조용할지니라 이는 아담이 먼저 지음을 받고 하와가 그 후며 아담이 속은 것이 아니고 여자가 속아 죄에 빠졌음이라 그러나 여자들이 만일 정숙함으로써 믿음과 사랑과 거룩함에 거하면 그의 해산함으로 구원을 얻으리라"(딤전2:11-15)

21세기 교회 여자 청년들에게 '제일 싫어하는 성서 속 구절'을 물으면 어느 교회를 가도 항상 3위 안에 드는 구절이다. 도대체 언제부터 '여자의 구원'이 남자의 구원과 기준이 다르게 되었나? 초대교회 구성원이 되기 위하여 세례를 받을 때마다 공동체적으로 암송되었다는 구절, 사도 바울이 갈라디아서 3장 28절에서 선포한 '예수의 십자가 아래의 평등성'은 어쩌자고 사라진 걸까? 물론 디모데전서의 저작연대를 분석하고 이것이 바울의 본 저작이 아니라는 것으로 그를 변호할 수는 있겠다. 그럼에도 여전히 질문은 남는다. 아무리 임박한 종말이 지연되고, 예수도 바울도 없는 초기 공동체가 사회 속에서 살아남기 위해 '제도화'를 시도하는 과정에서 나온 결과물이라고 해도, 적어도 성서와 예수, 그리고 그들의 스승 바울이 전한 핵심적인 내용을 왜곡하지는 않았어야 하는 게 아닌가!

후기 서신들의 가부장성과는 사뭇 다른 사도 바울의 초기 저작들은(고린도서, 로마서 등) 보수/복음적인 한국교회 강단에서 비교적 '안전하게' 그리고 '자주' 소환, 인용되었다. 에베소서나 골로새서, 목회서신 등에 명시된 '아내의 복종'보다 '피차 순종함'에 대한 언급이 많기 때문이다. 그럼에도 그의 발언들은 그리스도 안의 '상호적 평등성'과 사회의 '가부장적 당연' 사이를 아슬아슬하게 줄타기하고 있다.

> "그리스도의 머리는 하나님이시고 남자의 머리는 그리스도요 여자의 머리는 남자라 … 그러나 주 안에는 남자 없이 여자만 있지 않고 여자 없이 남자만 있지 아니하니라 남자가 여자에게서 난 것 같이 여자도 남자에게서 나고 모든 것은 하나님에게서 났느니라"(고전11:3, 11-12)

차라리 3절의 내용이 후대에 첨가된 것이라고 한다면 바울을 구할 수 있겠지만, 학자들에 따르면 사본 비교를 해보아도 3절이 후대에 첨가되었다는 주장을 뒷받침하기에는 무리가 있다고 한다. 더구나 같은 장의 8절과 9절에서는 "남자가 여자에게서 난 것이 아니요 여자가 남자에게서 났"다고 말하며 이를 창조 질서로 천명하고 있는데, 이는 12절의 주장과 충돌하는 이해다. 결국 바울 안에서도 발견되는 이 갈등을 해결하고자 훗날 "존재론적으로는 평등하나 기능적으로는 위계적"이라는 매우 기괴한 선언이 복음주의 개신교의 가정 담론 안에서 들리게 되었다.

아내에 대한 사랑과 보호를 아끼지 않는 로맨틱한 가장! 그의 짝은 구원에 있어서는 평등하지만, 기능적 위계를 사랑과 순종, 창조 질서로 받아들이며 남편에게 순종하는 아내다. 이러한 '여성 사용 설명서 2.0 버전'을 성실하게 내면화한 여성들이 아직도 한국교회 안에 많다. 처음 받을 때부터 신앙의 이름으로 선포된 '창조 질서'라 여기기 때문이다. 한 젊은 엄마의 인터뷰를 옮겨본다. 다섯 살, 세 살 아이를 둔 삼십 대 부목사 사모인데, 어느 정도 아이들을 키우고 평소 꿈이었던 신학대학원에 진학하려다가 최근 쌍둥이 임신 사실을 알게 되었단다.

[예수님의 어머니 마리아는] '아멘'으로 응답한 여인이잖아요. 그런 그녀였기에 그렇게 큰 축복을 받았지 싶어요. 하나님의 아들을 낳는 특권 말이에요. 예수님이 신의 아들이라 그리 훌륭한 일을 한 것은 맞지만, 마리아의 신앙이 그런 위대한 예수님을 키워냈을 거라는 생각을 해요. 역사를 보면 신앙의 어머니들이 훌륭한 신앙의 인물들을 키워낸 게 사실이니까요. 저는 이번에 아이들이 쌍둥이인 것, 다 하나님의 뜻이라고 받아들이면서 순종하려고 해요. 왜 아들 넷을 감리교의 유명한 목사님들로 키워낸 분도 있다잖아요? 우리 아이들 넷이 나중에 어떤 인물이 될지 모르니까, 소망을 가지고 순종하는 마음으로, 마리아처럼 임해야죠.[21]

대한민국 평균 출생률이 1이 안되는 시절에 무려 넷을 낳겠다는 애국자요 신앙의 어머니인 이 여성이 뭐 그리 '문제적'이냐고 물을 수도 있겠다. 물론 개인의 의미 추구는 자유다. 하지만 저 의미 추구가 과연 자유로운 자신의 선택일지, 아니면 '교회 여성 사용 설명서 2.0 버전'의 내면화일지는 성찰해 보아야 한다. 계획 없이 들어선 셋째, 그것도 쌍둥이를 임신한 상황에서 그녀는 '나-되기'를 포기하고 '신앙의 어머니-되기'에 전심을 쏟기로 결심했다. 그녀의 '신앙적 선택'은 교회 안에서 '칭송'받았다. 그리고 이런 사례들을 모범으로 선포하는 교회에서 다른 선택지를 생각하는 여성들은 '불신앙' '이기적 신자' 등의 범주로 묶여 자책하거나 소외될 수밖에 없다.

성별 노동 분업이 문화적으로 기대되고 사회적으로 구조화된 시기에, 동년배 남성들과 동등한(엇비슷한) 교육을 받았으나 '전업으로 아내/엄마 되기'(2.0 버전)를 선택한 '그녀들'의 오버스펙은 육아기를 어느 정도 지나고 난 뒤 한국교회의 인적 자원이 되었다. 인간은 사회적 동물인 거고, 2.0 교회 여성들이 자기를 표현할 수 있는 사회적 현장으로 접근성과 가능성, 그리고 의미성을 만족시키는 영역이 '교회 봉사'였던 셈이다. 이 시기는 대형화된 교회들도 많이 등장했는데, 교회 여성들의 헌신적 참여가 없었다면 실질적으로 돌아가기 어려웠을 거다. 압도적으로 전업주부인 그녀들은 주일에는 교회 주방과 안내 데스크, 성가대, 주일학교 교사를 맡아 봉사했고, 주중에도 여선교회, 여전도회, 속회/구역회 등의 조직을 열심히 이끌었다. 가을이면 교회 바자회를 통해 선교 기금을 마련하고, 겨울이면 수백수천 포기의 교회 김장을 척척 해냈다. 물론 그녀들은 기꺼운 사랑과 자발적 헌신으로 임했다. 도대체 원해서 한 거고, 서로 사랑으로 섬기는 건데 뭐가 문제인 걸까? 실은 그게 문제라는 말이다. 다행히 2.0 버전의 교회 여성 사용 설명서가 딱 나의 기질과 재능에 맞는다면 문제가 되지 않겠지만, 여자로 태어난 순간 사회와 교회에서의 역할이 '생물학적 운명'이 되어버리는 것은 하나님께서 나에게'만' 고유하게 주신 재능(카리스마)을 억압하기 때문이다. 가부장적 시스템의 한계를 보지 못하고 자신의 성별화된 배치에 신앙적 의미가 덧붙은 매뉴얼을 절대화해 버리면, 복음이 가진 급진적 혁명성을 놓치게 된다.

더 슬픈 것은, '엄마-되기'에만 몰두하는 모성은 21세기 신자유주의, 능력주의 사회를 만나 많은 경우 '기괴한 모성'으로 변모할 가능성이 높아진다는 점이다. 20세기형 "전업주부"는 '나'를 잃을지언정 남편과 아이들을 진심으로 보조하며 그들의 자아실현을 돕는 존재였다. 그러나 21세기형 모성인 "전문엄마"는 '엄마-되기'를 자신의 전문 영역으로 여기면서 아이의 '나-되기'도 방해한다. "전문엄마"는 『엄마되기, 아프거나 미치거나』를 저술하면서 2세대 모성인 "전업주부"와 구별하는 3.0 버전의 모성을 구별하기 위해 내가 만든 용어다. 근현대적 전문성의 한 영역으로 '모성'을 인지하고 근대 관료제의 방법론대로 모성 실천을 수행하는 엄마들을 뜻한다. 가정은 더 이상, 안정과 쉼의 공간이 아니고 경쟁력 있는 '미래 관료'를 생산하는 효율적 관리와 업적 평가의 공간이 되며, 이 공간의 수장이 바로 전문엄마인 셈이다. 이 3.0 버전에서 아버지도 더는 '가장'이 아니다. 엄마의 전문 기획대로 성장해야만 하는 자녀들에게 창조적이고 주체적인 '나-되기' 역시 없다. 이제 '자아'를 상실하는 것은 엄마가 아니라 자녀들, 때론 남편이다. 같은 욕망의 교회 버전이 이미 21세기 시작 근간부터 관찰되었다.

> 거기 주일학교 선생님들 배경이 짱짱해요. 신앙 좋죠, 학벌 좋죠. 여름 캠프는 웬만한 외부 프로그램보다 나아요. 왜 다른 데서 돈 비싸게 주고 하는 영어캠프는 말이 원어민 강사지 호주나 필리핀 같은 데서 데려온 경우가 많거든요. 그런데 교회에서 하는 프로그램은 자매결연 맺은 미국 교회 엘리트들이 와서 해요. 제대로 된 본토 발음이고요. 어휴, 신앙들도 얼마나 순수한지.[22]

신앙의 열정 플러스 전문성을 가진 개인, 교회의 전문엄마들이 길러내고 싶은 자녀의 이상향이다. 아들은 다니엘처럼, 딸은 에스더처럼! '고지'에 다다를 때까지 엄마들도 전문가로서 자신의 시간과 에너지, 자원을 '희생'하며 열심을 낸다. 따지고 보면 3.0 버전에서는 엄마들도 행복하지 않다. 엄마들의 헌신적 수행성은 자신의 개별적 욕망의 반영이 아니기 때문이다. 그저 무한경쟁, 적자생존을 '사회적 당연'으로 선포하는 신자유주의의 '매뉴얼'을 무비판적으로 수용한 '제도적 수행성'이다. 결국 3.0 버전은 아빠들과 자녀들은 물론, 엄마들의 진정한 자아도 포기된 '파국형' 매뉴얼이다.

따지고 보면, 근대형(2.0)이든 후기-근대형(3.0)이든 교회 여성의 신앙적 열망은 사회의 제도적 열망과 그다지 변별력이 없다. 기독교적 정체성을 가진 고유성과 차별성이 없다는 말이다. 근현대 제도적 열망, 후기-근대 제도적 열망의 교회 버전일 뿐이다. 그 안에서 '여성'의 사용 방식 역시 하나님 나라의 혁명성이 제고(提高), 재고(再考), 체현(體現)되지 않은 실천이다. 물론 개신교는 "아내와 북어는 사흘에 한 번씩 패야 부드러워진다"라는 전통 가부장제의 폭력적 여성 사용 설명서(1.0 버전)를 해체하는 힘으로 작용했고, 그것이 교회 여성들에게 '자유'와 '해방'을 의미한 것이 맞다. 그럼에도 '온건한 가부장제'(2.0 버전)는 하나님 나라, 하나님의 통치 질서가 아니다. 가부장제는 사람이 창조되던 때 하나님께서 사람에게 부여하신 에덴의 질서가 아니기 때문이다. 인간의 타락 이후에 '벌'로 내려진 임시적 질서지만 그리스도 안에서는 얼마든지 그칠 수 있는 질서다. 예수 그리스도께서 그 모든 '비(非)본래적인' 악들을 끝내셨기 때문이다. 여기서 시작해야 한국교회는 다시 건강하게, 복음적으로 공동체를 재구성할 수 있다. 이걸 못 끝내고 3.0 시절을 맞이한 까닭에 성별 노동 분업의 2.0 구조를 그대로 유지한 채 가족 구성원 모두가 불행한 상황을 맞이하게 된 거다. 돈 버는 기계가 되어버린 아버지와, 미래 관료가 되어 어머니에게 기쁨을 주어야 하는 자녀들, 그 위에 '군림한'(것으로 오해하거나 지기 자신도 스스로 속이는) 전문엄마라는 기형적 주체는 이렇게 탄생했다.

5. 페미니즘 리부트 이후의
   '한국교회 여자 사용 설명서'는?

2016년 5월 17일에 발생한 '강남역 사건'은 한국 사회와 교회에서 대중적 페미니즘이 등장하게 된 '트리거'였다. 강남역 10번 출구 근처 남녀공용 화장실에서 한 젊은 여성이 생면부지의 남성에게 무참하게 살해당했다. 가해자는 정신적 병증을 호소했지만, 그가 오랜 시간 화장실에 숨어서 예닐곱 명의 남자들을 그냥 보냈다는 점에서, 자신보다 약자인 여성을 향해 '타게팅'한 범행이었음이 분명했다. "여자라서 죽었다." "우리는 우연히 살아남았다." 영영페미니스트, 소위 페미니스트 4.0 세대라고 말하는 여자 청년들이 온오프라인으로 연대하면서 공적 저항이 시작되었다. 강남역 근처에 모여 애도하고 추모하는 행사는 물론, 오래된 가부장제의 '여성 사용 설명서'에 문제를 제기하는 페미니즘 운동이 대중적으로 활발하게 전개되었다.

'영(young, 젊은)'을 붙일 수 있는 페미니스트들이 등장한 시기는 1990년대 중후반이다. 이들은 여성의 시민권 운동을 전개했던 1.0 세대(19세기 후반-1930년대)나, 여성 차별을 생산하는 성별분업 구조 자체에 대한 비판을 시작한 2.0 세대(1960-80년대)와 구별되는 상황에 놓여 있었다. 우리나라에서 1990년대 후반은 고도성장의 끝물이었다.

IMF로 대변되는 경제적 불안정은 원가정의 붕괴를 가져왔고, 이는 젊은 여성들에게 향후 가정을 가지는 문제를 놓고 부모 세대의 답을 이어받기 어렵다는 인식을 공유하도록 이끌었다. 젊은 여성들은 대학가를 중심으로 대안이 되는 책을 읽고 토론하면서 페미니스트가 되어 갔다. 또한 이들은 '넷페미', 즉 네트워크를 활용하여 지식을 공유하고 의사소통을 연결하는 페미니스트로는 1세대에 해당한다. 페미니즘 3.0이면서 넷페미 1세대인 영페미니스트들은 일상생활의 일들에 여성주의적 시각을 더하고 여성주의적 사고의 저변을 넓혀갔다.

이들의 조카뻘쯤 되는 여자 청년 세대가 넷페미 2세대요 페미니스트 4.0인 '영영페미니스트'다. 집마다 이모와 조카의 나이 차이가 다양하듯, 단순히 연령으로 구분하기는 어렵다. 물론 세분한다면 이들을 구별할 지표들이 있겠으나, 할머니, 엄마 세대와 비교할 때 '영'페미니스트로서 크게 '하나'로 묶일 만한 공통점은, '페미니즘'이라는 특정 '사상'을 주장하고 살아내기 위해 자신의 온 생애사를 희생하거나 투신하지는 않는다는 거다. 1.0이나 2.0 세대의 페미니스트들이 가부장제에 편입되지 않기 위해 '자발적 독신'을 선택한 투사들이었다는 점에서 비교가 된다. 비혼은 독립적 주체로서 당당한 선택지이지만, 그렇다고 아버지와 오빠(애인)와 남편의 '자본'이 나의 생활에 편리함과 유익을 준다면 굳이 마다할 이유가 없다. 가부장제라는 '기울어진 운동장'에서 그들이 획득한 유리함의 결과니 이를 사용한다고 비굴할 필요가 없기 때문이다. 그러나 그들이

'돈'을 무기로 나를 조정하려 한다면 그건 다른 문제다. 페미니즘의 이름으로 강렬하게 저항한다. '젊은 게 못된 것만 배워서' 여성 혐오적 언행을 일삼는 '한(국)남(자)'들과는 상종하지 않지만, 내가 좋아하는 아이돌 오빠들에게 팬심으로 응원하는 것은 꺼리지 않는다. 아니, 오히려 '조공'도 바치고 생일 광고, 홍보 등을 적극적으로 수행한다. 사실 응원봉 저항은 평소 4.0 세대가 가진 '덕후적' 행동력으로 보자면 놀라운 일도 아니다.

이러한 경향을 비난하는 쪽에서는 '뷔페미니즘'(뷔페처럼 자기가 좋은 것만 골라 취하는 페미니즘)이라고 폄훼하기도 하는데, 이것이 부당한 평가요 조롱이라는 것을 인정한다. 주체적 선택이라는 점에서 반드시 한 가지 통일된 '거대 담론' 안에만 갇힐 필요는 없기 때문이다. 그러나 구조의 면에서 공존하기 어려운 선택을 취사선택하는 영/영영 페미니스트들을 전적으로 '주체'라고 보아야 할지, 페미니스트 2.0 세대의 후발주자인 나로서는 우려가 되는 지점도 보였다. 영/영영 페미니스트들은 공통적으로 소비자본주의 문화의 한복판을 통과하면서 성장했다. 페미니스트 2.0 세대가 성장기에 경험하지 못한 문화적 환경인데, 이 작동 방식은 페미니즘의 지향점과는 상당히 상충한다고 본다. 그럼에도 영/영영 페미니스트들에게 이 충돌에 대한 섬세하고 지적인 성찰이 보이지는 않는 것 같다. 하여 그녀들이 소비자본주의 문화와 페미니즘 사이에서 '선택적 혼종성(elective affinity)'을 보이는 문제를 지적하기도 했다.[23]

한편으로 영페미와 영영페미는 구별되는 점도 있는데, 영페미가 이론과 담론으로 무장된 사유형 페미니스트라면, 영영페미는 소셜네트워킹을 통해 주요한 페미니즘 구호와 의제를 빠르고 광범위하게 공유하며 즉각적으로 반응하는 행동형 페미니스트라는 것이다. 체임벌린(Prudence Chamberlin)은 『제4물결 페미니즘: 정동적 시간성』이라는 글에서 4.0 세대의 성향이 다분히 '글로벌'하게 형성되어 있음을 보면서 이들의 연대적 동력을 '정동(affection)'이라고 이름했다. 정동은 "사람들, 외부의 영향, 광범위한 사회적 맥락, 기술 발전, 대중의 감정적 반응을 자극하는 개별 사건에 의해 결정"되는데,[24] 이러한 동력으로 움직이는 페미니즘 4.0은 우연성의 모습으로, 강도가 지속될 수 없을 때는 사라지는 '비선형적'적인[25] 특성을 보인다.

조직적(근대형) 시민 운동의 차원에서 보자면, '비선형성'은 불안정하다. 하지만 '영영페미니즘'의 비선형성이 반드시 부정적인 것만은 아니다. 사실 아주 많은 경우에 '선형적'인 움직임은 다른 정동을 억압하거나 외면하거나 왜곡하거나 무시하는 방식으로 진행될 수 있기 때문이다. 체임벌린도 이 위험성을 보았다.

선형성을 포용하는 것은 (우리는 점점 진보하고 있다. 그건 이미 지나왔다) 특정 목적을 염두에 두지 않고 젠더 규범, 정체성 정치, 페미니즘을 심문해 온 수많은 주변부 페미니스트들의 작업을 약화한다. 이는 여러 물결들 사이에 대화가 거의 존재하지 않을 수 있으며, 정치가 성 평등을 성취하기 위한 한 가지 방법에만 관심이 있

음을 시사한다.[26]

그리고 보면 페미니즘도 '선형적'일 수 있겠다. 여성 억압의 원인을 분석하는 방식이나 시대적 의제를 절대화하여 다른 의제들을 '이미 지나온 것'이나 '사소한 것'이라고 평가하게 될 때, '수많은 주변부의 여성주의적 의제들'을 놓칠 수 있다는 말이다. 서구 유럽에서 페미니즘 2.0이 지배적이던 당시, '책임적 가장의 역할'을 촉구하고 '건강한 가정'을 열망하던 흑인 여성 페미니즘을 '가부장적 핵가족 구조의 부정의'를 보지 못하는 '낡고 순진한' 접근이라고 비판했던 백인 중산층 엘리트 페미니즘이 가장 대표적인 사례다. 그런 점에서 현재 우리나라 진보 정당이 열린 토론과 상호 합의를 통해 나아가는 대신, '우리의 답'을 정해놓고 그 지점으로 나아가는 것이 '진보'라고 주장하는 '선형성'을 보이고 있지는 않은지 반성할 필요가 있다. 이를 위해 페미니스트 4.0 세대가 보이는 비선형성의 장점, 즉 '하나의 통일된 방향과 정답'으로 개체의 자유와 자율 선택을 억압하는 것을 거부한다는 주장과 몸짓에 귀 기울이는 것은 유의미하다.

현재의 후기-근대형 한국 사회의 변화가 다분히 혼종적이고 비선형적이다 보니, 질서와 안정이 있었던 과거로 'U턴'을 하려는 '신보수 운동'도 활발하게 진행 중이다. 근대적 가치, 담론, 제도가 약화되는 것을 보며 뒤로 돌아가려는, 혹은 지키려는(보수) 운동이 세계적으로 등장하는 것은 '동시대성'의 반영이다. 한국교회에서는

20세기 말부터 등장한 <어머니학교>, <아버지학교>가 대표적인 사례다. "주님, 제가 아버지입니다!" "주님, 제가 어머니입니다!" 점차 개별경쟁화되어가는 신자유주의적 '핵개인'의 시절에 가정을 지키고 3.0의 구조 안에서 2.0의 성역할을 감당하려니, 이중의 부담을 지는 헌신이 필요하다. 어떻게 한 여성 전문가가 밖에서는 '탈성적'으로(성별을 벗어버린 상태로) 경쟁력을 갖춘 수행성을 보이면서, 동시에 가정에서 2.0 시절의 문화적, 사회적 전제를 유지한 채 '가정의 천사, 아내/어머니'의 역할을 감당할 수 있을까? 그러나 21세기 초입에 세계를 돌며 가정회복사역을 전파하던 한 강사는 확신에 차서 이렇게 말했다.

> 우리는 당신의 인생을 향한 하나님의 계획을 따라 살아가는 법을 이야기하고 있다. 그리고 기혼여성이나 어머니에 대한 하나님의 계획은 그들이 남편과 자녀들의 삶을 나아지게 하고 가족들을 위해 가정을 관리하는 데에 영적, 육체적, 정신적 노력의 최우선 순위를 두는 것이다. 당신이 직장여성이라면 하나님의 우선순위가 당신의 마음의 일정표에 깊고 뚜렷이 새겨지도록 하라. … 그렇다. 당신은 직장을 가질 수도 있지만, 진정한 당신의 일은, 진정한 당신의 삶은, 당신의 진정한 우선순위는 가정에 있다. 그리고 당신이 다른 사람들을 위해 많은 시간을 사용하느라 지쳐 있든 그렇지 않든 관계없이 집에 돌아오면 가족들이 매일 당신을 기다리고 있다. 당신의 인생을 향한 하나

님의 계획을 따라 살고 싶다면, 그리고 당신이 기혼여성이라면 당신을 향한 그분의 계획이 먼저 우선적으로 가정에 있다는 사실을 이해하라. 하나님께서는 다른 그 누구도 아닌 바로 당신에게 당신의 가족과 가정을 책임지고 돌보도록 하셨다.[27]

이럴 거면 차라리 2.0 버전이 낫지 않겠나? 전업주부라면 최소한 과로사는 면할 수 있을 테니 말이다. 그래서 이 담론이 남편의 외벌이 노동이 가능하고 전업주부 비율이 높은 강남 대형교회들을 중심으로 전파될 수 있었다고 본다. 물론 참여자들의 진심을 폄훼하고자 함은 아니다. 그러나 안정적인 직장 수입을 가져오는 경건하고 신실한 가장을 가지지 못했던 가정, 전업으로 집을 돌보며 살뜰하게 정서 노동을 감당할 만큼의 경제적·정서적 상황에 놓여 있는 아내/어머니를 가지지 못했던 가정이 '다수'인 '후기-근대' 대한민국에서 이 담론은 그야말로 선택받은 집단을 위한 것이었다.

이러한 복고풍 운동이 영페미니스트의 저항 시기와 맞물리게 된 것은 우연이 아니다. 다만 시대 인식은 같았으나 대응이 달랐던 셈이다. 한 인격체로서 그리고 여성으로서 사회에서 살아남기 위한 영페미니스트들의 사유형 전투는 쉽지 않았다. 워낙 복잡하게 얽혀 있는 사회 현상에서 어느 부분이 싸워야 할 적이고 어느 부분이 함께 해야 할 동지인지 변별하는 작업이 필요한데, 이게 쉽게 보이지 않았기 때문이다. 어쩌면 최근 페미니즘 담론에서 해러웨이(Donna Heraway)의 "촉수성"이나 바라드(Karen Barad)의 "얽힘"과 "회절" 등의 개념이 환영받고 있는 것도 이런 까닭인 것 같다. '정동'이 적합한 동력인 것도 이해가 간다. 하지만 해러웨이가 "퇴비가 되자"라고 주장했을 때는 유기적 전체 생명을 위한 개체 생명의 죽음도 긍정하는 윤리적 차원을 가지고 있는데, 이를 수용한 영영페미니스트들의 실천에서 자신이 '퇴비'가 될 생각은 없는 것 같다. 대신 '누군가들'은 퇴비가 되어야 한다.

상당히 극단적인 면모를 보였던 <메갈리아>나 <여성시대>는 퇴비가 될 대상으로 '한(국)남(자)'를 지목했다. 물론 시작은 여성혐오적인 언행을 온오프라인으로 생산한 남자들이 먼저였다. 페미니즘에 대한 이십대 남성들의 적개심이 가시화된 계기는 '군가산점제'가 여성들과 장애인 남성들의 취업에 불리하다는 점에서 법적 정당성이 있는 것인지 논의가 전개되다가 결국 폐지된 때부터였던 것 같다. 이십 대 남성들의 분노는 막 구성된 여성부를 향해, 페미니스트들을 향해 퍼부어졌다. 그리고 곧 오랜 습속이었던 가부장적 여성 비하와 '얽혀' 여성 일반에 대한 혐오 문화를 생산했다. 경제적 자립이 안 되면서 과도한 소비 패턴을 보이는 여성들을 의미한다는 "김치녀", "된장녀", 임신중단을 하는 여성들은 "낙태충", '여자는 삼일에 한번은 때려야 한다'라는 "삼일한", 밖에서 낳아 온 아이를 친자로 속이는 여성을 뜻한다는 "보꾸기", 생산 노동은 안 하면서도 모성 실천에 무책임한 여성을 의미하는 "맘충" 등이 대표적인 여성 혐오 언어들이다.[28] 이에 질세라 '미러링'(남성의 여성혐오를 반사하는 행위)으로서 영영페미니스트들이 만들어낸 단어들도 만만치는 않다.

"남자 목소리가 어디 담을 넘어?" "남자가 조신하게 집에 들어앉아 있지 왜 싸돌아다니는 거야?" 이런 전통 가부장제 뒤집기부터, 군대 다녀와서 삭은 아저씨라서 인기가 없는 남자를 칭하는 "건빵남", '남자는 삼초에 한 번씩 때려야 한다'라는 "삼초한", 질내사정으로 임신시키고 도망간 남자라는 "싸튀충", 안경 쓰고 못생긴 남자라는 "안경버무리", 가부장적 아버지를 지칭하는 "애비충", 육아에 참여하지 않는 남편인 "허수애비" 등까지 다양하다.[29]

그야말로 '젠더 전쟁'이었다. 한국 문명사에서 비교적 양성 평등한 교육을 받았고 제도적으로 가장 성별 노동이 적게 강요되는 시절에, '사랑하기에도 시간이 모자란' 젊은 남녀들이 남자와 여자로 나뉘어 싸우고 있다. 그런데 놀랍게도 정치적으로는 좌우로 나뉘어 싸우던 남초 온라인 커뮤니티들이 영영페미니스트를 응시하고 평가하는 데는 하나가 된다. 한 번은 남자 개그맨들의 팟캐스트 '옹달샘을 꿈꾸는 라디오'에서 여성비하적인 발언으로 물의를 일으킨 적이 있었다. 이에 영영페미니스트들의 전투력이 최대치로 상승했고, 넷페미의 분노는 온라인을 뜨겁게 달구었다. 그런데 이 현상을 보면서 보수와 진보의 스펙트럼에서 가장 극단에 있다는 남초 커뮤니티인 <일간베스트(일베)>와 <오늘의 유머(오유)>가 정신적 동반자가 되어 '옹달샘'을 두둔했다. 남자로서 '페미니스트' 저서를 출간한 남학교 국어 교사 최승범은 당시의 상황을 이렇게 증언한다.

기괴한 일이 끊이지 않았다. 게임 회사 '넥슨'의 성우는 페이스북 페이지 '메갈리아4'를 후원하는 티셔츠를 사서 인증했다가 계약을 해지당했다. 정의당 문화예술위원회는 노동권 침해의 관점에서 이 사건을 비판했으나, '메갈을 감싼다'는 당원들의 거센 항의와 함께 집단 탈당의 포화를 맞았다. 빅데이터에 기반해 남성들의 분노 심리를 분석한 「시사In」은 대규모 절독 사태를 겪었다. 마녀 사냥 중단을 요청한 여러 진보 언론이 곤욕을 치렀다. 믿었던 「한겨레」가, 「경향신문」이, 「시사In」이, 「오마이뉴스」가, 「프레시안」이 그럴 줄 몰랐다는 남성들의 악다구니가 끊이지 않았다. 사회적 의제에 진보적이고 다원적인 태도를 보이던 이들이, 약자의 아픔에 공감하며 각계각층의 사람들과 연대하던 이들이 그러고 있었다.[30]

마지막 문장은 여러 상황에서 우리가 다시 곱씹어야 한다. "사회적 의제에 진보적이고 다원적인 태도를 보이던 이들이, 약자의 아픔에 공감하며 각계각층의 사람들과 연대하던 이들이 그러고 있었다." 소위 "이대남 현상"이라고도 불리는 청년 남성들의 반페미니즘 정서에 대한 사회학적 분석은 이 글과 비슷한 시기의 발제와 출판물에서 세부적으로 논하였기에 여기서는 생략한다.[31]

2025년 광장에서는 여러 가지 '얽힘'의 물적 토대 덕분에 2030 여성들이 발화자로서 힘을 얻을 수 있었지만, 그래서 대중성을 가지고 연단에서 '여성 의제들'을 펼쳤지만, '이후의' 한국 사회와 특히 한국교회 안에서 새로운 매뉴얼이 되고 제도가 되기 어려운 까닭은 지금까지 길게 언급한 이 유구한 제도적 역사와 복잡한 얽힘 때문이다. 일찌감치 운동성을 띤 극우/보수적 개신교 활동가들은 신성화된 제도적 결합체인 자유민주주의/시장경제/이성애적 핵가족의 질서를 위협하는 '주적'으로 종북 좌파, 게이, 페미니스트를 들었다. 이는 미국의 80년대 신보수 우파의 등장에서 이미 진행되었던 운동성이다. 현재 미국의 '마가(MAGA, Make America Great Again)'의 정신적 기조와 실천도 이 명맥을 잇고 있다고 볼 수 있다.

신보수 우파가 주로 강조했던 세 가지 집단은 종북좌파, 게이, 페미니스트였는데, 요즘 구호나 전단지 유인물을 보니 어느덧 가운데 중점마저 사라졌다. "종북좌파게이페미*"(*로 처리한 말은 여자를 비하하는 비속어다)라는 혼종적 괴물의 탄생이다. 신자유주의적 시장경제의 문제점을 제기하면 종북좌파이고, 종북좌파는 게이며 페미*다. 이런 혼종적 괴물을 호명하는 한국교회 안에서 성실한 신앙을 가지고 있으면서 페미니스트적 인식을 가졌던 젊은 교회 여성들은 혼란을 겪을 수밖에 없다. 분열감을 느끼는 교회 젊은 여성들이 많았고, 지난 10여 년간 교회를 떠나는 여성들이 급격히 증가했다. 이것이 내가 『페미니즘과 기독교의 맥락들』(뉴스앤조이, 2018)을 쓴 계기이기도 했다. 서두에도 밝혔지만 사실 이게 나의 세부 전공은 아닌데, 실존적 고민을 안고 강의실에서, 답안지에서, 연구실 문을 박차고 들어오는 젊은 교회 여성들의 절실함을 마주하며 어쩔 수 없는 최소한의 응답이었던 셈이다. 그것이 2018년의 일이었는데, 이 글을 쓰는 2025년에도 상황은 달라지지 않은 것 같다. 다음의 인용구는 내가 한국교회의 여성 문제를 발제하던 이 글과 같은 해, 같은 달, 들려온 목소리다.

> 한국에서 여성으로, 페미니스트로 사는 것도 고통스러울 때
> 가 점점 많아지는데 굳이 한국 사회성 불평등과 성소수자 차
> 별, 가부장제와 남성중심주의, 정상 가족 이데올로기의 코어
> 인 한국교회에 가서 더 큰 고통을 자처해야 하는가? 이 질문은
> 2024년 3월에 열린 <로잔 너머> 이슈 포럼 '젠더'에 온라인으
> 로 참여하고 난 뒤 내 마음속 깊은 곳에서 언어화되어 나온 문
> 장이다. … 스무살 무렵에는 왜 교회에서 서른이 넘은 언니들
> 이 유령처럼 사라질까 참 궁금했다. 그런데 막상 내가 서른을
> 바라보는 나이가 되고 나서야 왜 결혼하지 않는 삼십대 여성
> 청년들이 교회에서 사라지는지 알 수 있었다.[32]

6. '함께 사람이 되는 매뉴얼'의 요청
: 버전 4.0을 향하여?

사실 '여자 사용 설명서' 따위는 필요가 없다. 그것은 하나님 나
라의 시각에서는 이미 '끝난' 시선이고 사유고 응시이기 때문이다.
나는 페미니즘을 "현 체제 밖의 시선, 사유, 언어"라고 정의했다.

> 5천 년 가부장 역사 가운데 가장 대규모로, 가장 지속적으로
> 시스템 안에 있었으나 현재의 시스템을 만드는 데 참여한 바

없고, 이 시스템 안에서 자기 위치 역시 스스로 결정한 바 없었던 여성들이 대표성을 가질 수 있는 "주의"이다. 그러나 가부장적 시스템을 옹호하며 개인으로서 "명예남성"의 삶을 선택한 생물학적 여성들의 의미 추구는 '체제 안'의 사유와 행동이기에 페미니즘이 아니다. 또한 생물학적 남성(그리고 그 어떤 자기 정체성을 가지든)이라 해도, 주체로서의 자기주장이 현재의 시스템을 만드는 데 반영되지 못한 사람이라면 그 역시 은유로서는 '여성'이기에 그의 자기 해석은 페미니스트적 성찰에 포함되어야 한다.[33]

생물학적 여자가 말한다고 다 페미니즘이 아니다. 가부장제 시스템의 '당연들'을 철저히 내면화한 여성이라면 그녀가 어떤 위치에 있든, 어떤 사람이든, 그녀는 새로움을, 하나님 나라의 혁명성을 이 제도 안으로 가져올 수 없다. '너머'와 '이후', 그리고 '밖'을 사유/실천할 가능성은 현재의 제도에 계속 의문을 제기하는 '그녀들'에게 귀 기울임을 통해서 시작될 것이다. 그녀들은 사라지지 않았다. 그녀들은 말하기를 그치지도 않았다. 다만 지금까지 의사결정을 하고 제도를 만들고 매뉴얼을 사용했던 '그들'(그리고 그들에 의해 철저히 내면화한 교회 여성들)이 듣지 않았을 뿐이다. "그래서 어쩌라구요. 그럼, 새로운 매뉴얼을 주세요." 이렇게 따질 수도 있겠다. 하지만 지금까지의 매뉴얼이 문제적이라는 것, 그리고 새로운 매뉴얼이 필요하다는 말까지가 내 몫이다. 이제 '함께' 만들어가는 과제가 남았다. 많이 양보해서 남자와 여자가 반씩 권위를 가지자고 제안하지 말라. 당분간은 '전적'으로 '그녀들'의 목소리를 듣기만 해도 부족하다. 하긴, 2025년 교단 총회에서 진보 보수 할 것 없이 여성의 자격과 자리를 제한하는 모습을 보니 아직 갈 길이 멀기는 하다. 하지만 여자도 남자와 존재론적으로뿐만 아니라 기능적으로도 동등한 사람이며, 하나님으로부터 부여받은 자신의 개성과 카리스마를 소명 안에서 수행할 자율적, 독립적, 주체적 존재라는 선포가 누군가에게는 '이미' 도래해 있다. 한국교회의 주류 담론과 제도 안에는 '아직' 오지 않았지만, 그래도 한국교회 안에서 한 걸음씩 힘든 '진보'를 이루어야 하는 이유는 그것이 우리가 받은 '복음'이기 때문이다.

"압사당하고 질식당하기 전에 그냥 나오세요!" 그렇게 외치는 젊은 교회 여성들의 목소리가 높다. 맞다. 죽을 거 같다면 일단 도망쳐라. 숨을 쉬고 자기부터 살려라. 목숨이 붙어 있어야 바꿀 힘도, 다시 시작할 힘도 있을 테니까. 하지만 수술용 거즈가 폐에 잘못 붙어 반백 년을 넘게 가쁜 호흡을 하며 버틴 사람처럼, 한국교회가 나에게 그렇게나 오래된 애증의 존재라서, 나는 도저히 탈출은 못 하겠다. 그래서 한국교회가 다시 시작할 수 있다는 성긴 희망을 포기하지 않은 채 외친다. '12.3 이후'라는 말이 새로움을 가져오길 희망한다면, 그래서 한국교회를 다시 시작하고 싶다면, 그동안 교회 안에서 들리지 않았던(못했던) 목소리를 먼저 들리게 하라! 거기서부터 시작하라.

<함께 생각해볼 문제>

1. 한국교회의 '당연한 전제들' 안에 전통사회의 여성 사용 설명서(1.0 버전)에 해당하는 것들에는 무엇이 있을까? 그런 매뉴얼을 신성시하는 교회 구성원들에게 들려줄 성서 구절들로는 어떤 것이 있을까?

2. 성서를 읽으며 가장 걸림돌이 되었던 여성에 대한 응시나 묘사를 담고 있는 성경 구절은 무엇인가? 이것이 내 신앙과 갈등을 일으킬 때 어떻게 해결해 왔으며, 공동체적으로는 어떻게 해결해야 하겠는가?

3. 한국교회의 여자 사용 설명서의 지배적 유형은 여전히 2.0 버전인데, 이 매뉴얼로는 더 이상 운영되기 힘든 교회를 재구조화하려면, 어떤 상상력과 실천이 필요하겠는가?

4. 한국교회 안에서 세대, 직분, 성별 소통의 장을 활발하게 전개하기 위해서는 어떤 시도들이 필요하겠는가?

5. 압축적 근대화로 인해 1.0부터 3.0까지의 매뉴얼을 내면화한 교회 여성들이 함께 존재하는 교회 현장에서, 여성이 주체가 되어 새로운 매뉴얼을 만들 수 있는 방안으로는 어떤 것들이 있겠는가?

한국교회
공적 영성의 재구성

장동민

12.3 계엄 이후

한국교회,
어디로 가나?

이 글과 관련한
"기윤실연속토론회" 발제 영상은
이곳에서 시청할 수 있습니다.

한때 같은 교회에서 신앙생활을 하던 A 권사의 이야기다. 시골 출신인 그는 젊은 시절 극적인 회심을 경험하였고, 좋은 교회와 진실한 목회자를 만나 열정적 신앙을 이어갔다. 재물과 시간을 바쳐 교회를 섬겼으며, 유복하지 않은 삶 속에서도 기도의 기적을 체험하며 자녀들을 모두 훌륭하게 키워냈다. 이제 70대 후반에 접어들어 사회와 교회에서 은퇴하고 한적한 삶을 살고 있다.

그는 가끔 내게 전화를 걸어 불평을 털어놓곤 한다. 과거 젊은 시절의 신앙을 회고하며, 지금의 교회 생활은 미지근하고 지루할 뿐 진짜 신앙이 아니라고 말한다. 그러던 어느 날 자신의 영적 갈망을 채워줄 인도자를 찾았다며 흥분된 어조로 소개하였는데, 바로 전광훈의 유튜브 설교다. 몸이 불편하지 않으면 광화문 집회에도 자주 참석하고, 그가 인도하는 교회의 수련회에도 다녀왔다고 자랑 섞어 이야기했다. 그는 그 집회와 수련회, 그리고 유튜브 설교를 통해 신앙이 다시 살아 있음을 느꼈다고 고백하며, 내게도 설교를 들어 보라고 권했다. 내가 전광훈에 대하여 조금이라도 부정적인 말을 하려고 하면, 금세 적대적 어조로 바뀐다.

1. 영성의 부재 vs 왜곡된 영성

나는 A 권사의 이야기를 들으며 두 가지를 생각하게 되었다. 첫째, 지금 한국교회의 쇠퇴와 퇴행의 근본적이며 현실적인 원인은 영성의 부재라는 사실이다. 많은 교회가 성도들의 영적 갈망을 채

워주지 못하는 무기력한 공동체가 되었기에, 성도들이 과거의 영성을 그리워하거나 왜곡된 영성을 추구하는 게 아닐까. 한국교회의 현실을 보라. 주일 설교는 들어도 그만, 안 들어도 그만인 밋밋한 중립적 언어로 채워져 있다. 십자가 복음을 전하는 설교와 성찬식은 구원에 대한 설명에 그칠 뿐, 실제로 구원 사건을 일으키지 못한다. 설교 후 반쯤 손을 들고 거룩한 눈빛으로 허공을 바라보며 반복적으로 드리는 찬양은 작위적이고 어색하다.

목회자들 자신부터 영적 갈망을 크게 가지고 있지 않은 듯하다. 그들의 주된 관심은 출석 성도의 숫자, 헌금 액수, 영향력 있는 장로·권사와의 저녁 식사, 새로운 선교 프로젝트, 기독교 방송 출연과 유튜브 조회 수, 노회·총회 임원과 해외 선교지 방문, 유학 중인 자녀 걱정, 은퇴 후 대책 등으로 분산된다. 성도들이 교회에 나오는 이유도 영적 갈망을 채우려는 것은 아닌 듯싶다. 오래된 습관, 가족의 전통, 사회적 교류, 봉사활동의 즐거움, 저주에 대한 두려움, 직분의 역할과 책임감 등이 교회 출석의 동인이다.

둘째, 교회가 영적 갈망을 충족시키지 못하자 왜곡된 영성이 한국교회를 지배하게 되었다는 점이다. 극우 기독교 집회에는 전통적 교회에서 경험하기 어려운 강렬한 영적 에너지가 충만하다.

이 극우적 영성이 어떻게 형성되었는지 정리해 보자. 대다수 보수적 기독교인들은 1970-80년대 한국 기독교의 황금기를 자신의 시간적 고향으로 삼는다. 천막을 치고 십자가만 걸어도 교회가 부흥하던 시질, 민족의 광장 여의도에서 수백만 명이 모이는 집회가 열렸다. 기독교는 반공주의와 산업화를 주도하였고, 비신자들도 이에 동조하였다. 이른바 '유사(類似) 크리스텐덤 시대'였다.[1] 이 시대의 열광적 영성과 영광을 경험한 지도자들은 오늘날 교회의 쇠퇴를 받아들이기 어렵다. 과거의 성공이 너무나 영광스러웠기에 이후의 몰락을 인정하기 힘든 것이다. 이들은 새로운 시대에 맞는 새로운 영성을 상상하기보다 시곗바늘을 과거로 되돌려 영광을 회복하려 한다. 집회에 참여하는 A 권사와 같은 어르신들은 한때 국가의 수호자이자 산업화의 역군이었으나, 이제는 그 명성과 영광이 사라진 채 가난과 질병 속에서 외로운 노후를 보내고 있다. 그들이 보기에 현재 집권한 진보 세력은 반공주의와 시장경제를 부정하는 사회주의자들이며, 기독교를 박해하는 세력이다. 이들의 좌절과 분노, 그리고 과거로 돌아가고 싶은 열망이 극우 기독교의 에너지원이 되고 있다.

영성의 정의

우선 영성(spirituality)이 무엇인지를 정의하고 시작하는 게 좋겠다. 영성의 사전적 의미는 인간이 궁극적 실재(하나님, 초월자, 궁극적 가치 등)를 인식하며, 그 혹은 그것과 관계 맺으며 사는 삶의 지향성이다. 영성을 추구하는 사람은 초월자에 대한 열망, 내면의 변화 추구, 타인이나 자연에 열린 마음, 기도나 명상 등 영성을 위한 실천 같은 특징을 지닌다. 영성은 '종교(religion)'의 한 특징이기도 하지만, 영성과 종교가 반드시 일치하는 것은 아니다. 기성 종교를 갖지 않은 사람도 영성을 가질 수 있고, 또 직업적 종교인 가운데 영성을 잃은 사람도 많기 때문이다.

기독교에서의 영성은 일반적 영성의 정의를 충족하면서도 기독교 신학을 그 전제로 삼는다. 기독교 영성은 다음 몇 가지로 정의할 수 있다.

① 완전한 인격인 삼위일체 하나님이 모든 영성의 근원인 초월자시다.

② 하나님은 인간을 창조하실 때 영적 존재로 창조하셨다. 모든 인간에게 영을 불어넣으셔서 하나님과 교제할 수 있도록 하셨다. 모든 인간에게 영이 있고, 그 영은 하나님의 영과 교제하는 자리(*locus*)다.

③ 인간은 타락함으로 자기중심적인 사고를 하게 되었고, 하나님을 의식적으로 거부한다.

④ 그러나 인간에게 영적 본성이 없어진 것은 아니다. 하나님의 영인 성령이 지속적으로 모든 인간의 영에 말을 걸며, 인간의 영에 영향을 준다. 성령이 없이는 의미 있는 인간의 삶이 불가능하다. 사랑, 언어적 소통, 예술적 창의성, 과학적 발견, 양심과 도덕, 종교 등이 모두 성령이 주시는 선물을 인간의 영이 받아서 발전시킨 것이다. 뒤에서 자세히 설명하겠지만, 공적 영성(public spirituality) 혹은 일반적 영성(common spirituality)의 기초가 바로 인간에 남아 있는 영적 본성이다.

⑤ 예수 그리스도가 세상에 오셔서 사역하실 때, 성령이 그분에게

충만히 임하셨고, 그분은 성령의 인도하심에 따라 사역하셨다.

⑥ 인간에게 구원이 임하는 것은 만유 가운데서 일하시는 성령을 마음 열고 받아들일 때다. 성령은 그리스도의 영이시기에, 성령을 받아들이는 사람은 예수 그리스도를 받아들이는 것이다.

⑦ 하나님은 자신의 영을 성도들과 그들의 공동체인 교회에 충만하게 하셨다. 성도들과 교회는 세상에서 성령이 하시는 일을 해석하고, 또한 성령이 더욱 힘 있게 일하시도록 그 사역에 동참해야 한다. 기독교의 영성은 인격적인 하나님이 그 근원이며, 특히 성령의 사역과 깊은 관계가 있다.

성령: 에너지와 의미의 결합

성령의 일반적 사역에 관하여 좀 더 깊이 알아보자. 미국의 신학자 폴 틸리히는 성령을 "에너지와 의미의 결합(unity of power and meaning)"으로 정의하였다. 의미는 인간 존재와 역사에 방향과 목적을 부여하고, 에너지는 그것을 실현하게 하는 생명력과 힘이다. 틸리히에게서 의미는 개인과 사회의 모든 분야를 아우르며, 그 끝에는 근원적 의미가 있다.

의미와 에너지가 분리될 때 심각한 왜곡이 발생한다. 의미가 왜곡되어 자기를 절대화하거나, 혹은 왜곡된 의미와 결합한 에너지가 악마적 열광으로 변해 인간과 세상을 파멸로 이끈다. 나치즘이 '민족의 순수성'이라는 왜곡된 의미로 엄청난 집단적 에너지를 동원하여 전쟁과 학살을 일으킨 것이 대표적인 사례다. 오늘날의 극우적 광신주의 역시 정치적 이념을 하나님의 뜻과 동일시하는 악마적 의미가 맹목적 영의 에너지와 결합한 것이다. 반대로 에너지가 빠진 의미는 올바른 방향을 제시할 수는 있지만 현실을 변화시키지는 못한다. 합리적 탐구, 인간의 공동선을 위한 민주주의, 미적 조화, 종교적 의식과 교리 등이 아무리 진리에 기초한다고 해도, 성령의 능력이 함께하지 않는다면 사람을 변화시키고 역사의 방향을 바꿀 힘을 갖지 못한다.

한때 한국의 복음주의 교회는 영적 능력을 추구하고, 진보적 교회는 지성과 행동을 강조하는 특징을 보였다. 특히 1980년대 민주화운동 시기, 복음주의 교회는 역사 발전을 위한 행동에 앞장서지 못하고 오히려 반동적이며 반(反)지성적인 방향으로 나아갔다고 비판받았다. 그 결과 많은 젊은 신학도들이 복음주의를 부끄러워하며 사회참여의 방식을 고민하기 시작했다. 그러나 불행히도 이 과정에서 영성에 대한 강조가 약화되는 경우가 많았다.

그 대표적 사례가 기독교세계관 운동이다. 이는 한국교회가 교회의 울타리를 넘어 의식적으로 공적 영향력을 추구한 대표적인 운동이었다. 단순히 교회가 아닌 '세계'를 지향한 것이었다. 한국과 미국의 기독교세계관 운동의 약점과 한계에 대한 비판은 이미 다양하게 제기되었으므로 여기서 모두 다룰 필요는 없다.[2] 다만 이 글에서는 기독교세계관 운동이 영성에 관심을 거의 두지 않았다는 점을 지적하고자 한다. 기독교세계관 운동은 자기 체제에 대한 의심 없는 확신, 이를 뒷받침하는 신학적 울타리, 개관성과 균형을 중시하는 학문적 방식 등이 결합하였다는 장점이 있으나, 세상의 고통과 절박함을 보지 못하는 한계를 드러냈다. 오순절파 성령 운동에 대한 반작용 때문인지는 몰라도 성령에 대한 언급 자체가 드물었다. 나는 기독교세계관 운동에 헌신한 국내외 학자들을 많이 만나 보았지만, 그 가운데 기도를 통해 성령의 음성을 들으려는 사람은 거의 없었다. 결국 기독교세계관 운동은 교회 저변으로 확산하는 힘을 얻지 못하고 일부 지성적 기독교인의 전유물이 되고 말았다. 특히 한국에서의 기독교세계관 운동은 한국 사회의 모순적 현실을 개혁하기보다, 미국이나 네덜란드 학자를 초청하여 강연을 듣고 학문적 연구를 심화하는 데 더 많은 힘을 쏟았다.

『한국교회, 개혁의 길을 묻다』

한국 지성인들이 한국교회의 쇠락을 염려한 지 이미 한 세대가 지났다. 그 논의를 정리한 책으로 2013년에 출간된 『한국교회, 개혁의 길을 묻다: 새로운 한국교회를 위한 20가지 핵심과제』(새물결플러스)가 있다.[3] 이 책을 함께 쓴 20명의 저자들은 각자의 관점에서 한국교회를 진단하고 해결책을 제시했다. 책은 크게 네 부분으로 구성되어 있는데, 제목만 훑어보아도 지금까지 한국교회 안에서 어떤 논의가 있었는지 개략적으로 파악할 수 있다. 먼저 제1부 "근본정신 회복하기"에서는 신학적 빈곤, 반지성주의, 인문학적 감수성이 부족한 설교, 값싼 구원론 등을 다루었고, 제2부 "교회 문화 직시하기"에서는 무속적·상업적 성령 운동, 주일성수·십일조·

교회 건물에 국한된 신앙, 맘몬 숭배, 왜곡된 신앙 언어, 교회 내 성차별, 쇼로 전락한 예배 등 교회의 세속화를 질타했고, 제3부 "구조개혁 시도하기"에서는 메가처치 현상, 사제주의, 교회 세습, 목회자 납세, 신학교 구조조정, 교단 현실 등 교회 제도의 문제를 지적하며 변화를 모색했으며, 제4부 "참여 방식 점검하기"에서는 공적 신앙의 중요성 강조, 이웃 종교를 무시하는 공격적 선교를 비판, 생태 문제와 통일운동 참여 촉구 등 교회의 사사화(私事化)와 공적 영역에 대한 무관심을 비판했다.

이 책에 기고한 신학자와 저술가들은 모두 한국교회의 자성과 개혁을 주장해 온 대표적 지성인들이다. 이들의 분석은 과학적이며, 태도는 진지하다. 그러나 그 글을 읽으면서 나는 늘 무언가 허전함을 느꼈다. 그 주장들이 옳다는 사실은 분명하나, 그것을 실제로 실천해 내는 데 필요한 힘, 곧 영성을 놓치고 있었기 때문이다. 이후에도 한국교회를 비판하며 대안을 찾는 운동은 계속 이어졌다. 대표적인 것이 미셔널처치 운동과[4] 공공신학이다.[5] 그러나 이 운동에서도 역시 영성에 대한 강조를 찾아보기는 쉽지 않았다. 이들 운동은 신학과 신앙의 공공성을 지향하고 있으나, 공적 영성에 대해서는 그다지 많이 언급하지 않는다.

기독교의 진리는 이론적 정합성을 가질 뿐 아니라 체험으로도 증명되어야 한다. 아무리 세련된 신학 이론으로 무장한 신학자라 할지라도 자기 죄와 욕망을 이길 영적 능력이 없다면 그 신학은 쓸모가 없다. 강력한 영의 도움이 없이는 계급적 한계를 넘어설 용기도 얻기 어렵다. 사람을 변화시키고 교회를 부흥하게 해야 하는데, 방향만 제시한 채 정작 이런 경험을 가능하게 하지 못하는 신학이라면 적실성을 의심받을 수밖에 없다. 나는 한국교회의 잘못을 진단하고 미래를 기획하는 학자·목회자·운동가들의 노력이 이런 오류에 빠지지 않기를 바란다. 성령이 주시는 힘이 없는 운동은 교회와 세상을 변화시킬 수 없다!

『영성 없는 진보』

대한민국 사회 운동에서 영성의 부재에 대한 비판은 교회 밖에서도 나왔다. 한 예로, 얼마 전 진보 진영의 지식인인 김상봉이 『영성 없는 진보』(온뜰, 2024)를 출간했다.[6] 작은 책이지만 의미는 결코 작지 않다. 김상봉은 여러 면에서 현재 한국 민주주의를 실패로 규정한다. 보수주의는 영혼 없이 욕망만 남았다고 보고 논외로 한다. 그런데 진보주의 역시 권력 교체에는 성공했으나 새 제도와 문화를 뿌리내리는 데는 실패했다고 진단한다. 새로운 가치, 공동체 윤리, 시민 교육을 만들지 못해 불평등이 계속 심화하였는데, 그 주된 원인이 바로 "영성 없는 진보" 때문이라는 것이다. 다시 말해 영적 기반 없이 제도 변화와 권력 쟁취에만 치중한 결과 지속성과 생명력을 잃었고, 결국 오늘의 인구 소멸과 같은 위기를 맞았다는 것이다.

그가 말하는 영성은 종교적 예전(禮典) 참여만을 뜻하지 않는다. 나와 세계가 하나라는 믿음, 타인의 고통을 내 고통으로 느끼는 연민, 공동체 전체를 위한 책임과 희생 같은 신념과 태도가 영성의 핵심이다. 철학적 사유로도 '나와 세계가 하나'라는 인식에 도달할 수는 있지만, 그것을 사랑과 희생의 삶으로 살아내게 하는 힘은 영성에서 나온다. 참된 영성은 의미(철학적 깨달음)와 에너지(실천)가 하나로 결합하는 것이며, 이때 비로소 진정한 변화가 시작된다. 그가 말하는 영성은 지금까지 우리가 논의해 온 틸리히의 "의미와 에너지의 결합"과 정확히 일치한다.

김상봉은 기독교 신앙을 받아들이지 않았지만, 영성의 중요성을 진정성 있게 보여주었다. 그는 진보 지식인 서준식이 옥중에서 성경을 읽다 소외된 이의 해방자 예수를 발견한 예를 들며, 오늘날 진보주의에 영성이 결여된 것을 안타까워한다.

성령으로 돌아가자

다시 틸리히로 돌아가 보자. 아니 성경으로 돌아가자. 모든 영성의 근원은 성령이며, 성령은 결코 반지성이 아니다. 그분은 진리의 영으로서 우리를 모든 진리 가운데로 인도하시는 분이다(요14:17; 16:13). 동시에 그분은 능력을 주시는 분으로, 우리는 그분의 능력으로 용기와 삶의 에너지를 얻는다. 따라서 지성적이며 합리적인 사람이 영성을 멀리할 이유도 없고, 그렇게 해서도 안 된다. 우리가 피해야 할 것은 맹목적 영성, 혹은 왜곡된 의미와 결합한 악마적 영성이다. 반대로 우리가 붙들어야 할 것은 성경적 기반을 가진 영성, 성령께서 가르치시며, 우리 시대가 요구하는 교회와 사회를 살리는 힘 있는 영성이다.

그렇다면 질문은 분명해진다. 성경적이고 성령께서 가르치시는, 우리 시대를 살리는 공적 영성은 무엇인가? 새로운 영성운동의 방향을 어떻게 설정할 것인가? 과거 한국교회가 진정한 영성을 누리던 때가 있었다면, 대체 지금 한국교회는 언제 어디서부터 잘못되었다는 말인가? 앞으로 많은 논의가 필요하겠지만, 논의의 장(場)을 여는 뜻에서 두 가지를 지적하고자 한다.

2. 교회에 갇힌 영성 vs 세상을 섬기는 영성

초기 한국교회: 세상을 위한 영성

초기 한국교회는 성령이 강하게 역사(役事)하던 교회였다. 그 역사는 교회 안에만 머물지 않고 온 사회를 변화시키는 힘으로 이어졌다. 대표적인 예가 1907년 대부흥운동이다. 대부흥운동은 그 시작이 회개 운동이었다. 공중 앞에서 자기 죄를 고백한 성도들은 죄를 지은 대상에게 찾아가 용서를 구하고, 금전적 손해를 끼친 사람에게는 이를 보상하였다. 선교사와 한국 교인들 사이의 위화감이 제거되고 상호 신뢰가 깊어진 것도 그 결과였다. 성도들은 전도에 헌신하였고, 이는 교회의 성장에 크게 기여하였다.

그런데 대부흥운동은 교회의 부흥뿐 아니라 사회 개혁에도 큰 영향을 미쳤다. 언제나 그렇듯이 회개는 단순한 개인적 차원의 문제가 아니다. 부흥회 다음 날에는 전날의 회개를 돌아보는 사경회가 열렸는데, 그 자리에서 "조혼, 교육, 청결, 흡연과 같은 문제"를 놓고 공개적으로 토론하며 도덕적 기준을 세워나갔다고 한다.[7] 사회적 차별이 이슈가 된 것이다. 부흥회에서 종들을 학대한 것에 대해 회개한 사람은 그 죄를 다시 범하지 못할 뿐 아니라, 신분제 자체를 문제 삼게 될 것이다. 조선에서 신분 제도가 공식적으로 철폐된 것은 동학농민혁명의 결과로 이루어진 갑오개혁(1894년)이었으나, 오랜 세월 뿌리 깊게 자리 잡은 신분제가 하루아침에 사라지지는 않았다. 여기에 기독교인들의 반봉건적 사회 개혁 열망과 부흥운동의 영성이 신분제 폐지를 비롯한 사회 개혁의 에너지가 되었다.

부흥운동은 민족운동에도 큰 활력을 주었다. 학계 일각에서 부흥운동이 한국교회 비(非)정치화의 배경이라는 견해도 있었지만,[8] 이는 수정되어야 한다. 오히려 부흥운동은 민족의식을 강화하였다. 영적 부흥을 경험한 사람들은 자의식이 계발되고, 상황을 이해하며 헤쳐 나갈 지혜와 용기를 얻게 된다. 당시 조선 사회의 가장 큰 모순은 일제의 침탈이었고, 기독교인이 이 문제에 눈을 돌린 것은 자연스러운 일이었다.

3.1운동 민족 대표였던 신석구 목사 역시 그중 한 사람이었다. 그는 나라가 무너져가는 상황에서 기독교 신앙을 통해 희망을 찾았다. 목사가 된 것도 민족 현실로부터 도피하기 위함이 아니라, 목회 사역을 통해 민족 독립에 기여하기 위함이었다. 3.1만세운동 참여 권유를 받고 그는 두 가지를 고민했다고 한다. 첫째, 교역자로서 정치운동에 참여하는 것이 하나님의 뜻에 합당한가. 둘째, 교리상 용납하기 어려운 천도교와 협력하는 것이 하나님의 뜻에 합당

한가 하는 문제였다. 그는 3일간 금식하며 하나님의 음성을 기다렸다. 마침내 "4천 년 동안 전해 내려온 강토를 네 대에 와서 잃어버린 것이 죄인데, 찾을 기회에 찾아보려 힘쓰지 않는다면 더 큰 죄가 아니냐"라는 음성을 듣고, 이를 하나님의 뜻으로 확신하며 기미 독립선언서에 자기 이름을 올렸다.[9] 당시 기독교인들은 개인적 회개운동에서 시작하여 사회적 신분제철폐 운동으로, 다시 독립운동으로 나아가는 변화를 겪고 있었던 것이다.

교회의 제도화: 제1단계

3.1운동 실패 이후 1920-30년대에 들어서면서 부흥과 사회 개혁에 적극적으로 참여하던 초기 교회의 활력은 점차 약화하였다. 한편으로 여전히 기독교인들이 민족운동의 주체였다. 상해 임시정부 수립 과정에서도 기독교인의 역할은 절대적이었다. 독립군의 무장 항일투쟁과 의열단 활동에도 기독교인이 다수를 차지했다. '실력양성운동'이라 불리던 학교 설립, 절제 운동, 물산장려운동, 농촌계몽운동도 기독교인이 주도했다. 1920년대 중반 이후 조선공산당이 창립되어 사회주의가 기독교 민족주의의 경쟁자로 등장했지만, 영향력에서 기독교를 능가하지는 못했다. 일제 말 전쟁의 광풍 속에서도 일부 기독교인은 일본의 국조(國祖) 숭배를 결연히 거부했다.

그러나 다른 한편으로 한국교회는 대사회적 활력을 이어가지 못하고, 점차 교회 내부 문제에 더 큰 관심을 보이는 방향으로 변화를 겪게 되었다. 교회가 숫자적 성장을 보이고, 사회에서 영향력을 얻게 되었는데, 이것이 오히려 보수화의 원인이 되었다. 1920년대 이후 평양을 중심으로 대형 교회들이 등장하고, 신학교와 중등학교 등 기독교 기관이 늘어났다. 외국 유학을 다녀온 신학자들도 귀국하면서 교회는 안정과 성장을 이루었다. 그러나 이와 동시에 제도화의 부정적 측면이 드러났다. 교회 조직 유지에 급급했고, 지적 수준이 낮은 일부 교역자들은 맹신을 강조했으며, 미신적 부흥운동이 횡행했다. 일부 선교사들은 고압적인 태도로 한국인에게 횡포를 부렸고, 교회는 사회 문제에 무관심했다. 교회는 초기의 생명력을 상실했다는 비판을 받기 시작했다. 많은 논객이 이 시기(1920-30년대)를 한국 기독교의 '위기'라 규정했다. 춘원 이광수는 그 대표적 비판자였다. 그는 1917년 잡지 「청춘」에 "금일 조선 야소교회의 결점"이라는 글을 발표했는데, 여기서 기독교의 공헌을 인정하면서도 교회의 제도화를 맹렬하게 공격했다. 그 내용은 교회 중심의 사고에 빠져 교인이 아닌 자를 악인으로 여기고, 세상 학문과 비종교적 사업을 천시하며, 교역만 성직으로 여긴다는 것이었다.[10]

그러나 비록 이광수를 비롯한 많은 비평가의 비판이 있기도 했지만, 전반적으로 일제강점기의 한국 기독교는 교회를 중심으로 하면서도 신앙을 통해 민족 독립을 추구하는 공적 성격을 유지하였다. 이때는 교회가 아직 제도적으로 확립되지 않아 교회중심주의에 빠질 여지가 적었기 때문이다. 종교사회학자 트뢸치의 분류에 따르면, 당시 한국교회는 '교회(church)'라기보다 '분파(sect)'에 가까웠다. 한 지역에 교회 공동체가 세워진다는 사실이 사회적 변화의 증거였으며, 기독교로 회심한다는 행위 자체가 사회적 의미를 지녔다. 교회에서 이루어진 예배·친교·문화·전도는 당시 봉건 사회에서 일종의 혁명적 행위로 비쳤고, 사회변화의 동력으로 작용하였다.

교회중심주의 고착: 제2단계

해방 이후 1970년대 말까지 이어진 냉전 시기 한국 사회의 목표는 외적으로는 공산주의의 위협으로부터 국가를 지키고, 내적으로는 산업화를 이루어 가난을 극복하는 것이었다. 한국교회는 이 시대적 과제를 주도적으로 실천한 집단이었다.

한국전쟁 후의 기독교는 공산주의에 가장 큰 피해를 입은 집단이었기에, 반공을 기치로 내세운 군사정권과 쉽게 동조할 수 있었다. 또한 대한민국의 산업화를 주도한 인물 가운데 기독교인이 많았고, 교회는 이러한 산업화에 정신적 동력을 제공하였다. 한편 반공주의와 산업화의 배후에는 미국이 있었다. 미국은 한국전쟁에서 수만 명의 젊은이를 희생시켜 한국을 지켜 준 혈맹이었을 뿐 아니라, 산업화 과정에서 가장 중요한 협력자이자 한국 사회가 본받아야 할 모델로 인식되었다. 당시 대한민국 사회에서 미국과 기독교는 동일시되었다.

그러나 역설적이게도 교회가 국가적 아젠다를 주도하던 이 시기는 교회중심주의가 고착화하던 시기이기도 했다. 북한과 달리 남한에서는 반정부적 행동이 불필요했는데, 이는 기독교 이념과 이승만 정권이나 군사정권의 아젠다가 일치했기 때문이다. 교회는 국가 권력에 순응했고, 그에 따른 혜택을 누리는 것으로 만족했다. 하지만 민주화 시대에 들어서면서 교회의 한계가 드러났다. 교회는 보수 정권과 이념적으로 밀착해 있었고, 다양한 이권과 인맥으로 얽혀 있었기 때문에, 사회적으로 거세게 일어났던 민주화운동을 거부하거나 무관심으로 일관했다. 대신 교회의 부흥과 성장에만 몰두했다. 그 결과 1970-80년대 민주화 시기에 기독교는 시대정신을 따라가지 못했다. 오히려 중국의 개혁개방, 베를린 장벽 붕괴, 미·소 냉전 종식에도 불구하고 기독교는 여전히 반공주의에 집착했다. 해방 이후 30년간 기독교의 위상을 높였던 요인들이 하나둘 사라지면서, 기독교는 시대적 전환에 적절히 대응하지 못했다.

이러한 교회중심주의적 흐름에서 등장한 대표적인 사례가 옥한흠 목사의 제자훈련이다. 본래 그의 교회론은 '평신도 신학'에 뿌리를 두고 있으며, 한스 큉(Hnas Küng)과 헨드릭 크래머(Hendrik Kraemer)의 저서를 접하면서 발전했다.[11] 또한 그는 존 스토트(John Stott)가 주도한 '로잔언약(Lausanne Covenant)'의 통전적 선교 개념, 곧 복음 전도와 사회 참여의 통합을 받아들여, 모든 그리스도인은 세상으로 보냄 받은 사도임을 강조하며, 그 사명을 감당하는 이는 성직자가 아니라 평신도임을 역설했다. 나아가 그는 제자훈련을 단순한 교회 성장 전략이 아니라, 사회 속에서 역할을 감당하며 세상을 변화시키는 제자의 삶으로 이해했다. 그러나 이는 이론일 뿐이었다. 실제로는 평신도를 목회의 동역자로 훈련하여 전도와 소그룹 인도를 맡기는 방향에 집중했다. 본회퍼의 『나를 따르라』가 보여준 급진적 제자도가 아닌 전통적 교회중심주의적 틀 안에서 제자훈련을 전개한 셈이다. 이론적으로 교회의 공적 섬김에 가장 근접한 옥한흠 목사의 경우도 이러했으니, 다른 지도자와 운동은 언급할 필요도 없을 것이다.

교회의 시장화: 제3단계

1990년대 이후 교회중심주의는 한층 더 잘못된 방향으로 흘러갔다. 사실 1970-80년대 민주화 시기에 교회가 사회 문제에 적극적으로 참여하지 못한 데는 나름의 이유가 있었다. 여전히 한국 사회에서 기독교인은 소수였기에, 우선 복음을 전해 교회를 부흥시키는 것이 급선무라고 여겼다. 또한 구한말과 일제 시기에는 반봉건·반외세 운동에 앞장섰고, 산업화 시기에는 반공과 시장경제를 앞세워 국가 정책과 맥을 같이 했기에, 산업화가 낳은 구조적 악에 저항하는 신학을 정립하지 못했다. 게다가 보수적 기독교가 '자유주의'로 규정한 진보 진영이 민주화 아젠다를 선점하였기에, 민주화 운동에도 참여하기가 어려웠다. 그러나 그로부터 다시 한 세대가 지났음에도 한국 기독교는 여전히 과거를 반성하거나 새로운 시대를 준비하지 못한 채 오히려 교회중심주의를 더욱 고착화하였다.

특히 1990년대 들어 새롭게 나타난 현상은 교회의 시장화였다. 교회는 이제 시장의 논리를 뒷받침하는 것을 넘어 아예 시장의 일부가 되었다. 교회의 가시적 성장을 '비전'이라는 이름으로 치장하고, 예배당과 예배를 현대적으로 리모델링하여 성도를 끌어들이며,

인근 교회와 경쟁 관계에 들어갔다. 교회는 하나의 브랜드가 되어 대형화하고, 스타 시스템을 도입하며, 홍보와 마케팅에 몰두하고, 심지어 프랜차이즈처럼 확장하기도 했다.

한편 1997년 IMF 외환위기를 거치면서 한국 사회가 무한경쟁·승자독식의 구조로 들어서자, 교회도 예외 없이 이를 따랐다. 초대형교회 복회자들은 재벌기업가와 유사한 권위와 특혜를 누리며 차세대 지도자라는 명예를 얻었다. 그러나 어느덧 전도를 통한 새 신자 유입은 점차 줄어들었고, 대신 기독교 방계기관들이 급증했다. 전통적인 노회·총회·신학교뿐 아니라, 기독교 언론·방송·출판사가 과도한 경쟁체제로 들어갔으며, 컨설팅 기관, 선교단체, 문화회사, CCM 제작사, 여러 갈래로 나뉜 연합단체, 교회 전문 법률사무소까지 생겨났다. 헨드릭 크래머는 이런 파생적 기관들을 "교회의 세계"라 부르며, 현실과 분리된 부자연스러운 별도의 세계라고 지적했다.[12] 이 "교회의 세계"는 생계를 위한 일터가 되어 급속히 세속화되었다. 교회의 성장이 멈추자 경쟁은 더욱 치열해졌고, 교계는 제로섬게임에 빠져들었다. 크고 작은 교회의 사역자들과 방계기관 종사자들은 생존을 걱정해야 하는 상황으로 내몰렸다.

이상의 역사적 과정들을 거치면서, 교회는 자기를 사회와 구별하는 데 익숙해졌다. 교회는 자신을 완전한 하나님의 다스림이 있는 거룩한 공간으로, 외부 세계는 하나님을 모르는 악인의 영역으로 규정하기 시작했다. 최근 극우 기독교 세력이 '정교분리'를 정치가 종교에 간섭하지 말라는 의미로만 해석하고 종교는 얼마든지 정치에 간섭할 수 있다고 주장하는 것은, 바로 이러한 극단적 교회중심주의의 폐해라 할 수 있다. 교회중심주의에 편협한 기독교 국가 개념이 결합한 것이다.

지금까지 살펴본 것처럼, 한국교회 영성은 초기에는 사회를 변화시키는 힘이었으나, 점차 교회 안에 갇히게 되었고, 급기야 시장화와 정치적 왜곡으로까지 나아가게 되었다. 이제 필요한 것은 교회 안에 머물지 않고 세상을 섬기는 공적 영성이다. 그런데 공적 영성을 논의하기에 앞서, 한국교회 영성이 교회중심주의로 흘러가게 된 신학적 원인을 살펴보려 한다.

교회중심주의를 뒷받침하는 성령론

한국교회가 교회중심주의로 환원되는 길을 걸은 데는 신학의 책임도 크다. 신학교에서 가르치는 교회론이 한국교회 교회중심주의의 유일한 원인은 아닐지라도, 상당한 원인을 제공하였다. 한마디로 영성을 교회에 가두고, 공적 영성의 자리를 인정하지 않은 것이다. 무리한 일반화를 감수하고 말하자면, 대다수 신학교의 교의학을 구성하는 과목(loci)은 대체로 서론-신론-인간론-기독론-구원론-교회론-종말론의 일곱 가지로 이루어진다.

서론: 신학 방법론, 인간 지성의 한계, 하나님의 계시인 성경
신론: 거룩하고 사랑이 많은 전능하신 삼위일체 인격 하나님
인간론: 인간은 죄로 인해 죽음과 마귀의 권세 아래 놓임

기독론: 그리스도의 십자가와 부활, 대속과 하나님의 왕국

구원론: 구원 얻는 방법과 순서

교회론: 구원받은 사람은 그리스도의 몸인 교회 공동체에서 은혜를 경험

종말론: 최후의 부활과 심판을 통한 구원의 완성

그렇다면 성령에 관한 교리는 어디에 위치하는가? 삼위일체론에서 성령의 신격과 능력을 다루지만, 분량과 중요성은 크지 않다. 성령의 사역은 주로 구원론에서 다뤄진다. 하여 일반적으로 그리스도께서 이루신 구원을 우리에게 적용하시는 분으로 설명된다. 특히 구원에서 하나님의 주도권을 강조하는 개혁주의 신학은 구원의 순서마다 성령의 역할을 강조한다. 성령은 사람의 마음을 열어 말씀을 듣게 하시고, 믿음을 주시며 회개에 이르게 하시는 분이다. 구원 이후의 성화 또한 성령의 사역에 인간이 동참하는 것으로 본다.

20세기 초 출현한 오순절운동은 전통적 구원론에서 성령의 위치가 지나치게 소극적이라 보고, 성령을 논의의 중심에 놓았다. 개혁주의가 구원을 주도하시는 성령을 강조했다면, 오순절은 구원 이후 능력을 주시는 성령, 곧 두 번째 축복으로서의 성령 세례를 강조했다. 20세기 내내 양 진영은 이러한 강조점의 차이를 두고 신학적 논쟁을 이어왔다. 그러나 넓게 보면 개혁주의든 오순절이든, 성령은 주로 신자의 내면과 신자의 모임인 교회에서 신자와 교회를 위해 일하시는 분으로 이해된다. 성령은 사도와 선지자를 감동하여

교회를 세우시고, 목사·장로·집사 등 사역자에게 은사를 주어 교회를 보존하신다. 교회에 부흥을 주시는 분도 성령이시다. 곧 기독론-구원론-교회론을 연결하는 분이 성령이시다. 이렇듯 성령께서 교회를 통해 충만히 역사하신다는 성령론이 한국교회와 신학교, 강단에서 가르쳐졌다.

그런데 성령론이 기독론에 종속되다 보니, 성령은 예수 그리스도의 구속 사역을 개인에게 적용하는 보조적 기능에 머무는 경향이 강해졌고, 성령의 독자적 위상은 약화되었다. 그 결과 성령의 사역이 교회 성장과 부흥, 교세 확장, 예배당 건축으로 환원되며, 교회 제도를 정당화하는 도구로 기능하기도 했다. 메가처치를 성령의 위대한 역사로, 그 지도자를 성령의 사람으로 간주하는 인식이 생겨났다. 실제로는 세속적 욕망을 추구하거나 영적 성숙과 거리가 먼 경우도 적지 않은데도 말이다.

성령에 대한 이러한 협소한 이해는 오늘날 교회가 직면한 새로운 사회·문화적 도전에 응답하지 못하게 만들었다. 과학기술 문명, 기후 위기, 다종교 사회, 탈기독교 문화 속에서도 교회는 여전히 내적 성장 담론에 머물고, 성령론은 공적(公的) 신학으로 확장되지 못했다. 이런 점에서 오늘날 한국교회의 문제는 도덕적 타락이나 제도적 부패만이 아니라, 그 뿌리에 성령론의 협소화라는 신학적 문제가 놓여 있다고 할 수 있다. 따라서 교회가 사회 속에서 신앙의 공적 책임을 감당하려면, 성령론의 재구성이 필수적이다. 이를 위해 성령론을 기독론-구원론-교회론에 종속시키지 않는 다른 전통을 살펴보자.

동방 신학의 상호내재 삼위일체론

성령론을 기독론에 종속시키는 경향은 서방 신학의 특징이다. 동·서방 교회가 분리되기 전 니케아-콘스탄티노플 신경(주후 381년)은 성자는 "영원토록 아버지에게서 나신" 분이고, 성령은 "영원토록 아버지에게서 나오시는" 분으로 정리하여 고백한다. 그런데 후대 서방 신학은 성령이 아버지뿐 아니라 "아들로부터도(filioque)" 나오신다는 표현을 추가했다. 이는 성부와 성자의 단일성을 강조하려는 의도였으나, 결과적으로 성령론을 기독론 아래 두는 경향을 강화하게 되었다. 반면 동방은 성령이 오직 성부로부터만 나오신다고 고백함으로써, 성부의 원천성(archē)을 천명하고 성령의 자유와 독자성을 강조했다.

서방은 예수님이 승천하신 이후 성령을 아버지로부터 받아 교회에 주신다고 말한다. 이는 "내가 아버지께로부터 너희에게 보낼 보혜사 곧 아버지께로부터 나오시는 진리의 성령"(요15:26)이라는 말씀과, 부활 후 예수님께서 숨을 내쉬며 성령을 받으라고 하시는 장면(요20:22)에 근거한다. 그러나 또 다른 성경에 따르면, 성령은 성육신 이전부터 일하고 계셨다. 예수님이 성령을 주기도 하시지만, 그에 앞서 성령을 받으셨다(사61:1; 마3:16; 행10:38). 성령이 성자를 증언하는 영이시기에 성령이 성자에 종속된 듯 보일 때도 있지만, 항상 그런 것은 아니다. 우리의 경험을 통해서 보더라도, 어떤 이들은 성령의 우선적 역사를 통해 성자께로 인도되기도 한다. 성령은 하나님의 말씀(그 중심은 성자 예수)과 함께 일하시지만, 반드시 설교를 통해서만 사람이 변하는 것은 아니다. 성령이 성자에 종속되지 않는다든지, 설교를 통해서만 사람이 변화하는 것은 아니라고 해서 너무 두려워하지 말자. 성령이 독자적으로 일하시더라도 예수님에게, 그리고 성부 하나님에게 돌아오게 된다. 결국 삼위는 한 하나님이시다.

동방신학에 따르면, 성령은 성자에게서 나오지 않으므로, 성자의 몸인 교회에 종속되지 않는다. 성령은 생명을 주시는 영으로서 구속을 넘어 창조와 역사를 주관하시며, 예술·과학·정치 영역에서 역사하신다. 그분은 우주 안의 모든 생명 활동의 주체이시며, 개인만이 아니라 사회와 민족 공동체의 사고와 정신을 엮어 주시는 영이시다.[13] 특히 동방신학이 강조한 '상호내재(perichoresis)'의 사회적 삼위일체론은 삼위를 본질의 단일성만이 아니라 관계와 교제로 이해한다.[14] 여기서는 본질(substance)보다 위격(person)을 중시하며, 삼위는 고립된 세 존재가 아니라 사랑과 교통 안에 서로 내주하신다. 이를 교회론에 적용할 경우, 교회는 삼위 하나님의 존재 양식을 닮아 각자의 독자성을 지니되 상호 희생과 교제로서 코이노니아를 이뤄야 한다. 더 나아가 이런 교회의 존재 양식은 현대 사회의 핵심 문제인 배제와 분열을 넘어, 차이를 인정하면서 일치를 이루는 포용의 신학적 토대가 된다.[15] 성령은 교회를 닫힌 울타리가 아닌 타자를 환대하는 열린 공동체로 변모시키신다.

이상의 동방신학적 성령 이해는 성령이 교회 안에만 머무르지 않고 세상에서도 일하신다는 관점으로 확장하는 데 도움을 준다.

세상에서 일하시는 성령

성령이 교회만이 아니라 세상에서 일하신다는 인식은 매우 중요하다. 성령은 자연을 창조하고 지속하게 하시는 영인데(시104:30), 그 자연에는 인간도 포함된다. 인간의 육체적 생명은 성령의 숨결로 지탱되고, 인간이 만든 문명의 근원에도 하나님의 영이 함께하신다. 모든 사람이 하나님의 형상이기에 누구나 하나님을 향한 본성, 내재한 도덕률, 양심이 있다. 무엇보다 인간의 가장 깊은 곳에는 하나님과 교제의 자리인 '영'이 존재한다. 신자든 비신자든, 이 영은 모든 인류에게 주신 하나님의 선물이다.

우주에 가득한 영이신 성령은 언제나 모든 사람 곁에서 그들의 영에게 말씀하신다. 성령은 교회의 선포를 통해 사람들을 구원으로 초청하실 뿐 아니라, 신자와 비신자를 막론하고 예술적 영감, 창의성, 양심의 부름, 정치적 결단, 종교적 헌신을 일깨우신다. 특히 성령은 개인만이 아니라 공동체에도 역사하여, 사람과 사람 사이 교제를 가능하게 하고, 언어적 소통을 매개하며, 사랑으로 연합하게 하신다. 이러한 성령의 역사는 인간이 극단적 악으로 치닫는 것을 제어하고, 사회가 돌이킬 수 없을 정도로 타락하는 것을 지연시킨다. 물론 성령이 모든 인간을 도우신다고 해서 모두가 구원에 이르는 것은 아니다. 또한 성령의 도움을 받아 행한 일들이 항상 선한 결과를 낳는 것도 아니다. 인간의 영이 성령에 무지하거나(고전2:14),

그분을 소멸하며(살전5:19), 의식적으로 거부하기도 하기 때문이다. 하나님의 영이 감화하시어 이루어진 선행조차 인간의 자기중심성으로 오염된다.

바로 이 지점에서 교회에서 역사하시는 성령이 필요하다. 성령은 그분을 마음에 모신 그리스도인들을 통해 일하기를 기뻐하신다. 목회자가 성령의 인도를 따라 말씀을 전할 때, 성령은 비신자의 마음에 강하게 역사하신다. 그러나 그것만이 전부가 아니다. 하나님의 영을 모신 그리스도인의 선한 행실, 사랑의 봉사, 지혜와 열정, 고난 중 소망의 인내, 초월적 가치관을 목격한 이들이 자기 곁에서 일하시는 성령께 마음을 열게 된다. 성령은 그분을 마음에 모신 그리스도인들을 통해 일하기를 기뻐하신다.

성령이 세상에서도 일하신다는 사실이 중요한 이유는 크게 두 가지다.

첫째, 세상에서 이뤄지는 일들이 의미를 지니게 된다. 그렇지 않고 만일 성령이 교회 안과 신자에게만 내주하신다면, 비신자가 이룬 선한 일—수학·과학적 발견, 민주주의와 법, 경제 발전, 예술적 창작—은 모두 어떻게 되는가? 이 일들이 선(善)하다면, 그 선의 출처는 무엇인가? 그것들은 단지 마귀에게서 나온 것일 뿐이며, 따라서 악하고 무의미하다고 말할 수 있는가?

여기서 기독교세계관 운동이 즐겨 사용하는 일반 은총(common grace) 사상을 참조할 수 있다. "모든 진리는 하나님의 진리다(All truth is God's truth)"라는 경구는 종교개혁자 칼뱅에게로 거슬러 올라간다. 거듭나지 않은 비신자의 탐구에도 진리가 있으며, 그 진리의 원천은 하나님이라는 뜻이다. 그런데 칼뱅에 따르면, 진리는 언제나 영과 연결되어 있다. 어떤 학문적 이론이 진리인 것은 성령이 그것을 알게 하셨기 때문이다.

> 하나님의 영을 진리의 유일한 원천으로 인정한다면, 진리가 어디에서 나타나든 우리는 결코 그것을 거부하거나 멸시하지 않을 것이다. … 영의 선물을 경시하는 것은 곧 영 자신을 경멸하는 것이다.[16]

칼뱅은 성령의 선물을 받은 이들의 예로 법학자, 철학자(자연과학자), 수사학자, 의학자, 수학자를 든다. 신자에게 임한 성령은 성결의 영으로 함께하시고, 비신자들에게는 "인류의 공동 이익"을 위해 필요한 것들을 부어 주신다. 결국 일반 은총(common grace)은 일반 영성(common spirituality)의 동전의 뒷면이라 할 수 있다.

비신자가 발견한 진리와 아름다움, 그들의 헌신과 사랑을 성령의 역사로 인정한다면, 세상을 보는 우리의 눈이 달라진다. 비신자의 업적은 그들을 구원이나 성결에 이르게 하지는 않더라도 공공의 선을 위한 필수 자원이다. 그것은 성령이 주신 선물이며, 하나님은 이를 통해 세상을 축복하고 다스리신다. 물론 인간의 자기중심성과 성령의 거부로 인해 모든 것이 공공선을 위해 쓰이지만은 않는다. 그러므로 그리스도인은 성령의 도우심으로 이루어진 선을 성경의 기준으로 분별해야 한다. 선한 것은 취하고, 그렇지 않은 것은 배척해야 한다. 이 과정이 결코 쉬운 일은 아니지만 말이다. 정치적 결단, 과학적 탐구, 예술적 창의성, 참된 교육의 영역에서 영성은 중요하며, 그렇게 취급되어야 한다. 오늘날 한국 사회가 물질주의에 치우쳐 영적 차원에 관한 관심을 잃는 것은 우리의 미래에 불행한 일이 아닐 수 없다.

파커 팔머, 교육에서의 영성

한국 사회의 모든 영역에서 영성의 계발이 필요하지만, 그중에서도 가장 시급하다고 생각되는 분야는 교육 분야다. 우리 시대가 요구하는 공동체주의가 가능하려면, 그 중심에 반드시 영적·종교적 각성이 있어야 한다. 진정한 공동체를 이루려면 타자에 대한 환대가 중요한데, 이는 세속적 휴머니즘만으로는 어렵다. 그보다 내면 탐구를 통해 마음이 깨어지고 열려야 한다. 낯선 타자를 받아들이는 일은 위험하고 두려운 일이다. 그 두려움을 넘어 지혜롭고 열린 마음을 품으려면, 우리 주변에 펼쳐진 신비에 마음을 맡길 수 있어야 한다.

그러나 우리 교육의 현실은 어떤가? 헌법 제20조 2항의 국교 금지 조항에 묶여, 공립학교 교육에서 모든 종교적 가치를 배제하는 세속 교육이 시행되고 있다. 다수의 사립학교가 종교적 건학 이념 위에 세워졌으나, 역대 정부의 지속적인 공립화 정책으로 종교적 정체성을 교육과정에 반영하기가 어렵다. 채플과 기독교 관련 과목의 운영은 '종교의 자유' 인권 조항에 묶여 거의 이뤄지지 않는다. 소수의 대안학교에서만 몇몇 과목이 '신앙과 학문의 통합(integration of faith and learning)'이라는 이름으로 가르쳐질 뿐이다.

"교사들의 교사"로 불리는 위대한 교육학자 파커 J. 팔머도 정교 분리에 입각한 미국식 교육을 비판한다. 그의 주장에 따르면, 미국의 과거 교과과정은 학생들의 내면 탐구와 연결되어 있었는데, 지금은 종교(기독교)를 무리하게 배제하면서 뿌리 잘린 나무가 되어 버렸다. 문학과 예술은 자아를 넘어 초월적 실재와 연결해 주어야 하는데, 이를 무시한 채 정신의 역사 정도로만 가르친다. 자연과학도 자연 세계에 대한 경외와의 연결을 전제하지만, 이제는 누구도 거기에 관심을 두지 않는다. 그 결과 미국의 교육은 인생의 목적, 삶의 고통과 두려움, 죽음의 현실, 미래의 희망과 같은 정말 중요한 문제들과 학생들을 대면시키는 데 실패하고 말았다.[17]

팔머는 특정한 기성 종교, 즉 기독교를 학교에서 다시 가르치자고 주장하지는 않는다. 신(神)의 이름은 언급할 수도, 언급하지 않을 수도 있다. 다만 핵심은 학생들이 내면을 탐구하도록 돕는 일이다. 팔머에게 기독교의 십자가는 부서져 열린 마음의 상징일 뿐이다. 팔머는 특정 종교에 매달리면 오히려 그 종교에 길들여져 마음이 닫히고 삶의 범위가 좁아질 위험이 있다고 경고한다.[18] 이러한 팔머의 주장은 "종교 없는 영성(spiritual but not religious)"을 주장하는 오늘날의 많은 영성 운동과 맥을 같이하며, 포스트모던 시대의 많은 이들에게 수용되고 있나.

그러나 나는 종교로서의 기독교를 팔머보다는 더 낙관적으로 본다. 내가 믿는 기독교는 어떤 제도에도 길들여지지 않을 만큼 긴장과 갱신을 요구하기 때문이다. 전적 타자이신 하나님 앞에서 인간은 언제나 죄인으로 드러나며, 기독교의 전통과 교리, 문화 역시 모두 벌거벗듯이 드러나 심판받는다. 십자가 위에서 인류의 모든 자랑이 심판받았고, 동시에 십자가를 통해 우리는 용서받았다. 나는 이 십자가를 상징이 아닌 실재로 받아들일 때, 비로소 타자에게 열린 마음을 갖게 된다고 믿는다.

물론 국교가 금지된 공립학교에서 직접적인 기독교 전교(傳敎)는 불가하다. 그러므로 기독교의 가르침을 공적 언어로 번역하는 과정이 꼭 필요하다. 교회는 성령이 주시는 진정한 영성의 아름다움을 보여주고, 기독교 대안학교는 기독교세계관에 근거한 통합 교육과정을 개발하며, 사립학교는 건학 이념과 그에 맞는 교과과정을 시행해야 한다. 공립학교 교사는 신앙과 양심의 자유에 따라 가르칠 공간을 확보할 필요가 있다. 이 모든 것이 현실화하려면, 교사들이 자신의 영적 세계로 학생들을 초대할 만큼 풍성한 영성의 소유자가 되어야 한다.

둘째, 비신자 속에서 일하시는 성령을 인정할 때, 그리스도인은 비신자와 대화할 수 있고, 그들에게 주신 성령의 선물을 공유하며, 그들로부터 배울 수 있다. 그리스도인은 비신자의 업적을 무시하는 대신, 그들의 양심적 행동과 용기에 도전받음으로써 자신의 세계를 넓힐 수 있다. 또한 사회의 많은 문제를 공론장에서 토론과 숙의를 통해 함께 다루며, 더 나은 대안을 모색할 수도 있다.

그런데 바로 이 점에서 한국교회는 너무나 부족한 모습을 보이고 있다. 목회자나 신학자 등 교회의 지도자들이 비신자에게 역사하시는 성령을 인정하지 않으니, 그들과 대화를 단절한 채 자기 세계에 갇혀 있다. 자신이 아는 작은 지식, 혹은 SNS 알고리즘이 제공하는 세계가 전부인 양 여긴다. 거기에 하나님의 계시를 받았다며 세상을 함부로 판단하고, 만기친람(萬機親覽)식으로 설교한다. 그리고 목회자의 말을 맹종하는 성도들은 '아멘'으로 호응하고, 틀렸음을 아는 지식인들조차 "목사니까 그럴 수 있다"라며 넘어간다. 신학자 역시 자기 진영의 교리와 신학을 강화하려는 연구에만 머무르며, 새로운 세계와의 대화는 회피한다. 교계 안에서는 닫힌회로가 작동해 편향된 정보가 끊임없이 재생산되고, 그 정보를 공유하는 사람들 사이에 대안 세계가 만들어진다. 그 결과 교회는 사회에서 고립된 섬으로 남는다. 그 섬 안의 그리스도인은 늘 의인이고, 바깥세상은 암흑이다. 세상과 분리되어 있으니, 죄의 자각도, 회개와 구원의 필요도 희미해진다. 그 섬 안에는 내부 통제를 위한 이단 감별사와 '대심문관(the Great Inquisitor)'만 남는다. 이들이 정부와 사회를 판단하고 정치에 개입하려 든다면, 대한민국에는 재앙이다. 바로 지금 보수적 기독교 지도자들이 보이는 행태다.

3. 체제를 초월한 영성 vs 체제에 밀착한 영성

성령은 체제를 형성하고 전복한다

앞서 성령은 의미와 에너지의 결합이라고 하였다. 성령은 믿는 사람이건 그렇지 않건, 사람의 영을 자극하고 인도하여 세상에서 의미 있는 일을 하도록 하신다. 성령의 의미 있는 사역 가운데 하나는 이념을 형성하고 구조와 체제를 만드는 일이다. 이는 하나님의 뜻을 지속시키고, 그것을 넓게 펼치기 위함이다. 체제의 핵심을 이루는 사상과 철학을 이념(이데올로기)이라고 한다. 성령은 처음부터 새로운 이념을 창출하시기도 하고, 때로는 기존 이념을 사용해 체제를 세우시기도 한다.

성령의 인도하심으로 형성된 이념과 체제는 하나님의 뜻을 이 땅에 반영하며 세상을 섬기는 순기능을 지닌다. 성령으로 충만한 사람은 이념과 체제를 이해하고, 성령의 능력으로 그것들을 유지하고 확산한다. 예를 들어, 자본주의 시장경제 체제가 유지되기 위해서는 그 체제의 핵심 가치인 '청지기 정신'이 필요하다. 재물 얻을 능력을 주신 분이 하나님이심을 인정하고, 그분이 원하시는 대로 재물을 사용하는 것이다. 만일 이 정신을 잊어버리고 자기 능력으로 체제의 정점에 올랐다고 생각하여 오만해지게 되면, 체제는 내부에서부터 무너진다.

마이클 샌델(Michael Sandel)은 체제 붕괴를 경험하는 미국 지성인으로서 그 원인을 찾고 대안을 제시하려 했다. 그의 책 『공정하다는 착각』(와이즈베리, 2020)은 그 노력의 결론이다. 그가 제시한 몇 가지 대안은 테크노크라트(technocrat, 기술관료)의 통치가 아닌 데모크라시(democracy, 민주적 통제), 시민 교양과 도덕심을 함양하는 교육, 일에 대한 존중감을 높이는 정책 등이다. 그러나 샌델에 따르면, 이 문제는 정책만으로는 안 되고, 근본적으로 사람들의 마음이 바뀌어야 한다. 한마디로 '능력주의(meritocracy)'를 극복해야 한다. "신의 은총(God's grace)인지, 어쩌다 이렇게 태어났기 때문인지, 운명의 장난인지 몰라도 덕분에 나는 지금 여기 서 있다"라고 고백하는 겸손이 우리 사회를 좀 더 관대한 사회로 만들어 줄 수 있다.[19] 다시 말해 공동체를 유지하는 것은 효율적인 행정이나 공정한 형벌 제도가 아니라, 그 사회 구성원의 영성에 달려 있다는 뜻이다.

한 사회의 체제가 형성되고 지속되는 과정에는 언제나 자기중심적인 타락한 인간의 영이 개입하기 마련이다. 성령의 인도하심 아래 형성된 체제라고 해도 타락한 인간성이 개입하기에, 그 체제는 태생적으로 역기능을 내재한 오염된 체제일 수밖에 없다. 시간이 흐르고 체제가 강화(强化)되며 경화(硬化)될수록, 순기능은 위축되고 역기능이 더욱 드러나기 마련이다. 물론 어떤 체제든 자정 기능이 있어 역기능을 최소화하려 하지만, 이미 무너짐이 시작된 체제의 붕괴는 시간문제일 뿐이다.

그때 성령께서 다시 개입하신다. 성령은 전복(顚覆)하는 영이시다. 기존 질서를 과감히 뿌리째 뽑아 체제에 봉사하던 이념의 죄악성을 드러내시고, 인적 청산을 통해 사회를 뒤집어 엎으신다. 그리고 새로운 사람을 택해 새로운 의미와 에너지로 충만한 영성을 부으심으로써 새 시대를 여신다.

"주의 영이 임하였으니…"

성경의 역사는 체제의 형성과 전복을 보여주는 성령 사역의 역사라고 해도 과언이 아니다. 왕조와 종교 복합체가 형성되고 무너지는 과정, 제국들이 일어나고 무너지는 과정이 곧 그것이다.

> "여호와는 가난하게도 하시고 부하게도 하시며 낮추기도 하시고 높이기도 하시는도다 가난한 자를 진토에서 일으키시며 빈궁한 자를 거름더미에서 홀리사 귀족들과 함께 앉게 하시며 영광의 자리를 차지하게 하시는도다 땅의 기둥들은 여호와의 것이라 여호와께서 세계를 그것들 위에 세우셨도다"(삼상2:7-8)

메시아가 행하시는 중요한 일 또한 바로 그것이다. 성령으로 충만한 메시아는 기존 체제를 전복하여, 그 체제 아래 눌린 이들을 구원하시고 새로운 나라를 이루신다. 예수님의 메시아 취임 선언이 이를 보여준다.

> "주의 성령이 내게 임하셨으니 이는 가난한 자에게 복음을 전하게 하시려고 내게 기름을 부으시고 나를 보내사 포로된 자에게 자유를 눈먼 자에게 다시 보게 함을 전파하며 눌린 자를

자유롭게 하고 주의 은혜의 해를 전파하게 하려 하심이라"

(눅4:18-19)

예수님은 예루살렘 성전 중심 체제를 해체하시고, 힘의 평화를 추구하던 팍스 로마나를 넘어서는 참된 평화와 자유를 선포하셨다. 그리고 하나님 나라가 이미 임했음을 선언하셨다.

성령이 '바람'으로 비유되는 이유 중 하나는, 성령은 인간이 통제할 수 없는 분이시기 때문이다. 성령은 한편으로 체제를 만드시고 그 안의 사람들에게 능력과 지혜를 주시어 그것을 유지하게 하시고, 다른 한편으로 제도와 체제를 뒤흔드시어 변혁을 일으키게 하신다. "바람이 임의로 불매… 그가 어디서 와서 어디로 가는지 알지 못하느니라"(요3:8). 오순절에 천지를 뒤흔드는 "홀연히 하늘로부터 급하고 강한 바람 같은 소리"(행2:2)가 있었다. '방언'으로 상징된 성령의 임재는 언어와 민족의 경계를 뛰어넘어 보편적 복음 선포를 가능케 했다. 또한 성령은 고넬료의 집에서 이방인에게 임하심으로 민족과 문화의 장벽을 무너뜨리고 새로운 역사를 여셨다. 그래서 바울 일행은 "천하를 어지럽게 하던 사람들", 즉 "가이사의 명을 거역하여… 다른 임금 곧 예수라 하는 이가 있다"라고 가르치는 사람들이라고 고소당했다(행17:6-7). 성령은 경계를 자유롭고 주권적으로 넘나들며 기존 질서를 해체하고 새로운 세상을 여시는 분이다.

성령이 체제를 전복하는 영이라는 사실은 성령과 성경의 관계에서도 잘 나타난다. 성령은 이미 기록된 성경을 해석하는 분이시다. 그분은 성경의 제1 저자로서 성경의 뜻을 누구보다도 잘 아시기에, 자유자재로 성경을 해석하신다. 그분은 틀에 박힌 전통적 해석을 부인하고, 새로운 성경해석을 통하여 새로운 시대를 여신다. 따라서 성령이 제시하는 성경해석은 체제를 지탱하기도 하지만, 때로는 체제를 근본부터 무너뜨리기도 한다.

고린도후서 3장은 기존 질서를 해체하는 성령 해석학을 보여주는 대표적 사례다. 구질서에 갇힌 자들은 얼굴에 베일을 쓴 것처럼 성경의 의미를 희미하게 본다. 그들은 글자에 집착해 글자 배후에 있는 하나님의 마음을 읽지 못하고, 구체제와 밀착한 잘못된 해석에 빠진다. 결국 성경도 죽이고 사람도 죽인다. "글자는 죽이는 것이요 영은 살리는 것이니라"(고후3:6, The letter kills, but the Spirit gives life). 그러나 바울의 해석은 자유로운 성령이 주도하시는 전복의 해석이다. "주의 영이 계신 곳에는 자유가 있느니라"(고후3:17). 그는 유대교의 구질서를 넘어선 메시아 시대의 새로운 해석 공간을 열었으며, 이를 가능케 하신 분이 바로 그의 안에서 일하시는 성령이셨다.

영광의 신학 vs 십자가 신학

성령의 자유로운 역사를 방해하는 요인 중 하나가 신학(神學)일 수 있다. 신학은 두 기능을 가진다. 하나는 기존 질서를 세우고 옹호하는 것이고, 다른 하나는 그것들을 파괴하고 전복하는 것이다.[20] 성령의 인도하심을 받는 신학은 기존 질서의 기반이 되는 하나님의 뜻을 보편적 언어로 기술해 누구나 이해하게 함으로써 기존 질서를 유지하게 한다. 그러나 동시에 신학은 시대의 변화를 식별해 새로운 시대 정신에 맞는 새로운 답을 제시해야 한다. 이를 위해 신학자는 성령의 인도하심에 따라 성경을 새롭게 해석해야 한다. 이는 기존 질서로부터 초월해야 가능한 일이다. 이에 반해 기존 질서와 밀착된 신학은 오늘날의 문제에 답하지 못한 채, 죽은 전통을 공고히 하는 도구가 되기 쉽다. 신학자도 생활인의 한 사람으로서, 특히 기존 질서로부터 문화적 권력을 부여받은 이들이기에, 기존 질서를 초월하는 것은 쉬운 일이 아니다.

종교개혁자 루터는 스콜라 신학이 고통으로 죽어가는 세상에 대한 고민 없이 정립된 교리를 반복, 증명, 강화하는 신학일 뿐이라면, 그것은 "영광의 신학(*theologia gloriae*)"이라고 비판했다. 이에 반해 그 시대의 악을 분별하고 거기에 도전하는 신학을 "십자가 신학(*theologia crucis*)"이라 불렀다. 십자가 신학을 하는 자는 십자가를 지는 것 같은 외적 박해와 내적 번민을 피할 수 없다. 루터는 신학의 역할이 체제 보존이어서는 안 되며, 체제를 초월하고 그것과 대결하는 신학이어야 한다고 역설했다.

요약하자면, 성령은 체제와 구조, 이념을 초월하는 분이시다. 성령은 한 체제를 세우기도 하고 무너뜨리기도 하시는 자유로운 영이시다. 따라서 우리 그리스도인은 성령의 뜻에 따라 체제를 수호할 수도, 비판할 수도 있어야 한다.

체제에 밀착한 영성

성령이 체제와 이념을 초월하지 못하고 체제에 밀착하거나 종속될 때 불행한 일이 벌어진다. 한 국가가 망하는 요인은 여럿이나, 특히 정치와 종교가 구분되지 않을 때 치명적이다. 앞서 성령은 하나님 나라 구현을 위해 이념을 사용하신다고 했다. 그러나 반대로 이념과 체제가 자기 보존을 위해 영성을 요구하기도 한다. 정치가 자기 기반을 공고히 하기 위해 절대 이념 혹은 신앙을 요청하는 것이다. 평시에는 국민 통합을 위해, 전시에는 국민 동원을 위해 절대자의 이름과 영적 권위가 필요해진다.

동서고금의 독재자들은 항상 신의 이름을 빌려 정권의 정당성을 주장하거나, 아예 자신이 신이 되려 했다. 히틀러 뒤에는 로마 가톨릭 추기경 아돌프 버트람(Adolf Bertram)과 개신교 '독일 그리스도인(Deutsche Christen)'이 있었고, 일본제국주의에는 태양신 아마테라스 오미가미의 아들이라 일컬어진 일왕이 있었다. 트럼프 전 미국 대통령은 지난 2020년 조지 플로이드 사건 항의 시위에 군 투입을 거론하며, 백악관 인근 세인트존스 교회에서 성경을 들어 보이는 퍼포먼스를 했다. 자신의 결정을 하나님의 뜻과 결부시키고 복음주의 진영의 지지를 견인하려는 의도였다. 이들은 양상은 서로 다르지만, 사람들의 영성을 이끌어 전쟁을 수행하려는 매커니즘은 동일하다.

영성과 이념은 서로 경쟁하면서도 결합하려는 경향이 있다. 종교는 현실 정치와 결합해 삶의 전 영역을 지배하려 하고, 정치는 종교를 통해 절대성을 확보하려 한다. 국내적으로는 국민을 통합·통제하고, 대외적으로는 전쟁을 수행할 정신을 제공받고 싶어 한다. 동서고금의 독재자들이 모두 이 길을 걸었다.

그러나 역사적으로 종교-정치 통합 체제는 가장 악한 체제로 판명되었다. 권력은 타락하며, 절대 권력은 절대적으로 타락한다. 종교와 정치가 결합한 거대 권력은 순수하게 유지될 수 없다. 국내적으로는 사회통합이라는 명분 아래 자유를 억압하고 '반국가 세력'을 박멸하고 반체제인사를 격리하며, 대외적으로는 체제 전파를 명분으로 전쟁을 일으켜 치유 불가능한 상처를 남긴다. 이러한 체제는 자신의 무오류를 주장하며 종교적 헌신을 강요하기에 그 어느 권력보다도 더욱 위험하다.

최근의 사례로, 오늘날까지도 우리에게 영향을 미치는 매카시즘을 들 수 있다. 1950년대 냉전기에 미국 상원의원 조지프 매카시는 정치적 반대파를 공산주의자로 몰아 공직과 민간 분야에서 축출했으며, 뉴딜 정책을 공산주의와 연계시키고, 학계, 언론계, 예술계에 '빨갱이 공포(Red Scare)'를 일으켰다. 그의 철저한 반공주의 배후에는 가톨릭 신앙이 있었다. 매카시는 미국 극우 정치와 기독교 조합의 시초였고, 1980년대 뉴라이트-보수 공화당 연합을 거쳐 오늘날 트럼피즘으로 진화했다. 이러한 미국의 흐름은 엘리트 혐오, 지도층 타락 비판, 공산주의 위협을 통해 대중의 공포와 지지를 동원한다는 점에서 공통점이 있다. 특히 복음주의의 지지를 받는다는 점에서 매우 위험하다.

우리나라의 극우주의 역시 기독교 신앙과 극단적 정치 이념이 결합한 형태 중 하나다. 기독교의 가르침이 정치 이념과 동일시되고, 나아가 한 인물로 체화되기도 한다. 극우 지도자는 자신을 절대 선으로, 자신을 거스르는 모든 세력을 악으로 규정한다. 그는 자기를 추종하는 대중에게 무오류의 존재다. 흔들리는 대중에게 확신을 주는 대가로 권력을 얻는다. 체제에 밀착한 영성이 문제의 핵심이다.

대한민국임시정부와 대부흥운동

반대로 신앙이 체제와 결탁하지 않고 체제를 넘어 공공선을 낳은 한국적 전형도 있다. 바로 민주공화국 대한민국을 형성한 1919년 3.1운동과 상해임시정부 수립이다. 3.1운동과 임시정부 수립은 단순한 독립운동이 아니라, 새로운 체제의 출발이었다. 이 점에서 '3.1운동'이 아니라 '3.1혁명'으로 불러야 마땅하다. 임시정부는 왕정이 아닌 민주공화제를 택했다. 조선 왕조 오백 년의 기억과 대한제국의 왕족이 존재했음에도 왕정이 아닌 공화정을 선택한 것이다. 당시 민주공화제를 채택한 나라는 미국, 프랑스, 스위스 등 극소수였음을 감안하면, 이는 결코 쉬운 결정이 아니었다. 민중이 목숨을 걸고 되찾은 나라를 다시 왕실에 돌려줄 수 없었다.

우리는 3.1혁명과 임시정부의 중심에 기독교적 영성이 있었다는 사실에 주목해야 한다. 임시정부의 헌법 격인 대한민국 임시헌장 전문은 "하나님과 사람이 하나 되어 국내외가 힘을 모아 서울에서 거사를 일으킨 지 30여 일에"라고 선언한다. 3.1운동은 단순한 민중의 분노가 아니라, 하나님과 사람의 일치 속에 일어난 운동이었다. '선서문'에는 "우리가 흘리는 한 방울 피가… 신(神)의 나라 건설의 기초가 되리라"고 하며, 제7조는 "대한민국은 신(神)의 의사에 의하여 건국한 정신을 세계에 발휘한다"라고 천명한다. 당시 '신'은 기독교적 하나님을 가리키는 것으로 이해되었다. 임시정부 지도자들은 대한민국을 하나님의 뜻에 따라 세워진 국가적 소명으로 확신했다.[21]

임시헌장은 민주공화국과 기독교 영성의 연결을 분명히 보여준다. 남녀와 신분의 차별이 없는 자유와 평등의 선언은 모든 인간이 하나님의 형상대로 창조되었다는 기독교 인간관에 뿌리를 두고 있다. 여기에 더해 개인이 공동체의 일부임을 자각하고 책임과 헌신으로 응답하게 하는 힘이 기독교적 영성이다. 1907년 평양 대부흥을 경험한 그리스도인들은 하나님과의 강력한 만남을 통해 소명을 받고 자발적 희생을 결단했다. 그야말로 기독교 영성에 뿌리내린 자유롭고 평등한 민주공화국, 대한민국의 탄생이었다. 성령께서 조선의 그리스도인과 민중 가운데 역사하시어, 조선 왕조 오백 년과 일제의 강압적 식민 통치를 절연하고 새로운 시대를 여신 것이다.

대한민국은 민주공화국의 형태뿐 아니라 그 기초에 깊은 영성을 지니고 있다. 오늘날 우리가 누리는 민주공화국의 중심에도 이러한 기독교 영성이 자리해야 한다. 영성 없는 민주공화국은 뿌리 잘린 식물과 같고, 영성 없는 법치는 양심과 관용을 잃고 형식적법 기술로 남는다. 영성을 잃은 정치인은 공익보다 당선을 목표로 삼고, 당선된 자는 다음 재선만을 목표로 삼는다. 영성을 상실한 보수는 가치를 지키기보다 기득권을 지키고, 자기반성의 영성을 잃은 진보는 도덕적 우월감에 빠져 타인을 가르치려 하다가 대중의 반감과 분노를 불러일으킨다.

그리스도인이 민주공화국에 영성의 자양분을 공급하려면, 우리의 영성이 이념과 체제를 초월해야 가능하다. 영성과 체제가 밀착하면 맹목적 에너지로 전락하여 스스로를 파괴하게 된다. 그러나 오늘날 기독교는 보수, 심지어 극우와 결탁함으로써, 참된 영성을 잃고 기독교 종족주의(tribalism)로 퇴화했다. '십자군'의 방식으로 '신의 나라'를 세우려는 망상에 사로잡혀, 교회 밖에 가짜 적을 설정하고 권력과 폭력을 동원한다.

한국교회는 선조들의 영성과 더불어 호흡하기보다 그들이 남긴 업적만 기념하다가 신앙을 박제된 유산으로 전락시켰다. 자기희생으로 공동체를 살리기보다 자기 확장에 몰두하며 공공성을 훼손하고 있다. 영성을 잃은 한국교회의 미래, 그리고 교회의 자양분을 공급받지 못한 채 쇠약해진 한국 민주주의의 미래 위에 암운이 드리워져 있다.

체제를 초월하는 영성을 가르는 두 시금석

그런데 여기서 한 가지 의문이 남는다. 과연 체제에 밀착된 영성과 체제를 뛰어넘는 영성을 어떻게 구별할 것인가? 체제를 유지하려는 영성이라 해서 모두 체제에 밀착되었다고도 할 수 없고, 반대로 체제를 전복하는 자들이 반드시 탁월한 영성의 소유자라고 할 수도 없다. 전혀 영적이지 않은 사람도 자기 신념으로 체제를 부정할 수 있기 때문이다. 그렇다면 진정한 영성을 가르는 시금석은 무엇일까? 그것은 다음의 두 가지다.

첫째, 기존 체제 아래에서 고통받는 사람들과 함께하는가?

어느 체제에서든 특혜를 누리는 이가 있는가 하면, 체제의 모순으로 고통받는 이도 있다. 특권층은 현 상태를 영속화하려 애쓰며, 그 과정에서 불법과 카르텔을 만들고, 비싼 변호사를 동원해 무죄를 받아내며, 학자들을 불러 체제 안정을 정당화한다. 반대로 고통받는 이들은 정보와 힘이 부족해 늘 피해를 당한다. 때로는 권력자에게 가스라이팅되어 자기 계급의 이익에 반하는 선택을 하기도 한다.

고통받는 이들은 영적으로 예민하다. 그래서 그들 중 일부는 체제의 문제를 고민하고, 고통의 본질을 숙고한다. 곧 심령이 가난한 자, 애통하는 자, 자신이 중병이 든 것을 알고 의사이신 예수님께 나아가는 자들이다. 가난한 자 가운데 성령의 뜻을 깨닫는 이가 많다. 민중신학의 용어로는 "민중의 자기 초월"이 일어나는 것이다. 1970년대 민중운동가 전태일이 그 예로 자주 언급된다. 그는 개인의 불행을 사회 구조의 문제로 인식하고, 이를 극복하기 위해 자기를 내어주었다. 집단의 한(恨)을 체념으로 방치하지 않고 민중과 연대하여 해방운동을 주도했다.

고통받는 자가 자신의 처지를 이해하고 성령의 은혜를 경험해 자기를 초월하게 되면, 그는 세상을 구원으로 이끄는 사람이 된다. 함석헌은 『성서적 입장에서 본 조선 역사』에서 당시 조선을 "동네 건달에게 능욕당하고 길바닥에 쓰러져 힘없이 우는 버림받은 처녀아이"에 비유했다. 그는 우리 민족의 자랑을 찾으려 했으나 실패했고, 마침내 조선이 인류 역사에 남긴 유산을 '고난'에서 발견했다. 수많은 고난이 응축되어 형성된 정서인 '한(恨)'이야말로 하나님이 우리 민족에게 주신, 세상을 구원케 하는 선물이라 했다.

이 역설은 백 년 뒤 K-컬처로 결실을 맺었다. 「기생충」, 「오징어 게임」, 「케이팝 데몬 헌터스(케데헌)」 등은 인류에게 그러한 선물을 건넨 사례들이다. 예를 들어, 케데헌에 전세계가 열광하는 까닭은 단순히 이 작품이 재미와 감동을 주기 때문만은 아니다. 그 속에서 구원을 발견하기 때문이다. 비주류의 삶을 사는 이방인, 사회적 낙인이 찍힌 사람들, 지울 수 없는 상처를 입은 사람들, 드러내기 싫은 치부를 가진 사람들, 씻을 수 없는 죄책감에 시달리는 사람들, "존재 자체가 실수"라고 느끼는 사람들…, 이들은 케데헌에서 조용히 눈물을 흘리며 위로와 치유를 경험한다. 심지어 주류에 속해 아무 주름살 없이 밝게 살아가는 사람들조차 자기 안에 있는 그림자를 마주하고 충격을 받는다.

고난을 통해 형성된 한국인의 집단무의식이 케데헌 곳곳에서 드러난다. 선과 악의 대립, 개인 안의 양면성, 구조적 불평등과 개인 책임 사이의 실존적 고뇌, 사랑에서 비롯된 희생과 연대가 악을

이기는 힘이라는 해법, 그리고 이를 해학과 노래와 춤으로 승화한 문화 등이 그것이다. 가장 한국적인 것이 가장 보편적인 이유가 여기에 있다. 그리고 가장 보편적인 것이 가장 성경적인 것이기도 하다. K-컬처가 세계인의 눈물샘을 자극하는 까닭은 십자가의 보편성을 표현하기 때문이다. 예수님은 죄로 가득한 세상에 연약한 인간으로 오셨고, 악과 직면하시어 그 악을 끌어안고 죽임을 당하셨다. 부활하신 그분의 몸에는 흔적(문양)이 남았다(요20:20). 예수님을 따르는 이들은 예수님과 함께 악한 세상 속에서 자기희생으로 자신과 타인을 구원한다.

둘째, 자신도 기존 질서의 일부임을 깨닫고 통회(痛悔)하는가?

앞서 기존 체제하에서 고통받는 이와 함께하는 자가 진정한 영성의 소유자라 했다. 그러나 특권층이 가난한 자와 자신을 동일시할 때, 그것이 우월감에서 비롯된 것은 아닌가 하는 질문이 가능하다. 또 아무리 민중 출신이라 해도 작은 지위와 권력을 잡게 되면, 곧 다른 이들 위에 군림하려 들기 마련이다.

그래서 두 번째 시금석이 필요하다. 진정한 영성은 하나님의 영과 교제할 뿐 아니라, 자신의 영이 공동체와 연대되어 있음을 아는 것이다. 도스토옙스키는 『카라마조프의 형제들』에서 장로 조시마의 입을 빌려 이렇게 말한다. "구원에 이르는 길은 단 하나뿐이다. 그것은 모든 사람의 죄에 대하여, 모든 일에 대하여 자신이 책임이 있다고 느끼는 것이다. 참으로 사람은 모두, 모든 사람과 모든 일에 대하여 책임이 있다."[22] 이는 죄를 단순한 개인의 범죄로 보지 않고, 인류 공동체의 파괴와 고통에 대한 연대 책임으로 보는 관점이다. 세상의 죄악, 교회의 죄악, 나의 죄악은 서로 얽혀 있다. 나는 마이크로코스모스이며, 내가 곧 대한민국이고 한국교회다. 내가 내 안의 얽힌 죄를 끊어 낸다면, 그 순간 세상 문제의 해결이 시작된다. 이런 사람은 타인을 정죄하거나 우월감을 느끼지 않고, 자기 성찰로 나아가 용서와 사랑을 선택한다.

영적 회복의 첫 징표는 회개다. "하나님께서 구하시는 제사는 상한 심령이라 … 상하고 통회하는 마음을 주께서 멸시하지 아니하시리이다"(시51:17). 죄에 오염된 우리는 어려움이 닥치면 원인을 외부에서 찾으려는 경향이 있다. 중국, 신천지, 동성애자, 정부… 희생양을 찾아 차별과 혐오를 쏟아내는 미성숙한 행태가 반복된다. 다른 사람을 정죄하는 내면에는 자기 의(義)가 자리 잡고 있다.

회개의 반대말은 공로주의(meritism)다. 오늘날 한국교회는 전체적으로 공로주의에 빠져 있다. 일생을 바쳐 교회를 개척하고 성장시킨 늙은 목사는 교회를 자신의 공로로 여기고, 세습을 감행하다가 함께 몰락한다. 성도들은 근면과 금욕, 자녀 교육에 힘썼고, 그 결과 한국교회는 저소득층이 설 자리 없는 중산층 중심의 보수 교회가 되었다. 열심히 기도하여 은혜를 받았으나, 시간이 지나 보니 은혜는 사라지고 물질적 축복만 남았다. 반공과 시장경제 이념에 기대어 교회와 국가가 동반 성장했지만, 이제 신앙과 이념이 한 몸이 되어 함께 역사의 심판을 받는 자리에 이르렀다.

회개의 가능성은 매우 낮다. 성경 말씀을 이미 자기 방식으로 내면화하고, 기도를 통해 그것을 강화하기 때문이다. 아이러니하게도 성경을 많이 알고, 큰 소리로 기도할수록 오히려 참된 회개와 멀어질 수 있다. 여기서 필요한 것이 바로 묵상이다. 깊은 묵상을 통해 책망하시는 성령의 음성을 들어야 한다. 곧 자기 내면 깊숙이 자리한 욕망이 무엇인지 드러내어 끊어야 한다. 그 묵상의 끝에 기도가 따른다. 기도는 경건의 업적을 쌓는 행위가 아니다. 기도는 속에 있는 부패한 생각을 버리기 위한 몸부림이다. "하나님의 아들 주 예수여, 이 죄인을 불쌍히 여기소서." 공적 영성은 바로 이 탄식에서 시작된다.

<함께 생각해볼 문제>

1. 한국교회의 가장 큰 문제가 영적 활력을 잃은 것이라고 진단하였는데, 과연 그 진단이 옳은가? 과거 한국교회의 모습과 비교해 보고, 주변의 그리스도인들과 대화해 보자.

2. 한국 그리스도인들이 구한말과 일제 초기까지만 해도 내면의 영성을 공적 삶에서 나타내었는데, 어떤 과정을 거쳐 영성이 교회에 갇히게 되었는가?

3. 성령의 일반적 사역을 논하면서, 성령이 사랑의 교제, 예술적 영감, 양심의 부름, 정치적 결단, 종교적 헌신을 일깨우신다고 하였는데, 이에 대하여 어떻게 생각하는가? 비신자 가운데서 일하시는 성령을 경험한 적이 있는가?

4. 성령이 현재의 체제와 이념을 넘어서서 새로운 이념을 상상하도록 돕는다고 하였다. 현재 대한민국의 기존 질서가 한계에 부딪혔다고 느낀 적이 있는가?

5. 모든 사람에 대하여 죄인이라는 자각에서 공적 영성이 시작된다고 하였는데, 기존 질서 아래 혜택을 받는 자신에 대하여 깊이 회개한 적이 있는가?

주(註)

1장 한국교회의 우상숭배: 권력, 재물, 이념

1) 위키피디아 '세스페데스' 항목은 세스페데스를 "조선에 온 최초의 서양 선교사"라 부르며 그가 한 다양한 선교 활동을 부각하고, "그의 노력은 헛되지 않았다"라고 정리한다. 이에 반해 나무위키는 세스페데스가 "조선의 주민들과 접촉한 일은 없었을 것"임을 강조한다.
2) 전자는 영혼의 소중함에 대한 말씀을 인용할 수 있고(마16:26; 18:10; 눅15:7), 후자는 "온전하라"고 말씀하시는 구절을 사용할 수 있다(마5:48; 19:21; 눅8:14; 요17:23; 엡4:13).
3) 개신교는 미국 감리교 선교사인 맥클레이(Robert Samuel McClay, 1824-1907) 선교사가 고종의 허락을 받은 것을 기점으로 해 140년이다. 이보다 52년 앞선 1832년 칼 귀츨라프가 충남 고대도에서 한 달간 전도했다는 사실이 최근 주목을 받고 있는데, 역사적 지속성이 관건이 될 것이다. 천주교는 이승훈이 영세를 받은 일을 기점으로 한다.
4) 리처드 마우, 홍병룡 역, 『무례한 기독교』(IVP, 2014). 영어 Richard Mouw, *Uncommon Decency: Christian Civility in an Uncivil World* (Downers Grove, IL: IVP, 1992).
5) "이재명 대표 암살계획 성공을 빈다." 장신대 소기천 교수의 2025년 3월 13일 페이스북 포스팅.
6) "Religion: Tomorrow the World", *TIME*, January 3, 1977.
7) "The excellence of the church does not consist in multitude but in purity." 이사야 4장 2절 주석. John Calvin, Tr. William Pringle, *Commentary on the Book of the Prophet Isaiah* (Grand Rapids, MI: Christian Classics Ethereal Library), ccel.org.
8) "기도는 은밀한 가운데서", 「경향신문」(1996. 3. 12).
9) "Civiletti Sees an End to Korea Bribe Cases", *The New York Times*, June 2, 1978.
10) "John E. Nidecker, 75, Ex-presidential Aide", *The New York Times*, June 23, 1988, Nidecker's obituary. *Washington Post*도 같은 내용을 보도. 스캔들은 1976년 「워싱턴 포스트」에 처음 보도됨.
11) 재물 숭배의 성경적 역사와 한국교회의 역사에 대해서는 필자의 책, 『번영복음의 속임수』(SFC, 2019)를 참고하라.
12) 노승현 "주5일 근무제에 대하여", 「크리스천 투데이」(2001. 8. 22).
13) 필자의 글 "디지털 영지주의", 기윤실 웹진 「좋은나무」를 참고하라.
14) 「스카이 데일리」 사고, "간첩단 보도 사과드립니다", 「스카이데일리」(2025. 8. 13). 무책임한 오보 하나가 온 나라에 끼친 엄청난 손실을 어찌 이런 사과문 하나로 해결할 수 있을까.

2장 트럼프, 근본주의, 그리고 한국교회

1) 이창준·김희진 기자, "내란 특검 "오산기지 압수수색 미군과 전혀 무관···한국군 관리 자료", 「경향신문」(2025. 8. 26).

2) 현예슬, "트럼프 '韓, 숙청·혁명하는 듯…우린 그곳에서 사업 못한다'", 「중앙일보」 (2025. 8. 25).

3) 이소진, "이영훈 목사 '트럼프도 교회 압수수색 지적…李정부 반성하길'", 「조선주간」 (2025. 8. 26).

4) 「위키백과」 (https://ko.wikipedia.org/wiki/트럼프주의 (2025. 9. 13 접속).

5) 정태식, 『21세기 제국의 정치와 종교』 (한울, 2025), 159-163.

6) 위의 책, 167.

7) Philip Gorski, "Why Evangelicals Voted for Trump: A Critical Cultural Sociology", *American Journal of Cultural Sociology* Vol. 5 (2017), 348.

8) Karen Armstrong, *The Battle for God: History of Fundamentalism* (New York: Ballantine Books, 2001), 271.

9) 배덕만, 『전광훈 현상의 기원』 (뜰힘, 2025), 18-20.

10) 정태식. 『21세기 제국의 정치와 종교』, 50-51.

11) 정태식. 『21세기 제국의 정치와 종교』, 50.

12) 이은혜, "트럼프 고문 폴라 화이트 목사, 통일교 행사 참석", 「뉴스앤조이」 (2020. 1. 7).

13) 팀 앨버타, 이은진 역, 『나라 권력 영광』 (비아토르, 2024), 361.

14) 위의 책, 125.

15) 위의 책, 125.

16) 위의 책, 637.

17) 위의 책, 182.

18) 김지은, "피살된 미국 청년보수 아이콘 찰리 커크는 누구?", 「한겨레」 (2025. 9. 11).

19) 팀 앨버타, 『나라 권력 영광』, 465.

20) 2025년 8월 31일 부산 세계로교회 예배에 참석한 찰리 커크의 멘토 롭 맥코이(Rob McCoy) 목사가 "이재명 대통령이 교회를 압수수색했다고 트럼프 대통령이 말했죠. 찰리 커크가 세계로교회 압수수색을 듣고 트럼프 대통령에게 얘기했기 때문입니다"라고 말했다. 하지만 커크는 이 문제에 관한 국내 언론의 질문에 "그런 적이 없다"라고 부인했다. 조성식, "'한국판 마가(MAGA)' 엠킴과 함께 극우의 거대한 연대", 「뉴스타파」 (2025. 9. 16).

21) Payton Armstrong, "CNN Highlights Trump-linked Pastor Jentezen Franklin Calling Himself a 'Christian Nationalist'at Trump Rally", *Media Matters for America* (2024. 10. 24).

22) 팀 앨버타, 『나라 권력 영광』, 284.

23) 정태식, 『21세기 제국의 정치와 종교』, 153.

24) 위의 책, 155.

25) 팀 앨버타, 『나라 권력 영광』, 47.

26) John Fea, "The Fear Sweepstakes: How Trump Captured the White Evangelicals Voted", *Christian Century* (July 4, 2018).

27) Janelle Wong, "This Is Why White Evangelicals Still Support Donald Trump (It's not economic anxiety.)", *Good Authority* (June 19, 2018).
https://goodauthority.org/news/this-is-why-white-evangelicals-still-support-donald-

trump-its-not-economic-anxiety/(2025. 9. 3 접속).

28) Kenneth Bieber and Jaco Beyers, "The Allegiance of White American Evangelicals to Donald Trump", *Exchange* 49 (2020), 148.

29) Strang, *Trump Aftershock*, 58. Kenneth Bieber and Jaco Beyers, "The Allegiance of White American Evangelicals to Donald Trump", 152에서 재인용.

30) Roger Willson, "Is Trump 'Our Cyrus?' A Critical American-Christian Explanation and Response", *Roger E. Olson* (27 August 2018). Kenneth, 151.

31) Philip Gorski, "Why Evangelicals Voted for Trump: A Critical Cultural Sociology", *American Journal of Cultural Sociology* Vol. 5 (2017), 349.

32) Kenneth Bieber and Jaco Beyers, "The Allegiance of White American Evangelicals to Donald Trump", *Exchange* 49 (2020), 163. 정태식도 비슷한 의견을 제시했다. "그러나 복음주의자들과 트럼프 간의 이런 정치와 종교 동맹은 트럼프가 대통령이 되어 펼친 여러 정책이 보여주듯이 절대적이고 보편적인 지향을 가진 복음주의가 상대적이고 특수주의적인 이데올로기로 전락하게 만들 뿐이라는 비판을 받게 했다." 정태식, 『21세기 제국의 정치와 종교』, 177.

33) Jordan Vilchez, "Recognizing Toxic Leadership: The Simolarities of Jim Jones and Donald Trump", (September 29, 2021) (https://jonestown.sdsu.edu/?page_id=111300. 2025년 9월 13일 접속).

34) David P. Gushee, *After Evangelicalism: The Path to a New Christianity* (Louisville, Kentucky: Westminster John Knox Press, 2020), 25.

35) 위의 책, 9.

36) 위의 책, 144

37) 위의 책, 143

38) 이 단체는 석유재벌, 총기협회, 극단적 종교단체들의 후원으로 대중들에게 극우 사상을 전파할 목적으로 1974년에 설립되었다.

39) 문재연, "'한국 공산화 막아야'…애니 챈, 유튜버와 보수네트워크 이용해 부정선거 전파", 「한국일보」 (2025. 2. 10).

40) 서울경, "'尹지지 집회' 거액 후원자 애니챈, 남편이 중국계…'화교가 물주' vs '홍콩은 달라'", 「파이넨셜뉴스」 (2025. 2.28).

41) 안덕관, "尹, 대선 전 하나회와 부정선거 대모(代母) 만났다", 「중앙일보」 (2025. 1. 21).

42) 리차드 윤, "하와이가 부정선거 음모론의 본산으로 떠오른 이유의 실체", 「선데이저널」 (2025. 2.12).

43) 이용주, "1억 원 받은 적도"··애니 챈 돈 '전광훈'에게로", 「MBC뉴스」 (2025. 2. 25).

44) In Se-young, "A Look at Morse Tan (Dan Hyun-myeong), an International Election Observer", *FNTODAY* (2025. 6. 26).

45) 오세운, "'부정선거론' 모스 탄은 누구인가… '트럼프가 尹 구해 준다는 믿음 전파'", 「한국일보」 (2025. 7. 20).

46) 대중 강경 성향의 전현직 백악관 보좌관, 국무부 관료 등이 모여 있는 대만문제 싱크탱크.

47) 박동규, "미 '극우 내부' 고든 창의 이재명 대통령 향한 망언", 「민들레」 (2025. 6. 29).

48) https://namu.wiki/w/%EA%B3%A0%EB%93%A0%20%EC%B0%BD (2025. 10. 7 접속).

49) 정인선, "'부정선거 주장' 고든 창, 트럼프가 정치행사서 추어올린 건 상징적", 「한겨레」(2025. 9. 10).

50) 이창수, "하나님과 트럼프 그리고 또 한 사람", 「경향신문」(2020. 8. 28).

51) 최현묵, "전광훈 부녀 전국 조직도 추적", 「일요시사」(2020. 8. 21).

52) 김유민, "외신도 호평한 정상회담…尹 지지자들 '트럼프도 좌파' 성토", 「서울신문」(2025. 8. 26).

53) 백성호, "빌리 그레이엄 라이브러리에 김장환 목사 이름 딴 '빌리 킴 홀' 설립", 「중앙일보」(2022. 12. 19).

54) 하수영, "한국교회에 트럼프 장남이?…'父 암살 시도' 언급 재조명", 「중앙일보」(2024.11. 7).

55) 장창일·박용미, "도널드 트럼프 미국 대통령의 국내 교계 인맥은 누구?", 「국민일보」(2025. 1. 19).

56) 전성훈. "[트럼프 취임] 기업인 다수", 「연합뉴스」(2025. 1. 21).

57) 박효진·신은정, "받은 은혜 나누는 용진이형… SNS 형제들과 '깨알 소통'", 「국민일보」(2024. 2. 6); 김수혁, "마가(MAGA) 복음 행사장에서 목격된 '신세계' '정용진'의 흔적", 「시사 IN」(2025. 9.12).

58) 김남일·정인선, "'코리아 마가'", 「한겨레」(2025. 9. 8).

59) 김수혁, "마가(MAGA) 복음 행사장에서 목격된 '신세계' '정용진'의 흔적".

60) "오늘날 미국은 어디쯤 왔을까? 미국은 아노크라시의 문턱에 선 파별화된 나라로, 빠른 속도로 공공연한 반란 단계로 접근하는 중이다. 믿기 어렵지만, 내전에 점점 가까워지고 있다는 뜻이다. 의사당 습격 사건을 계기로 이제 정부는 극우파 단체들이 미국과 민주주의에 제기하는 위험을 간단히 무시할 수 없게 되었다. 1월 6일은 적어도 노골적으로 폭력적으로 나아가고 있는 일부 단체-오퍼 키퍼스 등-가 내놓은 중대 발표였다. 군중의 다수는 <2021년 1월 6일 MAGA 내전>이라고 적힌 검은색 팻말과 티셔츠를 통해 이런 의도를 선포했다. 실제로 의사당 습격은 공공연한 반란 단계에서 벌어지는 일련의 조직적인 공격의 신호탄일 가능성이 충분했다." 바버라 F. 월터, 유강은 역, 「내전은 어떻게 일어나는가: 아노크라시, 민주주의 국가의 위기」(열린책들, 2025), 200.

61) 케네스 애덤스(Kenneth Alan Adams)는 "많은 트럼프 추종자들이 그를 메시아로 추앙한다"라고 지적하면서, "트럼프 컬트가 뿌린 독을 미국이 막을 수 있을까?"라고 질문한다. Kenneth Alan Adams, "The Trump Death Cult", *The Journal of Psychohistory* 48 (4) (Spring 2021), 257.

3장 근본주의와 자유주의 신학의 역사: 한국교회의 빛과 그림자

1) 1980년 이후 신복음주의자나 근본주의자가 정치 사회 문화에 적극적으로 참여해 왔으므로, 사회와 정치 참여를 진보주의로 유형화할 수 없다. 윤치호의 경우도 현재 입장에서 보면 보수주의로 분류할 수 있다.

2) Nicholas McLeod, *Japan and the Lost Tribes of Israel (Tokyo: 1875); Epitome of the*

Ancient History of Japan (Nakasaki: Rising Sun Office, 1878); *Korea and the Lost Tribes of Israel* (Tokyo: 1879).

3) 옥성득, "아펜젤러의 성경 번역, 1885-1902년—서울 번역, 비평 본문 도입, 구약 번역의 선구자", 『성경원문연구』 55 (2024. 10), 57-58.

4) 옥성득, "존 로스, 한국 개신교사의 첫 장을 열다", 『복음과 상황』 297 (2015.8); 옥성득, "로스와 한국 개신교: 1882년 출간된 로스본 첫 한글 복음서를 중심으로", 『한국기독교와 역사』 57 (2022. 10), 9-52.

5) 워필드는 성령의 신학자 칼뱅을 중시했으며, 1909년 미국 조지아주 사바나에서 열린 북장로회 총회에서 "칼뱅 탄생 400주년 기념대회"가 열렸을 때 "최고의 신학자, 칼뱅"이라는 논문을 발표했다.

6) 곽안련, "朝鮮耶穌教會長老會 信經論", 『神學指南』 (1919): 73-77.

7) 자세한 논의는 옥성득, 『한국 기독교 형성사』 (새물결플러스, 2020)을 보라.

8) 서울 연희전문대학의 모델이 뉴욕대학교, 일본 도시샤대학 등이었다면, 평양 숭실대학의 모델은 미주리주 캔자스시티 소재 파크칼리지로 노동을 통한 자급을 강조했다. 평양의 매큔, 선천의 백낙준, ICCC의 칼 매킨타이어(1927년 졸업) 등이 파크대학 출신이었다.

9) 옥성득, 『다시 쓰는 초대한국교회사』, 364-366.

10) "문감독의셔 평양교회에 오심", 『신학월보』 (1901. 6), 239~242.

11) Charles F. Berheisel, *The Apostolic Church as Reproduced in Korea* (New York: Baord of Foreign Missions of the PCUSA, 1912), 1-2.

12) 1920년 미국 북침례교 지도자였던 로우즈(Curtis Lee Laws, 1868-1946)가 이 책들이 제시한 '근본들'을 지키기 위해 싸우는 자들을 근본주의자(fundamentalist)라고 부르면서 이 용어가 정착되었다.

13) H. G. Underwood to Dr. Brown, Feb. 15, 1909; H. G. Underwood to D. H. Day, Feb. 15, 1909.

14) "Editorials: New Theology and Higher Cristicism", *MRW* (Oct. 1910): 780; A. T. Pierson, "Missions and Rationalistic Criticism", *MRW* (Nov. 1910): 816-818.

15) Korea Mission Field (Jan. 1911): 3-4.

16) L. H. Underwood, "A Warning to Missionaries", *KMF* (July 1913): 206-208.

17) L. H. Underwood, "Book Review, The Christian Movement in Japan", *KMF* (Sept. 1913): 241-242.

18) Harry A. Rhodes, "What is the Secret of the Korean Church", *Continent* (Jan. 31, 1918): 115.

19) 옥성득 외, 『대한성서공회사 2』 (대한성서공회, 1994), 144-145.

20) 옥성득, "한일합방 전후 최병헌 목사의 시대 인식", 『한국기독교와 역사』 (2000. 9): 43-72.

21) 옥성득, "개신교 식민지 근대성의 한 사례: 평양 조합교회 다카하시(高橋鷹藏) 목사의 《耶穌傳研究》(1915)와 자유주의 신학", 『한국기독교역사연구소 소식』 112 (2015. 12): 36-48.

22) 孤舟[이광수], "耶蘇教의 朝鮮에 준 恩惠", 『靑年』 9 (1917), 13-18; Yi Kwang Su, "The Benefits Which Christianity Has Conferred on Korea", Yun Chiho tran., *Korea Mission Field* (1918), 34-36.

23) 孤舟, "今日 朝鮮 耶蘇教會의 缺點", 「靑年」 11 (1917), 76-83; Yi Kwang Soo, "Defects of the Korean Church Today", Yun Chiho trans, *KMF* (Dec. 1918), 253-257; T. H. Yun, "An Explanation", *KMF* (Dec. 1918): 257-258.

24) 옥성득, "한국 근대 사회와 개신교", 『동아시아 근대와 기독교』 (세창, 2022), 9-58.

25) Hugh H. Cynn, "The Korean Young Men's Christian Association", *Christian Movement in Japan, Korea and Formosa* (Tokyo: Japan Times, 1925), 601.

26) "巡廻探訪 13: 宣川地方 大觀 3", 『東亞日報』 (1926. 7. 14).

27) 김기전·차상찬, "조선문화 기본조사-평남도 호", 「개벽」 (1924. 9), 66.

28) 堅志洞人, "「에루살넴의 朝鮮」을 바라보면서", 『開闢』 (1925. 7), 55-56.

29) 朴憲永, "歷史上으로 본 基督教의 內面", 『開闢』 (1925. 11), 64-69.

30) "朝鮮의 예루살렘 平壤에: 十字軍의 閱兵式" 『東亞日報』 (1934. 9. 5).

31) 옥성득, "조선의 예루살렘 평양 담론의 실상", 『기독교사상』 (2018. 9), 9-13.

32) 한국기독교역사연구회, 『한국기독교의 역사 II』 (기독교문사, 1990), 153.

33) Sung-Deuk Oak, "A Genealogy of Protestant Theologies of Religions in Korea, 1876-1910", in *Anselm Kyungseok Min ed. Korean Religions in Relation* (Albany, NY: State University of New York Press, 2016), 35-55.

34) "재죠션북쟝로션교회의 종교변호션언셔", 『神學指南』 (1927. 1): 5-9.

35) "북한 목사는 모두가 간첩이요", 『기독공보』 (1960. 4. 11).

4장 한국교회와 기독교 극우의 문제: 탈권위와 새로운 연대를 향하여

1) 성경 본문을 가장 보수적으로 해석하더라도 그리스도인의 선행과 악행이 사회에 미칠 영향에 관한 가르침이다. 존 칼빈, 존 칼빈 성경주석출판위원회 역편, 『신약성경주석 1: 공관복음 I』 (성서교재간행사, 1983), 257-258.

2) 앤서니 기든스, 필립 W. 서튼, 김봉석 역, 『사회학의 핵심 개념들』 (동녘, 2018), 230.

3) P. H. Collins, *Black Feminist Thought: Knowledge, Consciousness and the Politics of Empowerment* (New York: Routelege, 2000), 18.

4) 마이클 샌델, 이창신 역, 『정의란 무엇인가』 (김영사, 2010), 33.

5) 마아클 샌델, 함규진 역, 『공정하다는 착각: 능력주의는 모두에게 같은 기회를 제공하는가』 (와이즈베리, 2020), 33.

6) 혹자는 한국 사회의 중첩적 구조에 관한 논쟁의 시작을 과거 소위 '사구체 논쟁'으로 평가하기도 한다. 하지만 필자의 입장은 조금 다르다. 이 논쟁의 시작은 한국 사회의 중첩적 구조를 분석하는 것이었는지 모르겠지만, 진행 과정에서 서로 다른 이데올로기를 가진 진영의 형이상학적이고 독단적인 주장들이 충돌하면서 현실의 중첩 구조에 관한 관심이 사라지는 결과를 낳았다. 사구체 논쟁에 대한 사회학적 비판은 김수행, "한국 사회를 어떻게 분석할 것인가?", 「사회비평」 9호 (1993)를 참조하라.

7) 카스 무데, 권은하 역, 『혐오와 차별은 어떻게 정치가 되는가: 열 가지 키워드로 읽는 21세기 극우의 현장』 (위즈덤하우스, 2021), 13. 무데는 정치학적 관점에서 민주주의 체제에 대한 거부

와 수용의 태도에 따라 '극단 우익(extreme right)'과 '급진 우익(radical right)'을 구분한다. 앞의 책, 14.

8) 에리히 프롬은 『자유에서의 도피』에서 나치즘의 인식론적 기반인 '사도-매저키즘'을 '권위주의적 성격'이라고 규정하였다. Erich Fromm, *Escape from Freedom* (New York: Avon Books, 1965), 186.

9) 마이클 영, 유강은 역, 『능력주의』 (이매진, 2020), 278-279; 대니얼 마코비츠, 서정아 역, 『엘리트 세습: 중산층 해체와 엘리트 파멸을 가속하는 능력 위주 사회의 함정』 (세종서적, 2020), 47-48.

10) Carl Schmitt, *Politische Theologie: Vier Kapitel zur Lehre von der Souveränität*, 10. Aufl. (Dunker&Humblot, 1922; 2015), 13. "주권자란 예외 상태를 결정하는 자이다."

11) 야콥 타우베스, 조효원 역, 『바울의 정치신학』 (그린비, 2012), 283.

12) Yong Bock Kim, "Messiah and Minjung: Discerning Messianic Politics over against Political Messianism", in *Minjung Theology. People as the Subject of History*, ed. by Yong Bock Kim (Singapore: Christian Conference of Asia, 1981), 193.

13) 츠베탕 토도로프, 김지현 역, 『민주주의 내부의 적』 (반비, 2012), 43.

14) 에밀 뒤르켐, 민혜숙·노치준 역, 『종교생활의 원초적 형태』 (한길사, 2020), 130.

15) 야콥 타우베스는 칼 슈미트의 주권자 개념을 비판하면서도 한스 켈젠(Hans Kelsen, 1881-1973)의 주장을 통해 신학과 법 사이에 존재하는 '유비'를 인정한다. 타우베스, 『바울의 정치신학』, 157.

16) Karl Barth, *Rechtfertigung und Recht* (Zürich: EVZ, 1970), 10.

17) 한국 사회의 권위주의와 관련하여 선우현, "탈권위주의(화)로서의 민주화와 탈권위주의적 권위", 「철학연구」 94 (2005. 05)를 참조하라.

18) 박권일, "우리 안의 극우: 전광훈과 이준석 같은 극우가 아니다" (「한겨레21」 1568호, 2025-06-12) https://h21.hani.co.kr/arti/society/society_general/57481.html (2025년 7월 7일 검색)

19) Fromm, *Escape from Freedom*, 186-187.

20) 위르겐 하버마스는 게오르그 가다머의 선입견 개념을 비판하면서 권위와 인식이 일치하지 않으며, 선입견에 대한 지나친 신뢰가 사회구조에 은폐되어 있는 권위와 이데올로기의 작용—현실의 모순을 인정하도록 인식을 왜곡시키는 역할—을 간과하게 만든다고 주장하였다. 필자의 관점에서는 하버마스의 주장이 옳긴 하지만, 권위의 부정적 역할이 권위의 불필요성을 의미하는 것은 아니라고 생각한다. 하버마스의 비판과 관련해서 Jürgen Habermas, "Gadamer's <Wahrheit und Methode>", in *Hermeneutik und Ideologiekritik* (Frankfurt a. M.: Suhrkamp, 1971; 1975), 48-50을 참조하라.

21) 임지현, "일상적 파시즘의 코드 읽기", 『우리 안의 파시즘』 (삼인, 2000), 36.

22) A-E. Buchrucker, *Aufstand gegen Autorität und Tradition. Die Studentenbewegung von 1968 als Kulturrevolution und Auswirkung* (Grebenhein: Verlag der Lutherischen Buchhandlung Heinrich Harms, 2000), 47.

23) 수직적인 인간관계와 학연, 혈연, 지연에 기초한 연고주의, 가부장적 가치체계 등이 여기에 포함된다.

24) Jürgen Habermas, "Univeralitätsanspruch der Hermeneutik", *Hermeneutik und*

Ideologiekritik (Frankfurt a. M.: Suhrkamp, 1971), 157.

25) 한스-게오르그 가다머(Has-Georg Gadamer, 1900-2002)는 권위가 개인적 우월성에 대한 타인의 인정에서 발생한다는 점을 인정한다면서도 이성을 사용하여 스스로 타인에게 권위를 부여한 경우와 맹목적인 믿음과 외적 억압으로 권위를 강요받은 경우를 구분한다. Hans-Georg Gadamer, *Wahrheit und Methode: Gründzug einer philosophischen Hermeneutik, Gesammelte Werke*, vol. 1 (Tübingen: J.C.B. Mohr, 1999), 284.

26) 강수택, 『연대주의: 모나디즘 넘어서기』 (한길사, 2012), 129-140.

27) 칼 맑스·프리드리히 엥겔스, 박종철 출판사 편집부 편역, 『칼 맑스·프리드리히 엥겔스 저작선집 1』 (박종철 출판사, 1990), 246-247. "분업에 의한, 인격적 힘들(관계들)의 사물적인 힘들의 전화는… 개인들이 이러한 사물적 힘들을 다시 자신 아래로 포섭하고 분업을 지양하는 것에 의해서만 지양될 수 있다. 이것은 공동체(Gemeinschaft)없이는 불가능하다. … 진정한 공동체는 개인들이 그들의 연합(Assoziation) 속에서 그리고 그들의 연합을 통하여 동시에 자신들의 자유를 획득한다."

28) 펠릭스 가타리, 윤수종 역, 『정신분석과 횡단성』 (울력, 2004), 144-145.

29) Karl Barth, "Christengemeinde und Bürgergemeinde", (Zürich: EVZ, 1970), 76-78.

30) 박성철, 『종교 중독과 기독교 파시즘』 (새물결플러스, 2020), 214-216.

5장 한국교회 '여자 사용 설명서' 비판

1) 정고은, "'훼걸'과 '말벌': 초대장에 응답, 연대하는 방식", 「문화과학」 121호 (2025년 봄호), 121.

2) 이혜정, "'응원봉 여성 청년'의 민주주의와 학교 교육", 「교육비평」 57호, 62에서 재인용.

3) '경'과 '서'는 기독교적 정체성과 시대적 적합성을 설명하다가 자주 사용하게 된 용어인데, 한자 '경(經)'이 표현하고 있듯이 시절이 바뀌고 상황이 달라져도 변하지 않는 고정된 '줄'과 같은 메시지를 의미한다. 이는 계시의 영역이며, 특수주의를 넘는 보편성과 역사적 한계를 넘는 초월성을 특징으로 한다. 그러나 한자 '서(書)'는 의미 그대로 영감에 사로잡혔더라도, 사람이 '쓴' 부분이다. 당연히 시절과 상황의 한계를 가지며, 시공의 변화에 따라 재해석해야 하는 영역이다.

4) 한국기독교역사연구소 편, 『한국기독교의 역사 II』 (기독교문사, 1997), 155에서 재인용.

5) 김춘배, "장로회 총회에 올리는 말씀", 「기독신보」 (1934. 8. 22) 8, 위의 책, 155에서 재인용.

6) 김용민의 6월 9일 페이스북 게시글.

7) 그녀의 책이 1980년대 말에 한 번 번역되었으나(김애영 역) 절판되었고, 최근 새로운 번역본이 나왔다. 조선영의 번역으로 제목은 원문 그대로다. 『그녀를 기억하며: 기독교의 기원들에 대한 페미니스트 신학적 재구성』 (감은사, 2024).

8) 양미강, "초기 전도부인의 활동에 관한 연구", 한국기독교역사연구소 1991년 88회 연구모임 10월 12일 발표, 「한국기독교역사연구소소식」, (한국기독교역사연구소, 1992), 7.

9) 한국기독교역사연구소 여성사연구회 엮음, 『한국교회 전도부인 자료집』 (한국기독교역사연구회, 1999), 255.

10) 양미강, "초기 전도부인의 활동에 관한 연구", 10.

11) 이덕주, *Ewha Journal of Feminist Theology* 2, 11-12. 장성진, 『한국교회의 잊혀진 이야기-초기한국 개신교 선교와 교회 성장에서의 전도부인에 관한 연구, 1892-1945』 (한국학술정보, 2008), 45에서 재인용.

12) 양미강, "초기 전도부인의 활동에 관한 연구", 8-9.

13) 위의 글, 9.

14) 전문 맥락을 위해서는 Louisa C. Rothweiler, "What shall we teach in our girl's schools?", *The Korean Repository*, vol. 1 (1892), 89-93을 참조.

15) 장성진, 『한국교회의 잊혀진 이야기』, 125-126.

16) 채부인, "예수께서 보이신 여자의 지능과 영능", 「신학세계」 (1932년 1·2월호), 133; 하희정, "초기 전도부인의 신앙과 신학" 제164회 연구모임 주제 발표 (1998. 11. 7), 「한국기독교역사 연구소식」 34호 (한국기독교역사연구소, 1999), 18에서 현대어로 고쳐서 인용.

17) 위의 글, 18-19.

18) 위의 글, 19.

19) 「감리회보」 1933년 10월 1일, 이숙진, 『한국교회와 여성 정체성』 (한들출판사, 2006), 69에서 재인용.

20) 백소영, 『엄마되기, 힐링과 킬링 사이』 (대한기독교서회, 2013), 225.

21) 위의 책, 149.

22) 위의 책, 155.

23) 백소영, "젠더 갈등의 '선택적 혼종성' 양상에 대한 신학·윤리적 제언", 「기독교사회윤리」 제43집 (2019): 123-151을 참조.

24) 푸르던스 체임벌린, 김은주, 강은교, 김상애, 허주영 역, 『제4물결 페미니즘: 정동적 시간성』 (에디투스, 2021), 23.

25) 위의 글, 89.

26) 위의 글, 94.

27) 엘리자베스 조지, 안보헌 역, 『하나님이 기뻐하시는 여성』 (생명의말씀사, 2001), 214-215.

28) 이 언어들을 정리한 더 자세한 자료는 장소연, "인터넷 커뮤니티 사이트와 혐오의 문화 정치: 일간베스트 저장소와 메갈리아의 사례를 중심으로" (한양대 석사학위 논문, 2017), 51-52를 참조.

29) 위의 논문, 53-55.

30) 최승범, 『나는 남자이고, 페미니스트입니다』 (생각의 힘, 2018), 77-78.

31) 2주 정도의 차이를 두고 비슷한 발제를 요청받은 까닭에 내용의 변별력을 위해 2030 청년 세대 안에서 남녀 갈등으로 갈라진 현상에 대한 분석은 "한국교회와 공공성 포럼"에서 발표한 "젠더 갈라치기, '현상'인가 '전략'인가-한국사회 젠더갈등과 한국교회에의 함의"에서 상세하게 밝혔다.

32) 최유미, 30대 여성 직장인, 2025년 <교회개혁실천연대> 연속기획포럼 '혼란한 시대 속 그리스도인의 주체적 신앙' 발표문 "2030 여성의 교회와 사회 변화를 위한 투쟁기"의 일부, 뉴스앤조이 2025년 8월 5일자 기사. https://www.newsnjoy.or.kr/news/articleView.html?idxno=307641.

33) 백소영, 『페미니즘과 기독교의 맥락들』 (뉴스앤조이, 2018), 20-21.

6장 한국교회 공적 영성의 재구성

1) "유사 크리스텐덤"이라는 말은 필자가 처음 사용하기 시작한 표현이다. 한국 사회가 역사적으로 크리스텐덤(기독교 국가)이었던 적이 없었는데, 한때 기독교가 마치 크리스텐덤과 같은 영향력을 가졌다는 의미로 사용되었다. 장동민, 『포스트크리스텐덤 시대의 한국 기독교』(새물결플러스, 2019), 156-175.

2) 기독교세계관 운동에 대한 비판 몇 가지를 소개하면 다음과 같다. 마이클 고헌, 크레이그 바르톨로뮤, 윤종석 역, 『세계관은 이야기다』(IVP, 2011), 292-302.; 신광은, "기독교세계관의 논리적 구조와 문제점들", 「복음과 상황」(2007. 8). 장동민, 『대화로 풀어보는 한국교회사 2』(부흥과개혁사, 2009), 380-386 등.

3) 강영안 외 19명, 『한국교회, 개혁의 길을 묻다: 새로운 한국교회를 위한 20가지 핵심과제』(새물결플러스, 2013).

4) 미셔널처치 운동의 창시자 레슬리 뉴비긴의 책들이 다수 번역되었다. 그의 대표적인 저서는, 홍병룡 역, 『다원주의 사회에서의 복음』(IVP, 2007)이다. 이외 우리말로 번역되어 많이 읽힌 책으로서, 마이클 프로스트, 앨런 허쉬, 지성근 역, 『새로운 교회가 온다: 문화 속에 역동하는 21세기 선교적 교회를 위한 상상력』(IVP, 2009) 등이 있다.

5) 차정식, 『예수, 한국사회에 답하다: 우리 시대 23가지 쟁점과 성서적 해법』(새물결플러스, 2012); 미로슬라브 볼프, 김명윤 역, 『광장에 선 기독교: 공적 신앙이란 무엇인가?』(IVP, 2014); 『인간의 번영』(IVP, 2017).

6) 김상봉, 『영성 없는 진보: 한국 민주주의의 위기를 생각함』(온뜰, 2024).

7) J. Z. Moore, "The Great Revival", *The Korea Mission Field*, (1907. 8), 116. 서정민, "한국교회 초기 대부흥운동에 대한 사회적 반응", 「한국기독교와 역사」 제27호 (2007년 2월), 97에서 재인용.

8) 민경배, 『한국민족교회 형성사론』(연세대출판부, 1971); 이만열, 『한국기독교사 특강』(성경읽기사, 1987); 노대준, "1907년 대부흥운동의 성격", 「한국기독교사연구」 15, 16호 (1987. 8), 4-18; 류대영, 『개화기 조선과 미국 선교사』(한국기독교역사연구소, 2004), 434-435.

9) 신석구, 『은재 신석구목사 자서전』(감리회본부교육국, 1990), 83.

10) 이광수 글에 대한 분석으로서, 채현석, "이광수의 기독교 시비론", 「한국기독교사연구」 5호 (1985), 21-23을 참고하라.

11) 옥한흠, 『다시 쓰는 평신도를 깨운다: 제자훈련의 원리와 실제』(국제제자훈련원, 2002), 15-61. 한스 큉, 정지련 역, 『교회』(한들출판사, 2011); 헨드릭 크래머, 홍병룡 역, 『평신도 신학』(아바서원, 2014).

12) 헨드릭 크래머도 이런 파생적 기관들을 "교회의 세계"라 부르고, 현실과 별개의 격리된 세계가 존재한다는 것 자체를 부자연스럽게 생각하였다. 이 "교회의 세계"는 거기 근무하는 사람들이 생계를 위하여 일하기 때문에 매우 세속화되어 있다. 헨드릭 크래머, 위의 책, 184-185.

13) 대표적 신학자는, 위르겐 몰트만, 『성령의 능력 안에 있는 삶』(원제: The Spirit of Life: A Universal Affirmation) (대한기독교서회, 1994)

14) John D. Zizioulas, *Being as Communion: Studies in Personhood and the Church* (N.Y.: St. Bladimirs Seminary Press, 1997). 지지올라스의 사상에 관한 한국어 서적은, 미로슬라브

볼프, 황은영 역, 『삼위일체와 교회: 하나님의 형상으로서 교회에 대한 가톨릭·동방 정교회·개신교적 이해를 찾아서』 (새물결플러스, 2012)를 참고하라.

15) 미로슬라브 볼프, 박세혁 역, 『배제와 포용』 (IVP, 2021).

16) 『기독교강요』 II. 2. 15-16.

17) 파커 J. 파머, 김찬호 역, 『비통한 자들을 위한 정치학: 왜 민주주의에서 마음이 중요한가』 (글항아리, 2015), 특히 제6장을 보라.

18) 위의 책, 236-237.

19) 마이클 샌델, 함규진 역, 『공정하다는 착각: 능력주의는 모두에게 같은 기회를 제공하는가』 (와이즈베리, 2020), 353.

20) 예언자 예레미야에게 주신 두 가지 사명을 생각하라. "보라 내가 오늘 너를 여러 나라와 여러 왕국 위에 세워 네가 그것들을 뽑고 파괴하며 파멸하고 넘어뜨리며 건설하고 심게 하였느니라 하시니라"(렘1:10).

21) 대한민국 임시헌장을 기초한 사람은 조소앙 선생(1887-1958)으로 알려진다. 소앙(蘇昻)은 그의 아호로서 "예수가 밝힌다"라는 의미다. 그는 교회에 입문하여 세례를 받았다. 후일 구국의 방편으로 여러 종교를 통합한 일신교(一神敎)를 창건하였다. 그가 대한민국 임시헌장을 기초할 때의 '신'(神)은 반드시 기독교의 신을 의미하지는 않지만, 당시 임시정부의 요인들 가운데 기독교인과 대종교인은 이를 자기 방식으로 이해하였을 것이다. 어쨌든 공화국 헌법에 '신의(神意)'가 들어갔다는 사실은 임시정부의 영성적 기초를 가늠하게 한다. 김인식, 『조소앙 평전: 독립운동 이념의 기틀을 세운 민족지성』 (민음사, 2022), 195.

22) 도스토옙스키의 시대는 오늘날 대한민국과 매우 흡사하다. 구질서가 수명을 다하여 아나키스트 극좌파와 차르주의 극우파가 준동하여 매우 혼란한 시기였다. 서구 합리주의가 수입되어 신(神)이 없는 세상을 꿈꾸는 지식인이 많았다. 러시아 정교회도 외형은 남아 있었으나 시대를 이끌고 갈 영적 영향력은 전무하였다. 이러한 때 도스토옙스키는 새로운 기독교 복음과 신앙의 유형을 제시함으로 러시아를 구원하려 하였다.